Berlin, 21. August 2021

Für Matze!

Auf die vergangenen gut
vier Jahre und auf alles,
was noch kommt... ☺

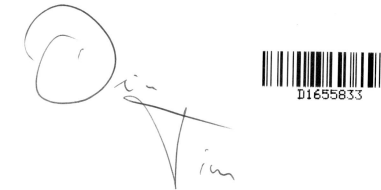

D1655833

Versicherungswissenschaftliche Studien

herausgegeben von
Prof. Dr. Christoph Brömmelmeyer
Prof. Dr. Helmut Heiss
Prof. Dr. Hans-Peter Schwintowski
Prof. Dr. Jochen Zimmermann

Band 53

Tim Horacek

Die Rechtsschutzversicherung im Großschadensfall

Eine Studie zum Regulierungsverhalten deutscher Versicherungen in Massenverfahren, aufgezeigt anhand des „VW-Abgasskandals"

Nomos

Onlineversion
Nomos eLibrary

Die Deutsche Nationalbibliothek verzeichnet diese Publikation in
der Deutschen Nationalbibliografie; detaillierte bibliografische
Daten sind im Internet über http://dnb.d-nb.de abrufbar.

Zugl.: Frankfurt (Oder), Europa-Univ. Viadrina, Diss., 2021

ISBN 978-3-8487-8301-4 (Print)
ISBN 978-3-7489-2691-7 (ePDF)

1. Auflage 2021
© Nomos Verlagsgesellschaft, Baden-Baden 2021. Gesamtverantwortung für Druck
und Herstellung bei der Nomos Verlagsgesellschaft mbH & Co. KG. Alle Rechte, auch
die des Nachdrucks von Auszügen, der fotomechanischen Wiedergabe und der Übersetzung, vorbehalten. Gedruckt auf alterungsbeständigem Papier.

Meinen Eltern
Meiner Schwester

Vorwort

Diese Arbeit wurde im Wintersemester 2021 von der Juristischen Fakultät der Europa-Universität Viadrina Frankfurt (Oder) als Dissertation angenommen. Literatur und Rechtsprechung wurden bis Mai 2019 berücksichtigt.

Mein Dank gilt meinem Doktorvater Herrn Prof. em. Dr. Stephan Breidenbach, der mit seiner unkomplizierten Art die Erstellung dieser Dissertation ermöglicht und gefördert hat. Mein zweiter Dank gilt Frau Prof. Dr. Ulla Gläßer für die Übernahme des Zweitgutachtens.

Herzlich danken möchte ich Dr. Timo Gansel und meinem Mentor und Freund Philipp Caba für all die lehrreichen Hinweise, prägenden Gespräche und das große Vertrauen, was beide mir von Beginn meiner Stelle als wissenschaftlicher Mitarbeiter an entgegengebracht haben. Das Forschungsziel wäre ohne ihren stetigen Zuspruch und die bereitwillig zur Verfügung gestellten Mandatsunterlagen, die das wissenschaftliche Fundament der Arbeit bilden, nicht zu realisieren gewesen.

Daneben bin ich sehr dankbar für all die wertvollen Hinweise, die konstruktiven wissenschaftlichen Diskussionen und die Unterstützung, die ich während meiner Promotionszeit aus meinem weiteren familiären, privaten und beruflichen Umfeld erhalten habe. Hervorheben möchte ich meine langjährigen Freunde, die teils seit Kindergartenzeiten verlässlich an meiner Seite stehen und mit denen ich nicht nur Augenblicke des Erfolges teilen durfte, sondern die mir vor allem in den zähen und zweifelgeneigten Momenten immer wieder eine verlässliche Stütze waren: Leonard, Moritz, Felix, Aito und Till.

Mein letzter und gleichzeitig größter Dank gilt meinen Eltern Eva und Lorenz sowie meiner Schwester Lena für ihr uneingeschränktes Verständnis und die vorbehaltlose und vertrauensvolle Unterstützung in jeder Lebenssituation. Euch dreien ist diese Arbeit gewidmet.

Berlin im April 2021   Tim David Horacek

Inhaltsverzeichnis

§ 1 Einleitung   13
A. Ein Skandal als Berufseinstieg   13
B. Problemstellung und Zielsetzung   16

§ 2 Rechtstatsachenforschung und empirische Erhebung als Teilwissenschaft des Rechts   20
A. Einführung in die Rechtstatsachenforschung – damals wie heute   20
B. Ziel der Rechtstatsachenforschung   24
C. Methoden der Rechtstatsachenforschung   25
    I. Dokumentenanalyse   26
    II. Qualitative und quantitative Verfahren   27

§ 3 Die Rechtsschutzversicherung   29
A. Rechtsschutzversicherungen in Deutschland   29
B. Aufgaben und Ruf der Rechtsschutzversicherung   33
    I. Aufgaben der Rechtsschutzversicherung   34
    II. Ruf deutscher Rechtsschutzversicherungen   35
    III. Das Verhältnis zwischen Mandant und Rechtsschutzversicherung   38
       1. Die Gewährung oder Ablehnung des angefragten Deckungsschutzes   38
          a. Keine hinreichende Erfolgsaussicht als Ausschlussgrund   39
          b. Mutwilligkeit als Ausschlussgrund   41
       2. Einschränkung des gewährten Deckungsschutzes   42
C. Das Verhältnis zwischen Rechtsanwalt und Versicherung   44
D. Rechtsmittel bei Deckungsablehnung   46
    I. Ombudsmannverfahren   46
    II. Stichentscheid   47
    III. Schiedsgutachterverfahren   48
    IV. Deckungsklage   49

Inhaltsverzeichnis

§ 4 Beispiel Massenverfahren: Der Abgasskandal in Deutschland	50
A. Die Geschichte des VW-Abgasskandals	51
B. Die rechtliche Auswirkung und Ansprüche der geschädigten Fahrzeugabnehmer	59
I. Ansprüche gegen die Volkswagen AG	60
1. § 826 BGB	60
a. Schädigende Handlung und Verstoß gegen die guten Sitten	60
b. Zurechnung gem. § 31 BGB	62
c. Vorsatz und kausaler Vermögensschaden	65
d. Ergebnis	65
2. § 823 Abs. 2 BGB i. V. m. § 263 Abs. 1 StGB	65
3. § 823 Abs. 2 BGB i. V. m. §§ 6 Abs. 1, 27 Abs. 1 EG-FGV	66
a. §§ 6 Abs. 1, 27 Abs. 1 EG-FGV als Schutzgesetz i. S. d § 823 Abs. 2 BGB	67
b. Verletzung von §§ 6 Abs. 1, 27 Abs. 1 EG-FGV	68
c. Ergebnis	70
4. Mögliche Rechtsfolgen	71
a. Der ‚große' Schadensersatz	71
b. Der ‚kleine' Schadensersatz	73
II. Ansprüche gegen die Fahrzeughändler	74
1. Ansprüche aus dem Kaufrecht (§§ 434 ff. BGB)	75
a. Sachmangel zum Zeitpunkt des Gefahrüberganges	75
b. Fristsetzung zur Nacherfüllung	76
c. Keine Unerheblichkeit des Mangels	77
d. Verjährung	78
e. Weitere Ausschlussgründe	79
f. Rechtsfolge: Wahlrecht	79
1) Nacherfüllung in Form der Neulieferung	79
2) Kaufpreisrückzahlung	81
3) Minderung	82
2. Ansprüche aus dem Bereicherungsrecht (§§ 812 ff. BGB)	82
a. § 27 Abs. 1 EG-FGV als Verbotsgesetz im Sinne von § 134 BGB	82
b. Verstoß gegen § 27 Abs. 1 FG-EGV	83
c. Rechtsfolge: Nichtigkeit des Kaufvertrages	84
d. Rechtsfolge	85

§ 5 Das Verhalten der Rechtsschutzversicherungen im VW-Abgasskandal ... 86
A. Reaktionen der Versicherer auf gestellte Deckungsanfragen ... 87
   I. Einzelne Reaktionen der Rechtsschutzversicherungen ... 88
      1. Anfragen ‚außergerichtlich Hersteller' ... 89
      2. Ablehnungsgründe im Einzelnen ... 90
         a. Vorvertraglichkeit ... 91
         b. Nicht mehr bestehender Versicherungsschutz, nicht vom Versicherungsschutz umfasst bzw. ausgeschlossen ... 92
         c. Kein Vorsatz der Volkswagen AG – Mangelnde Erfolgsaussichten ... 93
            1) Vorsatz der Volkswagen AG auf den Weiterverkauf und Kausalität ... 95
            2) Erfolgsaussichten ... 97
            3) Fazit ... 98
         d. Mutwilligkeit ... 99
         e. Fahrzeug nicht betroffen – Mangelnde Erfolgsaussichten ... 101
            1) Bezugsquelle der Versicherer ... 102
            2) Darlegungspflicht des Klägers ... 103
            3) Fazit ... 105
         f. Kauf nach Bekanntwerden des VW-Abgasskandals – mangelnde Erfolgsaussichten ... 105
            1) Mögliche deliktsrechtliche Folgen einer Kenntnis der Manipulation ... 107
            2) Notwendiger Kenntnisumfang ... 107
            3) Fazit ... 111
         g. Zusage nur für den Klageweg ... 113
            1) Zweck außergerichtlicher Anspruchsschreiben ... 115
            2) Fazit ... 119
      3. Anfragen ‚gerichtlich Hersteller' ... 120
      4. Ablehnungsgründe im Einzelnen ... 121
         a. Verweis auf Musterverfahren ... 121
         b. Mangelnde Erfolgsaussichten ... 125
      5. Anfragen bei Anspruchsgeltendmachung gegen die Fahrzeughändler ... 126
      6. Ablehnungsgründe Händler ... 128
         a. Verjährte Ansprüche – Mangelnde Erfolgsaussichten ... 129
            1) Keine Verjährung ... 130

Inhaltsverzeichnis

        2) Im Übrigen: Keine mangelnde Erfolgsaussicht wegen bereicherungsrechtlichen Ansprüchen   132
     b. Kauf nach Bekanntwerden des VW-Abgasskandals – Mangelnde Erfolgsaussichten   134
        1) Keine grobe Fahrlässigkeit wegen öffentlicher Berichterstattung   136
        2) Keine grobe Fahrlässigkeit wg. Nichtbeachtung des Hinweises im Kaufvertrag   137
        3) Keine grobe Fahrlässigkeit auch bei Wahrnehmung des Hinweises   138
        4) Fazit   139
    7. Reaktionsmöglichkeiten i.Ü.: Nachfragen und Zusagen für Erstberatungen   140
     a. Nachfragen der Versicherer   140
     b. Erstberatung   142
  II. Zwischenfazit und eine Frage nach der Motivation der Versicherungen   143
B. Die Reaktionen der Versicherer nach Rechnungsstellung   147
  I. Anzahl der Angelegenheiten   147
  II. Erhöhter Gebührenfaktor   153
    1. Überdurchschnittliche Schwierigkeit   154
     a. Rechtliche Schwierigkeiten i. R. d. Vorgehens gegen den Fahrzeughändler   157
     b. Rechtliche Schwierigkeiten im Rahmen des Vorgehens gegen den Hersteller   158
     c. Tatsächliche Schwierigkeiten   159
    2. Umfang und erheblicher Vorbereitungs- sowie Betreuungsaufwand   161
    3. Besondere Bedeutung für den Mandanten   162
    4. Sukzessives Anwachsen der Geschäftsgebühr   163
  III. Zusammenfassung   164

§ 6 Rechtsschutzversicherungen in Massenschadensfällen – kein Partner der Versicherungsnehmer   165

Anlage zur Dissertation I   175

Anlage zur Dissertation II   196

Literaturverzeichnis   237

§ 1 Einleitung

Fragestellungen über das Regulierungsverhalten von Rechtsschutzversicherungen[1] (RSV) sind mit Sicherheit nicht die Themenklassiker der ersten juristischen Prüfung, mit denen sich der Examenskandidat mittlerer Art und Güte regelmäßig auseinanderzusetzen hat. Das zugrunde liegende Thema dieser Dissertation war demnach keines, welches den Verfasser bereits zu Studienzeiten beschäftigte. Vielmehr erwuchs es unmittelbar aus seiner ersten gesammelten Praxiserfahrung. Um dem Titel, der Problemstellung sowie der Zielsetzung und den methodischen Überlegungen dieser Arbeit einen verständlicheren Rahmen zu geben, wird der Werdegang der Themenfindung daher in gebotener Kürze vorangestellt:

A. Ein Skandal als Berufseinstieg

Im Juni 2017, wenige Wochen vor der mündlichen Prüfung zum ersten Staatsexamen, trat der Verfasser seine neue Stelle in einer mittelständischen und auf Verbraucherrecht spezialisierten Kanzlei in Berlin-Mitte an. Eine noch fünfköpfige Arbeitsgruppe, bestehend aus einem Anwalt und vier Studenten, stellte sich der Aufgabe ‚VW'. Deutschlands größter Automobilhersteller hatte grenzübergreifend Millionen Dieselfahrzeuge verkauft und in den Verkehr gebracht, die mit einer versteckten Manipulationssoftware ausgestattet waren. Der Vorwurf des Betruges und der vorsätzlich sittenwidrigen Schädigung lag in der Luft. Volkswagen selbst weigerte sich, die Autos zurückzunehmen, oder betroffene Verbraucher zu entschädigen und verwies auf die fortwährend gegebene Sicherheit und Fahrtüchtigkeit aller Modelle.

„Access to law"[2] – Zugang zum Recht für den kleinen und in dieser Situation höchst verunsicherten Verbraucher – hieß daher die selbst ausgeru-

---

1 Wenn von „Versicherung" bzw. „Versicherungen" gesprochen wird, sind stets die Versicherer gemeint.
2 „Access to law" ist hierbei nicht zu verwechseln mit der im englischsprachigem Raum verwendeten Begrifflichkeit „Access to justice", die das Recht des Einzelnen beschreibt, überhaupt vor Gericht auftreten zu dürfen und gehört zu werden. Dieses Recht genießt auch innerhalb der EU und Deutschlands verfassungsrechtlichen Schutz. Nichtsdestoweniger steht der Einzelne häufig vor praktischen Barrieren,

§ 1 Einleitung

fene Zielstellung des anfangs noch übersichtlichen, schnell aber auf über 60 Mitarbeiter angewachsenen Teams. Die erste Hürde bestand darin, den Verbraucher davon zu überzeugen, sein individuelles Recht[3] notfalls auch gerichtlich geltend zu machen. Die Scheu des Einzelnen vor dem Gang zum Rechtsanwalt begründete sich wohl insbesondere in dem drohenden finanziellen Risiko: Der Bruttokaufpreis des Autos sollte Berechnungsgrundlage für den Streitwert sein, weshalb sich das Kostenrisiko bei einem erstinstanzlichen Unterliegen auf einen höheren vierstelligen Betrag belief. Weiter galt: „Ohne Schuss kein Jus" – diese erstmalig in einer Einführungsveranstaltung des ersten Semesters wahrgenommene Redewendung bewahrheitete sich nun in der Praxis.

Den Ausweg aus solch einer risikoträchtigen Lage bieten Rechtsschutzversicherungen, die für relativ erschwingliche Monatsbeiträge tausende Euro Risiko auf sich abwälzen lassen[4]. So ‚einfach' erscheint das Versicherungssystem auf den ersten Blick jedenfalls bei Betrachtung einschlägiger Standardwerbungen der Versicherer wie etwa *„A-Card"* ist Anwalts Liebling", oder *„A-Card* und der Anwalt hilft sofort" betrachtet[5].

Natürlich ist es auch der Anwalt selbst, der von einer gut funktionierenden Versicherung profitiert. Regelmäßig übernimmt er die Korrespondenz für den Mandanten mit der Versicherung und führt Streitigkeiten aus dessen Versicherungsvertragsverhältnis schon beinahe als eigene. So war schnell klar, dass die inhaltliche Ausarbeitung und Befassung von Fragen zum Gewährleistungs- und Deliktsrecht[6] nicht die einzige Tagesbeschäftigung bleiben sollte. Der juristische Werkzeugkasten des Verfassers erwei-

---

die sein Gehör – seinen „Access to justice" – schon auf vorgelagerter Ebene verhindern, jedenfalls hemmen. Es mangelt bereits am „Acces to law", der Wegebnung, um überhaupt tätig zu werden. Eine solche Hürde kann bspw. angenommen werden, wenn der Betroffene von seinem Anspruch keinerlei Kenntnis hat, oder, wenn er nicht in der Lage ist, den Sachverhalt auf tatsächlicher wie rechtlicher Ebene verlässlich einzuordnen und er daher das Kostenrisiko, was jeder Prozess naturgemäß mit sich bringt, nicht in eine für ihn sichere Relation setzen kann.

3 Klarstellung: Sämtlichen in dieser Arbeit untersuchten Fällen liegt eine **individuelle** gerichtliche, bzw. außergerichtliche Geltendmachung ihrer Ansprüche zugrunde. Die auf der Neufassung der §§ 606 ff. ZPO beruhenden, seit dem 1. November 2018 mögliche Musterfeststellungsklage ist **nicht** Gegenstand *dieser* Verfahren.

4 Indem sie die Hürde des ungewissen Prozesskostenrisikos tragen, ermöglichen die Versicherer – jedenfalls in der Theorie – ihren Versicherungsnehmern den „Acces to law".

5 *Ennemann* NZA 1999, 628

6 Der im VW-Abgasskandal Geschädigte hat grundsätzlich die Möglichkeit, Kompensation sowohl gegenüber dem Händler, der ihm ein mangelbehaftetes Fahr-

terte sich nun um bis dato unbekannte Normen des Rechtsanwaltsvergütungsgesetzes (RVG) und neue Rechtsmittel wie Ombudsmannbeschwerde, oder Stichentscheid. Die Korrespondenz mit den Rechtsschutzversicherern bestand aus weit mehr als dem Versenden der Deckungsanfrage[7] und der anschließenden Kostenvorschussrechnung. Zusagen für nicht angefragte Erstberatungen, eine Vielzahl von Nachfragen, Ablehnung aus unterschiedlichsten Gründen und Deckungszusagen, die nur unter diversen Vorbehalten erteilt wurden, brachten die Notwendigkeit der Einführung eines eigenen ‚Rechtsschutzversicherungen-Teams' innerhalb des ‚Team VW' mit sich. Dieses zählte mit mehreren Anwälten, Diplomjuristen, Rechtsanwalts- und Notarfachangestellten sowie Studenten innerhalb kurzer Zeit deutlich mehr Köpfe, als es das gesamte ‚Teams VW' in seiner Anfangszeit tat.

In der Zeit von Oktober 2017 bis April 2018 gestaltete sich die Verteilung ‚Zahl rechtsschutzversicherter Fälle', ‚Anzahl Deckungsanfragen Hersteller außergerichtlich' und ‚Anzahl Deckungszusagen Hersteller außergerichtlich' wie folgt:

---

zeug verkauft hat als auch gegenüber der Volkswagen AG als deliktisch Handelnde, zu suchen. Dementsprechend wurden Ansprüche aus Gewährleistungsrecht gegen die Händler und aus Deliktsrecht gegen die Volkswagen AG verfolgt. Auch wenn der Fokus in quantitativer Sicht auf der Volkswagen AG liegt, finden beide Haftungssysteme in dieser Arbeit in angemessener Ausführlichkeit Vorstellung. Da gewisse tatsächliche und rechtliche Fragen Einfluss auf beide Rechtsverhältnisse haben, ließen sich Dopplungen an einigen Stellen schlicht nicht vermeiden, wurden aber auf das Nötigste reduziert.

7 Eine ‚Deckungsanfrage' ist die Mitteilung des anspruchsbegründenden Sachverhaltes an die Rechtsschutzversicherung verbunden mit der Bitte, bzw. Aufforderung, zu bestätigen, dass das Kostenrisiko einer darauf begründenden Anspruchsverfolgung durch die Versicherung übernommen wird.

§ 1 Einleitung

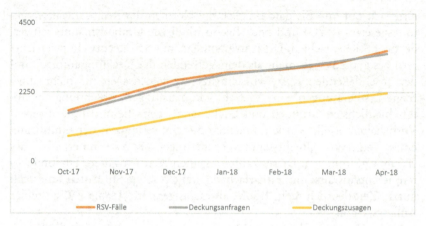

Quelle: [8]

Evident auffällig ist, dass die Anzahl an Deckungszusagen in der Relation zu den Deckungsanfragen zu keinem Zeitpunkt über 63,5 % (April 2018) lag. Schon diese 63,5 % beinhalten eine Menge (rechtliche) Überzeugungsarbeit des RSV-Teams, welches die Versicherungen bis dato bereits soweit disziplinieren konnte, dass sich die ursprüngliche positive Rückmeldungsquote aus Oktober 2017 von gerade mal 52,3 % fast um ein Fünftel steigerte. Zwar sind die Versicherungen nicht in jedem Fall tatsächlich eintrittspflichtig[9], obwohl der Mandant bei Anmeldung angibt, rechtsschutzversichert zu sein. Dass aber nur knapp jeder zweite Anmelder in der Lage war, seine Versicherungslage ‚richtig' einzuschätzen, erschien unglaubwürdig und daher untersuchenswert.

B. Problemstellung und Zielsetzung

Diese Zahlen brachten also akuten Handlungsbedarf. Denn für viele Autobesitzer ist der Zugang zum Recht und damit die Durchsetzung der Rechte abhängig von der Einstandsbereitschaft ihrer Rechtsschutzversicherung. Sie können oder wollen sich nicht ohne weiteres mit einem erstinstanzlichen Prozesskostenrisiko von durchschnittlich knapp EUR 6.500,00[10] be-

---

8 Vgl. Anlage zur Dissertation, I.2.
9 Vgl. zu den einzelnen (auch begründeten) Deckungsablehnungen Kapitel § 5
10 Bei einem ungefähren durchschnittlichen Gegenstandswert (Bruttokaufpreis) i. H. v. EUR 27.082,43, vgl. Anlage zur Dissertation, I.3.

lasten. Dies gilt sowohl hinsichtlich der ganz grundsätzlichen Deckungserteilung (,ob') als auch dem ,wie', also dem vollständigen Ausgleich der in Rechnung gestellten Gebührenhöhe. Da sich der oben aufgegriffene Grundsatz in der Praxis oftmals in „*Ohne Vorschuss kein Jus*"[11] wandelt, hängt von der vollumfänglichen Deckungszusage oftmals auch der Bearbeitungsbeginn des Mandats ab. Wenn aber der Anspruch des Versicherungsnehmers der Höhe nach – wie im vorliegenden VW-Fall – auch von einem zügigen Bearbeitungsbeginn abhängig ist[12], dann ist eine langwierige Auseinandersetzung mit der Versicherung nicht nur lästig, sondern gleich schädlich.

Im Laufe der Zeit manifestierte sich der latente Verdacht, nach dem die Versicherer versuchten, dem Versicherungsnehmer und Rechtsanwalt an vielen Stellen Steine in den Weg zu legen, um am Ende ihrer eigenen Eintrittspflicht zu entkommen, oder diese wenigstens der Höhe nach[13] zu reduzieren. Ein keinesfalls erstmals ausgesprochener Gedanke: Bereits nach der Einführung des Rechtsanwaltsvergütungsgesetzes 2004 meinten viele Beobachter, ein ähnliches Verhaltensmuster feststellen zu können: Das RVG sollte die Einkommenssituation der Rechtsanwälte flächendeckend verbessern[14]. Zu spüren bekamen dies natürlich auch die Rechtsschutzversicherungen, welche bereits im Jahr 2005 einen Anstieg ihrer Leistungen um 13,1 % verzeichnen mussten. Diese Mehrbelastung auf Versicherungsseite pendelte sich mittelfristig bei 10 % ein. Doch schon 2006, ein Jahr nach dem spürbaren Anstieg der Kosten, ging die Belastung der Versicherungen um 3,2 % zurück und zwar ohne, dass ein Abfall in der Zahl oder dem Volumen der Versicherungsfälle zu verzeichnen war[15]. Seit dieser ,Korrektur' wird und wurde vielfach diskutiert, ob und mit welchen Strategien die Rechtsschutzversicherungen die gestiegenen Kosten wieder einfangen wollen, um so ihre Leistung(spflicht) zu beschränken[16]. Denn Rechtsschutzversicherungen traten im Falle der versagten Deckung, bzw.

---

11 Die Rechtsgrundlage für die Vorschusskostenrechnung findet sich in § 9 RVG.
12 Aufgrund des abzugebenden Nutzungsersatzes kann sich ein verzögerter Verfahrensbeginn auf die konkrete Anspruchshöhe auswirken, vgl. für dessen Berechnung und Kritik an Selbigem § 5, A., I., 4. a..
13 Gemeint ist die Höhe des übernommenen Risikos, sprich die Höhe der bei Risikobewahrung schlussendlich zu leistenden Geldzahlung.
14 Vgl. zum Zweck des Rechtsanwaltsvergütungsgesetzes den „Entwurf eines Gesetzes über die Vergütung der Rechtsanwälte (Rechtsanwaltsvergütungsgesetz – RVG)" vom 18. April 2002, Drucksache BT-14/8818
15 *Van Bühren* NJW 2007, 3606
16 *Van Bühren* NJW 2007, 3607 ff.

ausbleibenden Zahlung immer häufiger als weiterer, dritter Konfliktpartner auf außergerichtlicher und gerichtlicher Ebene neben dem eigentlichen Hauptsacheprozess und -gegner auf[17].

Und auch im vorliegenden Vergleichsfall hatte sich der Anwalt, dessen Arbeit sich im Rahmen des Mandatsverhältnisses auf das Hauptanliegen – den Anspruch des Mandanten – konzentrieren sollte, neben den sehr weitläufigen kauf- und deliktsrechtlichen Folgen des Dieselskandals[18] mit dem Vertragsverhältnis zwischen Versicherungsnehmer und –geber zu beschäftigen. Und das ohne, dass diese Mehrbelastung zu einer Mehrvergütung führte.

Spannungen zwischen Anwalt und Versicherung, die dann mehr als Gegner, als als Partner auftreten, scheinen so generell vorprogrammiert[19]. Was schon für die breite Masse an Einzelfällen gelten könnte, wird im Rahmen des Abgasskandals als konzentriertes Massenverfahren mit (plötzlich) mehreren tausend geschädigten Versicherungsnehmern und einem überdurchschnittlich hohen individuellen Streitwert[20] noch verstärkt[21].

Hiervon ausgehend, verfolgt die vorliegende Arbeit mehrere Ziele:

Der Abgasskandal führt zu einer vorher noch nie dagewesenen Situation, in der innerhalb einer Kanzlei mehrere tausend rechtsschutzversicherte Mandanten betreut werden, deren Ansprüche grundsätzlich auf demselben Lebenssachverhalt fußen. Dadurch kann das Verhalten der verschiedenen Versicherungen an einem Ort miteinander verglichen und ausgewertet werden. Eine solche Agglomeration von skalierbarem Informationszu- und -abfluss ist als bislang einzigartig anzusehen. Vergleichbare Anhäufungen waren bisher – wenn überhaupt – nur in behördlichen Strukturen wiederzufinden. Eine ausführliche wissenschaftliche Auseinandersetzung in Form einer strukturellen Auswertung und Darstellung wird, jedenfalls in Bezug auf Regulierungsverhalten von Rechtsschutzversicherungen – trotz

---

17 Vgl. zur beispielhaften Darstellung *Heither/Heither* NJW 2008, 2743 ff.
18 Vgl. u.a. *Witt* NJW 2017, 3681 ff. und später Kapitel § 4 B.
19 *Van Bühren* R+S 2016, 59 f. und *Ennemann* NZA 1999, 634
20 So lag ausweislich des statistischen Bundesamts (Fachserie 10 Reihe 2.1 „Rechtspflege – Zivilgerichte) der durchschnittliche Streitwert deutscher Zivilverfahren im Jahr 2016 unter Berücksichtigung aller Fälle mit einem maximalen Streitwert i. H. v. EUR 50.000,00 bei EUR 15.569,00. Der sich nach dem Bruttokaufpreis des Fahrzeugs richtende Streitwert, hierzu später mehr unter § 5 B. II, der untersuchten Fälle beträgt im Median bei Berücksichtigung aller Fahrzeuge bis zu einem max. Bruttokaufpreis von EUR 50.000,00 deutlich mehr: EUR 25.325,35, vgl. Anlage zur Dissertation, I.3..
21 Vgl. *Veith* R+S 2015, 432 ff.

des offensichtlich schon seit geraumer Zeit bestehenden Bedürfnisses[22] – vergebens gesucht.

Dieser Informationszusammenlauf bildet die Grundlage für eine Verhaltensanalyse der Versicherer, die einer privat geführten Kanzlei vorher schon allein deshalb nicht möglich war, weil nicht einmal im Ansatz so viele gleichgelagerte Fälle in einem Haus unterkamen. Es fehlte schlicht an jetzt vorhandenem Forschungsmaterial. Die nun erwachsene Dokumentenlage wurde deshalb schnell als Chance erkannt, um das schon seit 2004 diskutierte Verhaltensmuster von Versicherungen objektiv faktenbasiert zu untersuchen. Die zigtausend erhaltenen und versandten Schreiben von und an die deutschen Rechtsschutzversicherungen bilden die Grundlage dieser Dissertation. Es erfolgt eine im nächsten Kapitel als ‚Rechtstatsachenforschung' näher vorgestellte methodische Auswertung. Durch diese wird – gemessen an Häufigkeit und Inhalt der Schriftwechsel – die Fragestellung beantwortet, ob und in welchem Umfang das ‚Modell Rechtsschutzversicherung' seiner gesellschaftlichen Verantwortung, nämlich der Verschaffung von barrierefreiem Zugang zum Recht im Rahmen des Abgasskandals, der insbesondere aufgrund seines Umfanges und seiner bisherigen Einzigartigkeit mit Sicherheit eine Feuerprobe für die Versicherungsgemeinschaft darstellt, nachgekommen ist.

Als Ergebnis wird sich der seit 2004 immer wieder erhobene Vorwurf, Rechtsschutzversicherer würden zum Zwecke der besseren eigenen Profitabilität entgegen der Belange der eigenen Versicherungsnehmer arbeiten, entweder widerlegt, oder bestätigt werden. Sollte Letzteres der Fall sein, wäre perspektivisch das Bedürfnis nach einer alternativen Form der Prozessfinanzierungen zu untersuchen.

---

22 Bspw. sprach die Süddeutsche Zeitung am 6. Januar 2019 („Streit mit dem Streithelfer") von einem „Dilemma": Die Rechtsschutzversicherer würden in Untersuchungen der Stiftung Warentest größtenteils überzeugend abschneiden. Gleichzeitig erhielten einige Anbieter guter Tarife von den bearbeitenden Anwälten sehr schlechte Bewertungen. Hierzu wurde Michael Sittig von der Stiftung Warentest wie folgt zitiert: *„Nach Papierlage sind diese Tarife gut. Man bräuchte zusätzlich einen Test des Regulierungsverhaltens, aber das ist in der Praxis kaum möglich."* Die durch den Abgasskandal erwachsene Datenmenge und -konzentration lässt eine solche Untersuchung wie vorliegend nun erstmals zu.

§ 2 Rechtstatsachenforschung und empirische Erhebung als Teilwissenschaft des Rechts

„Es ist nun schon ein Jahrzehnt her, dass sich in der Jurisprudenz ein ‚neuer Geist' bemerkbar gemacht hat [...] alles drängt zu der lebendigen Natur, der die Quellen des Rechts einströmen"[23].

A. Einführung in die Rechtstatsachenforschung – damals wie heute

Mit diesem Zitat des prägenden und die Rechtstatsachenforschung mitbegründenden *Nußbaum*[24] soll in die Forschungsmethode, die dieser Arbeit zugrunde liegt, eingeführt werden.

Die Rechtstatsachenforschung findet ihren Ursprung in den ersten Jahren des 20. Jahrhunderts. Wie es der Begriff bereits nahezulegen vermag, geht es in erster Linie nicht um die wissenschaftliche Auseinandersetzung mit dogmatischen oder (rechts-)philosophischen Fragestellungen. Der Fokus der Rechtstatsachenforschung liegt in der Auswertung von tatsächlichen und über allgemeine Sinne wahrzunehmenden Vorgängen, die ihrerseits wieder einen übergeordneten Bezug zur Juristerei aufweisen, sodass die Rechtsdogmatik und -philosophie doch noch Einzug erhält.

Die auf den ersten Blick irreführenderweise simpel ausgelegt erscheinende empirische Wahrnehmungs- und Darstellungsmöglichkeit hat der Rechtstatsachenforschung anfangs den despektierlich geprägten Ruf einer zu vernachlässigenden und dem Grunde nach nicht notwendigen Hilfswissenschaft eingebracht[25]. Dies mag darin begründet sein, dass sich die Rechtstatsachenforschung auf einer interdisziplinären Schnittstelle zwischen Rechts-, Sozial- und Wirtschaftswissenschaften bewegt[26]. Denn es ist (in gewisser Art selbstkritisch) zu berücksichtigen, dass die Rechtswissenschaft seit jeher den nicht ganz unberechtigten Ruf einer konservativen und selbstfokussierten Lehre hält. Die Juristerei stellt ihren Selbstanspruch

---

23 *Nußbaum* S. 11
24 Zur Person Nussbaum vgl. *Cheatham/Friedmann/Gellhorn/Jessup/Reese/Wallace* sowie *Emmert*, S. 376 f.
25 GMP/*Prütting*, Einleitung Rn. 243-244
26 *Nussbaum*, S. 6

nach außen häufig dar, als gehe es ausschließlich darum, sich auf einer logisch abstrakten und den ‚tieferen Sinn dahinter' erkennenden[27] Ebene zu bewegen, die eben nicht nur oberflächlich empirisch und für ‚jedermann' wahrzunehmen ist. Im Vordergrund der Rechtslehre soll die Exegese von Gesetzen und nicht deren „lediglich auf Datenerhebung beschränkte"[28] statistische Auswertung stehen. Diese doch noch vorherrschende, wenn auch engstirnig erscheinende ablehnende Grundhaltung gegenüber empirischer „Fliegenbeinzählerei"[29] wird durch das Selbstverständnis ergänzt, die Rechtswissenschaft sei eine eigenständige Disziplin und müsse sich fachübergreifender Methoden, wie der Rechtstatsachenforschung, nicht bedienen[30]. Gerade durch die häufig notwendige und kostenträchtige Datenerhebung festigt sich der Eindruck, die Rechtstatsachenforschung steht einer Naturwissenschaft deutlich näher als einer Geisteswissenschaft[31].

Teilweise wird die Tatsachenforschung gar als (unberechtigte) Kritik an der Rechtswissenschaft verstanden[32]. Tatsächlich dient die Rechtstatsachenforschung auch der Kritik an Vorgängen der Rechtswissenschaft, wird schlussendlich doch der Imperativ von Rechtsnormen an ihrer tatsächlichen Erfüllung gemessen[33]. So zeigt die juristische Empirie auf, wo die selbst ausgerufenen Ziele der Gelehrten und Gesetzgeber verfehlt wurden. Soweit die Rechtstatsachenforschung also tatsächlich als ‚Übel' – oder besser: als unangenehme Kritik – verstanden werden sollte, so ist sie doch jedenfalls kein überflüssiges, sondern ein konstruktiv kritisierendes, welches seit ihren Anfängen von ihren Vertretern zurecht als notwendige Bereicherung des rechtswissenschaftlichen Forschungs- und Lehrauftrages verstanden wurde[34]. Sie ist dabei durchaus – und diese Einordnung wird auch von Rechtstatsachenforschern vorgenommen[35] – als Hilfswissenschaft zu verstehen, der man allerdings auch als konservativ und geisteswissenschaftlich agierender Rechtswissenschaftler nicht mit Argwohn begegnen sollte. Anderenfalls müsste man Nußbaums Kritik, die Rechtswissenschaft sei nur

---

27 So etwa *Kaufmann*, S. 30 f., der den Schluss zieht, die Rechtswissenschaft sei dadurch geprägt (und deshalb eine Wissenschaft), dass die Subsumtion des Falles unter das Gesetz ein deduktiver Schluss sei.
28 Vgl. allgemein zu drohenden Fehlschlüssen van *Eemeren/Garssen/Meuffels*, S. 1 ff.
29 *Wassermann*, S. 85
30 *Spindler/Gerdemann* AG 19/2016, 699 ff.
31 Vgl. zu weiteren Fehlschlüssen *Gabbay/Johnson/Ohlbach/Woods*, S. 374 ff.
32 *Röhl* Rechtssoziologie, Einleitung
33 *Blankenburg/Lenk/Treiber*, S. 96
34 *Nussbaum*, S. 39
35 *Chiotellis/Fikentscher*, S. 30

"leere Dogmatik", nach 100 Jahren noch in ihrer Existenz als berechtigt bezeichnen. Die Rechtstatsachenforschung ist daher keinesfalls als ‚Übel', ob nun notwendig oder überflüssig, sondern als nicht zu vernachlässigender Aspekt angewandter empirischer Rechtssoziologie wahrzunehmen[36].

Die anfängliche Kritik an der empirischen Juristerei ist heute, gut 100 Jahre nach ihrer Begründung, einer Akzeptanz als wesentliche Ergänzung zur dogmatischen Rechtsauslegung gewichen[37]. Vorzugsweise, aber nicht ausschließlich, siedelt sie sich in Gebieten an, in denen rechtlicher und sozialer Wandel durch Spruchkörper und Gesetzgebende im Interesse der sozial und finanziell benachteiligten Bürger nötig und möglich ist[38]. Die Rechtstatsachenforschung leistet dabei einen wichtigen Beitrag zur tagesaktuellen rechtspolitischen Diskussion[39]. Sie ist als Teil angewandter empirischer Rechtssoziologie auf dem gesamten Gebiet des (Zivil-)Rechts, einschließlich der dazugehörigen Verfahren, zu finden[40].

Besonders der Bereich des prozessualen Arbeitsrechts erfuhr im 20. Jahrhundert eine Vielzahl von Rechtstatsachenforschungen. So gab es im Jahr 1984 eine große Anfrage im Deutschen Bundestag zur Geschäftsbelastung der Arbeitsgerichtsbarkeit[41]. Hintergrund war das am 21. Juni 1979 eingeführte Gesetz zur Beschleunigung und Bereinigung des arbeitsgerichtlichen Verfahrens. Der Gesetzgeber hatte sich dem Ziel verschrieben, arbeitsgerichtliche Verfahren rascher zu beenden und unter anderem auf diesem Wege eine Entlastung der Gerichte herbeizuführen. Es sollte Erkenntnis erlangt werden, ob das vom Gesetzgeber verfolgte Ziel erreicht werden konnte. Dazu sollten unter anderem die Zahlen der anhängigen und erledigten Verfahren, die Verfahrensdauer, die örtliche Verteilung sowie die Quantität und Erfolgsquote von Rechtsmitteln untersucht werden. Die Bundesregierung sprach in ihrer Antwort davon, dass dieser „rechtstatsächliches Material" zugrunde läge[42] und teilte die erfragte Auffassung, dass „wichtige Änderungen von Prozessordnungen, so weit wie möglich,

---

36 *Rehbinder*, S. 31 ff.; sowie *Röhl* Das Dilemma der Rechtstatsachenforschung, S. 283 f.
37 *Spindler/Gerdemann* AG 19/2016, S. 700 f.
38 *Blankenburg/Kaupen*, S. 206
39 *Freudenberg*, AG 21/2007, S. 800 ff.
40 *Röhl* aaO
41 BT-Drucksache 10/2067
42 BT-Drucksache 10/4593

A. *Einführung in die Rechtstatsachenforschung – damals wie heute*

durch empirisches Tatsachenmaterial über die Prozesswirklichkeit und über die Auswirkungen der geplanten Änderungen belegt sein sollten"[43].
Die tagesaktuelle Bedeutung der Rechtstatsachenforschung für die Wissenschaft verdeutlicht sich weiter durch die Existenz des 2005 gegründeten Instituts für Rechtstatsachenforschung zum Deutschen und Europäischen Unternehmensrecht der Friedrich-Schiller-Universität Jena[44]. Auch finden am Institut für Zivilrecht der Universität Innsbruck seit 2007 unter dem Titel „Rechtstatsachenforschung – heute" regelmäßig Jour Fixe statt[45].

Auf Bundesebene betreut seit 2012 das Referat III im Bundesamt für Justiz die Forschungsvorhaben des Bundesministeriums der Justiz und für Verbraucherschutz aus dem Bereich Rechtstatsachenforschung. In der Zeit von 2012 bis Mitte 2018 wurden auf Initiative des Bundesministeriums für Justiz 25 überwiegend mehrere Jahre veranschlagende Forschungsvorhaben innerhalb der Rechtstatsachenforschung begonnen oder beendet[46]. Zuletzt wurde im Bundeshaushaltsplan 2016, Einzelplan 23 (Bundesministerium für wirtschaftliche Zusammenarbeit und Entwicklung) beschlossen, den Forschungsetat mit EUR 7,0 Mio. als größten Ausgabeblock zu veranschlagen; auf die projektbezogene Evaluierung sollten EUR 1,5 Mio. entfallen[47]. Aus diesem Etat wurde dem Bereich „Forschung, Untersuchungen und Ähnliches" des Bundesministeriums der Justiz und für Verbraucherschutz, aus dem auch die Rechtstatsachenforschungsprojekte finanziert werden, EUR 1,54 Mio. zugewiesen[48].

Das verdeutlicht, dass die Rechtstatsachenforschung trotz vieler kritischer Stimmen ihre Bedeutung in Lehre, Forschung und Gesetzgebung nicht verloren hat. Der vielfach geäußerte Wunsch[49] nach rechtstatsächlichen Ergebnissen lässt ausblicken, dass sich die Jurisprudenz dieser Hilfswissenschaft erfreulicherweise wohl noch um einiges weiter bedienen wird.

---

43 Ebd. die Bundesregierung verweist hierbei auf eine weitere große Anfrage zur Geschäftsbelastung der ordentlichen Gerichte, vgl. Drucksache 10/1739 Abschnitt H.I.2..
44 Vgl. für nähere Informationen die Internetpräsenz des Instituts für Rechtstatsachenforschung
45 Vgl. den Internetauftritt der Universität Innsbruck zur Rechtstatsachenforschung
46 Vgl. Anlage zur Dissertation, II.1.
47 Bundeshaushaltsplan 2016, Einzelplan 23, S. 43
48 Bundeshaushaltsplan 2016, Einzelplan 07, S. 6
49 Vgl. beispielhaft hierzu MünchKomm/*Leipold* Buch 5. (Erbrecht), Einleitung, Rn. 63: „Einer [notwendigen] Reform des Erbrechts würden gründliche rechtstatsächliche Untersuchungen sehr zugute kommen."

23

B. Ziel der Rechtstatsachenforschung

Rechtstatsächliche Untersuchungen dienen in erster Linie der Optimierung des Status Quo durch Evaluierung von Zielsetzungen, oder auch dem Aufdecken bestehender Missstände oder einer ungeklärten Lage[50]. Recht, in erster Linie also vom Gesetzgeber festgelegte Verhaltensnormen, schafft stets neue Tatsachen[51]. Der Gesetzgeber stellt Grundsätze und Ausnahmen auf. Er verfolgt dabei stets seine eigens aufgestellten Hypothese, wie er die zur Verabschiedung vorliegende (makelbehaftete) Ausgangssituation verbessern kann. Die Rechtstatsachenforschung ist somit bestens geeignet, Anspruch und Wirklichkeit von Gesetzen sowie ihre Nebeneffekte zu untersuchen. In diesem Zusammenhang lässt sich die Tatsachenforschung auch „rechtsbereinigend" einsetzen[52]. Ihr Interessenfokus ist dabei vorrangig auf das Verhältnis sozialer Kontrollinstanzen zu Individuen und auf die Geltungsbedingungen sozialer Normen gerichtet[53]. Dabei lassen sich drei wesentliche Vorgehensweisen unterscheiden: Die Zielabweichungsanalyse[54], die Regelungsbedarfsanalyse[55] und die Rechtsgegenstandsanalyse[56]. Bestes Beispiel für die Zielabweichungsanalyse ist die derzeit lebhaft diskutierte Frage, ob das Prostitutionsgesetz (ProstG) sich tatsächlich – wie vom Gesetzgeber anvisiert – positiv auf die Lebens- und Arbeitssituation von in Deutschland tätigen Prostituierten ausgewirkt hat[57]. Die Regelungsbedarfsanalyse untersucht hingegen den tatsächlichen Bedarf eines in der Theorie aufgeworfenen und lediglich vermuteten Praxisproblems[58], während die – in dieser Arbeit zu vernachlässigende – Rechtsgegenstandsanalyse ein verbessertes Rechtsverständnis hervorbringen möchte. Dabei weisen alle drei Vorgehensweisen teils große Schnittmengen auf und dienen der

---

50 Rechtsschutzversicherung und Prozessverhalten. Symposium am 24/25. November 1988 in Triberg. Tagungsbericht
51 so Prof. Dr. Franz Ruland, stellvertretender Geschäftsführer des Verbandes Deutscher Rentenversicherungsträger, zitiert von *Babl* NZA 1986, 389
52 so Dr. Kurz Friede, Geschäftsführer des Bundesverbandes der Betriebskrankenkassen zitiert von *Babl* ebd.
53 *Blankenburg/Lenk/Hucke*, S. 96
54 *Heinz/Maihofer*, S. 157 ff.
55 *Baums/Keinath/Gajek* ZIP 2007, 1629
56 *Spindler/Gerdemann* AG 19/2016, 698
57 Vgl. Gesetz zur Regelung der Rechtsverhältnisse der Prostituierten v. 20. Dezember 2001, BGBl. I 2001, 3983 und die hierzu durchgeführte Studie des BMFSJ sowie *Schmidbauer* NJW 2005, 871 ff.
58 *Rutz*, S. 84 ff.

durch den Gesamtkomplex ‚Rechtstatsachenforschung' verfolgten Ursachenanalyse und Effizienzkontrolle.

Die Rechtstatsachenforschung verfolgt zusammenfassend die Vereinfachung und die Kontrolle geltenden Rechts[59] und ist dabei nicht nur eine hinreichende, sondern mangels ebenso effizienter Alternativen geradezu notwendige Methode.

C. Methoden der Rechtstatsachenforschung

Um vorbeschriebene Ziele erreichen zu können, wartet die Rechtstatsachenforschung heutzutage mit einer breit aufgestellten Anzahl an Methoden auf, welche im Folgenden vorzustellen sind. Methoden, die der vorliegenden Arbeit nicht zugrunde gelegt worden sind, finden allenfalls namentliche Erwähnung, ohne weiter auf das einzelne Verfahren einzugehen. Alle Methoden der Empirie dienen der Überprüfung einer im Vorhinein aufgestellten Theorie. Hierbei bedingt die vorgefundene Ausgangssituation die Wahl der Methode. Bedeutsam sind insbesondere die Methodik der statistischen Evaluierungen sowie Regressionsanalysen[60]. Diese lassen sich wiederum in einzelne Verfahren gliedern, deren populärsten die Befragung, die Beobachtung sowie die Dokumentenanalyse sind[61].

Die der Vertretung Betroffener im VW-Abgasskandals zugrunde liegende Ausgangslage, auf deren Grundlage das Verhalten der Versicherungen zu beurteilen war, gestaltete sich wie folgt:

Als kostenloser Mandantenservice wurden durch die Kanzlei auf schriftlichem Wege Deckungsanfragen im Namen der Versicherungsnehmer versandt. Der Deckungsanfrage lag die Schilderung des konkreten Sachverhaltes sowie der begehrte Deckungsumfang zugrunde. Jedes versandte Schreiben verursachte in der Regel eine Gegenreaktion durch die Versicherer in Form einer ebenfalls schriftlich übermittelten Antwort. Die eingehenden Dokumente wurden kanzleiintern mittels der genutzten Software ‚Knowledgetools' nach dort fest vorgegebenen Parametern erfasst. Es erfolgte nicht nur eine Zuordnung des Posteinganges zur entsprechenden Akte. Auch wurden auf Grundlage des Inhaltes des Schreibens unterschiedliche Checkboxen oder Dropdown-Menüs ausgewählt, die den Verlauf der Akte präzise dokumentierten. Die einzelnen Akten ließen sich sodann mit den

---

59 *Babl* NZA 1986, 389
60 *Hamann*, S. 76 f.
61 *Röhl*, Rechtssoziologie, S. 120 f.

§ 2 Rechtstatsachenforschung und empirische Erhebung als Teilwissenschaft des Rechts

gewünschten Feldwerten[62] als Excel-Datei auswerfen. Mittels Setzen der richtigen Filter innerhalb dieser Excel-Datei konnten die erfragten Informationen exakt nachvollzogen werden, beispielsweise welcher Absagegrund für welche Deckungsanfrage in welcher Akte vorgetragen wurde, oder aber auch immer noch Bestand hat. Die sich daraus erschließenden Informationen wurden sodann einer quantitativen und qualitativen Bewertung unterzogen.

Als empirische Arbeitsmittel bediente sich der Verfasser zur Erlangung der gewünschten Analyseergebnisse daher der Dokumentenanalyse (I.) sowie des qualitativen und quantitativen Verfahrens (II.).

I. Dokumentenanalyse

Die Dokumentenanalyse stellt neben dem dieser Arbeit zugrunde liegenden Verfahren auch eine der am häufigsten genutzten Methoden der Rechtstatsachenforschung dar[63]. Ihrer Aussagekraft sind Dokumente in entsprechender Massenanzahl bedingt. Dieser Anforderung ist vorliegend mit einer ausgewerteten Dokumentenanzahl von über 10.000 Schreiben Rechnung getragen.

Der große Vorteil einer Dokumentenanalyse ist die Beständigkeit von Schriftwechseln. Dokumente werden regelmäßig nicht ohne Nachprüfung nach außen entlassen. Sie sind im Gegensatz zum gesprochenen Wort nicht flüchtig und können regelmäßig als offizielle Statements aufgefasst werden. Es ist daher davon auszugehen, dass die jeweiligen Unterzeichner sorgfältig Acht geben, möglichst wenig Platz für fehlleitende Interpretationen zu lassen. Dies ermöglicht eine exaktere Auswertung als beispielsweise spontane Interviewäußerungen[64].

---

62 ‚Feldwerte' sind die einzelnen skalierbaren Informationsteile, aus denen sich eine Akte zusammensetzt, z. B. die Akten-ID, das Kaufdatum, der Verfahrensstand, oder auch der einzelne von der Versicherung angeführte Ablehnungsgrund.
63 Die Dokumentenanalyse war unter anderem Bezugsverfahren folgender rechtstatsächlicher Untersuchungen: *Blankenburg/Fiedler* Die Rechtsschutzversicherungen und der steigende Geschäftsanfall der Gerichte; *Steinbach/Kniffka* Strukturen des amtsgerichtlichen Zivilprozesses. Methoden und Ergebnisse einer rechtstatsächlichen Aktenuntersuchung; *Bender/Schumacher* Erfolgsbarrieren vor Gericht. Eine empirische Untersuchung zur Chancengleichheit im Zivilprozess; *Bürkle* Richterliche Alltagstheorien im Bereich des Zivilrechts; *Philippi* Tatsachenfeststellungen des Bundesverfassungsgerichts.
64 *Röhl*, Rechtssoziologie, S. 123

II. Qualitative und quantitative Verfahren

Darüber hinaus finden im Rahmen der Dokumentenanalyse qualitative und quantitative Verfahren Einzug in diese Arbeit. Beide sind voneinander zu unterscheiden, wenngleich sie nicht exklusiv nebeneinander bestehen. So benötigt ein quantitatives Verfahren zwingend eine hinreichend standardisierte Datenlage[65]. Das Ergebnis der rechtsempirischen Untersuchung kann hierbei regelmäßig unmittelbar aus der lediglich durch statistische Auszählung entnommenen Auswertung anhand geschaffener Indikatoren erwachsen. Als Teil der Dokumentenanalyse werden auf Grundlage der möglichen Skalierbarkeit der Masse an einzelnen Schreiben deren Inhalte quantitativ eingeordnet, angefangen von der Frage, wie viele der Gesamtmandate überhaupt angeben, rechtsschutzversichert zu sein, über den Zustand der Antwort der Versicherer (z. B. Deckungsabsage oder Deckungszusage) bis hin zur detaillierten Darstellung, in wie vielen Fällen[66] welche einzelnen Deckungsablehnungsgründe vorgebracht worden sind. Diese (Zwischen-)Ergebnisse werden, wie es häufig im Zusammenspiel der beiden Verfahren ist[67], darauffolgend qualitativ ausgewertet. So sind die für die Beantwortung der für die der Arbeit immanenten Fragestellung wichtigen quantitativen Ergebnisse einer rechtlichen Überprüfung zu unterziehen. Die einzelnen Deckungsablehnungsgründe erfahren beispielsweise eine einmalige qualitative rechtliche Bewertung, die dann für alle Fälle dieser Fallgruppe hinzugezogen wird (Quantität). So kann sich als Ergebnis in etwa herausstellen, dass „die in 73 Fällen angebrachte rechtliche Würdigung der Versicherung, eine Deckung des Rechtsschutzfalles aus dem Grund der Vorvertraglichkeit abzulehnen, inhaltlich nicht zu beanstanden" ist.

---

65 *Röhl*, Rechtssoziologie, S. 128
66 Ein „Fall" ist im Folgenden als Reaktion der Versicherer auf eine einzelne Deckungsanfrage zu verstehen und nicht auf die grundsätzliche Frage nach dem Rechtsschutzfall beschränkt. Da in dieser Arbeit das außergerichtliche und erstinstanzliche Vorgehen gegen den einzelnen Händler und die Volkswagen AG als Hersteller untersucht wird, kann ein einzelner Mandant bei seiner Versicherung daher insgesamt Reaktion in 4 Fällen hervorrufen: ‚außergerichtlich Hersteller', ‚gerichtlich Hersteller' ‚außergerichtlich Händler', ‚gerichtlich Händler'.
67 Ein bekanntes Beispiel für eine qualitative Rechtstatsachenforschung stellt *Leodolters* „Das Sprachverhalten von Angeklagten vor Gericht" dar. Auch hier wurden in einem ersten Schritt quantitative Werte gezogen, die in einem zweiten Schritt gedeutet, also verwertet, wurden.

Die so erlangten Erkenntnisse der einzelnen Fallgruppen sind wiederum quantitativ wie qualitativ auszuwerten, bis sich aus allen detailliert erarbeiteten Fallgruppen am Ende ein Gesamtergebnis zu den oben aufgeworfenen Fragen und Zielstellungen ergibt, welches etwa heißen könnte: „Da die Rechtsschutzversicherer in der überwiegenden Mehrheit (89 %) berechtigterweise die Deckung ablehnten, ist insgesamt ein als ‚rechtlich nicht zu beanstanden und angemessen' zu bezeichnendes Regulierungsverhalten im Massenschadensfall ‚VW' festzustellen".

§ 3 Die Rechtsschutzversicherung

Um die später erfolgende qualitative Auswertung aller Dokumente, den Wert der in dieser Arbeit getroffenen Fragestellung und das spätere Gesamtergebnis nachvollziehen zu können, ist es zuallererst notwendig, das zu untersuchende ‚Modell Rechtsschutzversicherung', dessen Aufgaben und Verhältnisse sowie den Verfahrensgang mit all seinen Facetten vorzustellen.

Gleich vorneweg sei klargestellt, dass es sich bei Rechtsschutzversicherungen in erster Linie um (reine) Wirtschaftsunternehmen handelt, die auf effektives Haushalten angewiesen sind. Dass die zu erwartende Vorgehensweise der Versicherer daher nicht einer Non-Profit-Organisation entspricht, versteht sich von selbst. Entsprechend werden die Versicherungen vorliegend auch an einem wirtschaftsorientierten Maßstab gemessen werden.

A. Rechtsschutzversicherungen in Deutschland

In den letzten Jahren konnten sich Rechtsschutzversicherungen in Deutschland sowohl hinsichtlich der Bestandszahlen als auch mit Blick auf vereinnahmte Prämien einer gewissen konstanten Steigerung erfreuen. Die absolute Zahl an Rechtsschutzversicherungsgebern hat sich in den Jahren 2010 bis 2016 stets zwischen 46 und 49 gehalten[68].

Auch in wirtschaftlicher Hinsicht hat sich in diesen Bezugsjahren eine Besserstellung der Rechtsschutzversicherungen feststellen lassen:

So mussten im Jahr 2016 zwar 72,94 % – und damit 1,01 % mehr als 2010 – der vereinnahmten Bruttoprämien für Versicherungsfälle aufgewendet werden. Gleichzeitig stiegen aber die absoluten Zahlen an vereinnahmten Bruttobeiträgen aller Versicherungen in Deutschland um immerhin EUR 580 Mio. – von EUR 3,248 Mrd. auf EUR 3,828 Mrd. Trotz relativer Mehrausgaben i. H. v. EUR 454 Mio. konnte der Rechtsschutzversicherungsmarkt in Deutschland 2016 im Vergleich zum Versicherungsjahr 2010 absolute Bruttomehreinnahmen i. H. v. EUR 126 Mio. verbuchen –

---

68 Vgl. Internetpräsenz des Gesamtverbands der Deutschen Versicherungswirtschaft e.V.

im Mittelwert mithin ein Plus von EUR 3,16 Mio. Bruttoeinnahmen pro Rechtsschutzversicherung[69].

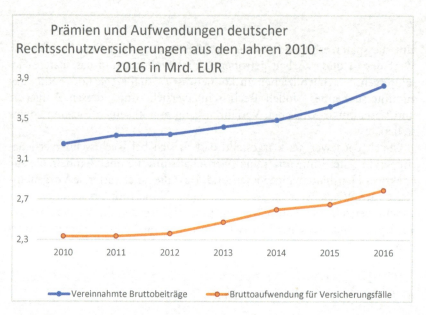

Quelle:[70]

---

69 Die Zahl der existenten Versicherungen auf dem deutschen Rechtsschutzversicherungsmarkt betrug im Jahr 2010 47, im Jahr 2016 46.
70 Statistisches Taschenbuch der Versicherungswirtschaft 2017, S. 62-64, 66,67, 82, keine Zahlen für 2011 vorhanden

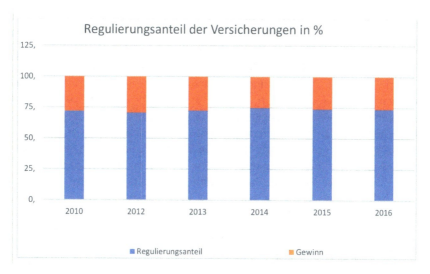

Quelle: [71]

Mittlerweile besitzt rund die Hälfte aller deutschen Haushalte eine Rechtsschutzversicherung. Der Anteil rechtsschutzversicherter Kfz-Halter ist gar noch höher (etwa ⅔ aller Autofahrer sind versichert[72], bei etwa 3,7 Mio. Schadensfällen pro Jahr entfallen 40 % auf den Bereich der Verkehrsordnungswidrigkeiten[73]). Deutschland besitzt damit den weltweit größten Markt an und für Rechtsschutzversicherungen[74].

In dem Umstand, dass im Jahr 2013 72,4 % der Einnahmen unmittelbar wieder in die Regulierung flossen[75], scheinen die Rechtsschutzversicherer Handlungsbedarf gesehen zu haben. Über die ‚normale' Einflussmöglichkeit der Beitragserhöhung auf der ‚Einnahmeseite' hinaus wurde versucht, die zur damaligen Zeit steigende Konjunktur von Kapitalanlageprozessen aus der Ausgabenseite auszuschließen, in dem das Kapitalanlagerecht aus dem Versicherungsschutz kurzerhand herausgenommen wurde. Vollkom-

---

71 Statistisches Taschenbuch der Versicherungswirtschaft 2017, S. 62-64, 66,67, 82, keine Zahlen für 2011 vorhanden
72 Van Bühren/Plote/*Plote*, Einleitung, Rn. 12
73 *Van Bühren* R+S 2016, 54
74 Vgl. Onlinestatistik des Soldaninstituts,
75 *Veith* R+S 2015, 432

men zurecht kassierte der BGH diese Regelung und erklärte sie aufgrund eines Verstoßes gegen das Transparenzgebot für unwirksam[76].

Trotz der positiv steigenden wirtschaftlichen Tendenz wurden und werden auf Versichererseite stetig neue Wege gesucht, die eigene Profitabilität weiter zu erhöhen[77]. Fraglich im Rahmen dieser Arbeit ist, ob sich hieraus (auch) Nachteile der prämienzahlenden Versicherungsnehmer ergeben können. Dieser Gedanke könnte sich mit folgender Betrachtung manifestieren, dass die Versicherungen darauf angewiesen sind, dass der einzelne Versicherte im Laufe der Vertragslaufzeit mehr in den Vertrag einzahlt, als er durch Leistungserbringung durch die Versicherung im Schadensfall erhält. Mitgliedsbeiträge (Prämien) werden vor Vertragsabschluss in der Regel anhand in der Vergangenheit gesammelter Erfahrungswerte kalkuliert – ähnlich eines Wettmodells, bei der der Versicherungsgeber im Sinne seiner eigenen Profitabilität darauf setzt, durch den Einzelnen mehr Einnahmen zu erzielen, als im Mittel auszukehren ist. Um das angestrebte positive Delta zwischen Ausgaben und Einnahmen im Wege der wirtschaftlichen Profitabilität möglichst groß zu halten, bieten sich den Versicherern im Grundsatz zwei Vorgehensmöglichkeiten:

Zum einen können Beitragszahlungen erhöht werden. So kam es im Rahmen des Abgasskandals etwa bei der NRV Neue Rechtsschutz zu einer Beitragsanpassung i. H. v. 5 %, bzw. 7,5 %. Diese wurde den Versicherungsnehmern mit steigenden Schadenszahlungen bei den Rechtsschutzversicherungen aufgrund „steigender Kosten für Anwälte, Notare, Gutachter und Gerichte sowie [der] Rechtsprechung der letzten Jahre und viele[r] neue[r] Geschäftsmodelle[n] von Anwälten (z. B. Dieselschaden)"[78] begründet.

Bei hierzu alternativen Beitragserhöhungen (oder, wie es die Versicherungen benennen: Beitragsanpassungen) sind die Rechtsschutzversicherungen allerdings in ihrer Handlungsfähigkeit beschränkt. Denn zur Beitragsanpassung ist gem. § 10 Allgemeine Rechtsschutzbedingungen von

---

76 BGH NJW 2013, 2739
77 Dieser Umstand alleine soll keinesfalls einen negativen Schluss auf das Regulierungsverhalten oder das Verhältnis zum Versicherungsnehmer zulassen. Die wirtschaftliche Integrität zu halten und auszubauen ist Kernaufgabe eines jeden Profitunternehmens. Nicht zuletzt hat auch der Versicherungsnehmer ein eigenes Interesse an der unbescholtenen Liquidität seines Versicherers und Vertragspartners.
78 Vgl. den Newsletter der NRV

2010 (ARB 2010)⁷⁹ stets die Zustimmung eines unabhängigen Treuhänders vonnöten. Daher, und auch, weil es in der jüngsten Vergangenheit häufig zu erheblichen Rückschlägen bei Beitragserhöhungen[80] für die Versicherungen kam, ergründet sich die dieser Dissertation zugrunde liegende These, dass der wirtschaftliche Erfolg durch die Begrenzung von Ausgabenposten, insbesondere in potentiell kostenträchtigen (Massen-)Schadensfällen wie dem Dieselskandal, gesichert werden soll.

B. Aufgaben und Ruf der Rechtsschutzversicherung

Neben der (wirtschaftlichen) Lage der Versicherungen in Deutschland soll auch ganz grundsätzlich deren (gesellschaftliche) Aufgaben und der ihr anhaftende und schon angedeutete Ruf aufgezeigt werden. Hierfür wird im Folgenden ein Überblick über Arbeits- und Wirkungsweise der Rechtsschutzversicherungen in Deutschland und die durch Gesetzgeber, Rechtsprechung und allgemeine Bedingungen (ARB) aufgestellten Regeln sowie Aufgaben gegeben.

---

79 Zu den ARB: Der Gesamtverband der Deutschen Versicherungswirtschaft e.V. (GDV) gibt in unregelmäßigen Abständen neue Musterbedingungen für Rechtsschutzversicherungen als Empfehlungen heraus. Der Großteil aller Versicherungen wählt die Allgemeinen Bedingungen aus dem Jahr 2010, ARB (2010); Der besseren Übersicht halber wird daher immer, wenn von den ARB gesprochen wird, auf die ARB (2010) verwiesen; sollte einem zitierten Schreiben einer Versicherung eine andere Musterbedingung zugrunde liegen, weshalb der angeführte ‚§' nicht der Regelung in den ARB (2010) entspricht, so wird dies entsprechend der Regelung der ARB (2010) angepasst. Bei den ARB handelt es sich um allgemeine Geschäftsbedingungen i. S. d. §§ 305 ff. BGB, auf die insbesondere das Transparentgebot (§ 307 Abs. 1 S. 2 BGB) anzuwenden ist.
80 LG Frankfurt Oder VersR 2018, 669; sowie LG Berlin NJW 2018, 1176, jeweils mit den Ergebnissen, dass Beitragserhöhungen/-anpassungen für mehrere Jahre aufgrund fehlender Unabhängigkeit des Treuhänders unwirksam waren, was zur Folge hat, dass sich die Versicherungen nunmehr mehrere Millionen hohen Rückforderungen ausgesetzt sehen.

I. Aufgaben der Rechtsschutzversicherung

Die grundsätzliche Aufgabe der Rechtsschutzversicherung findet sich, angelehnt an § 125 VVG, legaldefiniert in § 1 ARB (2010)[81] und bezieht sich lediglich auf die Wahrnehmung rechtlicher Interessen, welche ihrerseits aber mit sonstigen, insbesondere wirtschaftlichen Interessen verbunden sein können[82]. Die darüber hinaus in § 5 Abs. 5 ARB (2010) normierte Sorgepflicht geht aber nicht so weit, dass die Rechtsschutzversicherung Rechtsangelegenheiten, beispielsweise Fristen[83], überwachen muss.

Die Rechtsschutzversicherung hat aus dem Versicherungsvertrag alle notwendigen Leistungen zu erbringen, die der Versicherungsnehmer benötigt, um seine (behaupteten oder im Raum stehenden Rechte) durchsetzen zu können, bzw. um vor (behaupteter) ungerechtfertigter Inanspruchnahme geschützt zu werden. Für die Festlegung der den Versicherungsfall kennzeichnenden Pflichtverletzung ist allein der Tatsachenvortrag entscheidend, mit dem der Versicherungsnehmer den Verstoß seines Anspruchsgegners begründet[84]. Hauptsächlich erfolgt die geschuldete Leistungserbringung in Form von Freistellung, bzw. Zahlung eigener sowie gegnerischer Anwalts- und Gerichtskosten und übrigen Auslagen. Der Befreiungsanspruch hinsichtlich der Rechtsanwaltskosten kann alternativ durch Gewährung einer Abwehrdeckung für den Gebührenprozess erfüllt werden[85].

Die der Versicherung durch Gesetz auferlegte Aufgabe dient ihrem Grundgedanken nach der Erlangung von Rechtssicherheit des im Normalfall rechtsunkundigen Laien. Hieraus erwachsen neben der Hauptleistungspflicht ‚Zahlung' auch Nebenpflichten; so sind beispielsweise Ablehnungsgründe *unverzüglich*[86] zu äußern. Eine erstmalige Berufung auf noch nicht vorgebrachte Gründe in der Rechtsmittelinstanz gilt als verspätet und präkludiert ein solches Vorbringen[87]. Ebenso *unverzüglich* ist die grundsätzliche Entscheidung des Deckungsschutzes zu fällen, um die

---

81 § 1 ARB (2010): *„Der Versicherer erbringt die für die Wahrnehmung der rechtlichen Interessen des Versicherungsnehmers oder des Versicherten erforderlichen Leistungen im vereinbarten Umfang (Rechtsschutz).“*
82 BGH NJW 1991, 2644
83 Sächsisches LAG NZA 1999, 112 (Ls.)
84 BGH NJW 2015, 1306
85 BGH NJW 2016, 61
86 d. h. ohne schuldhaftes Zögern, i. d. R. innerhalb von zwei bis drei Wochen.
87 BGH MDR 2016, 1380

Rechtsstellung des Mandanten nicht zu verschlechtern[88]. Der konsultierte Anwalt wird in der Regel erst nach erteilter Deckungszusage kostenauslösend tätig. So besteht Gefahr, dass sich während des Schwebezeitraumes die Position des Versicherungsnehmers verschlechtert, beispielsweise durch von ihm nicht überblickbare Fristabläufe oder wegen sich erhöhender Ansprüche der Gegenseite – etwa in Form von Verzugszinsen oder – wie vorliegend – durch den Nutzungswertersatz, der für jeden gefahrenen Kilometer entsteht. Hiervor hat ihn die Versicherung zu schützen.

II. Ruf deutscher Rechtsschutzversicherungen

Über Jahre umstritten und unterschiedlich beurteilt ist die Frage des *positiven Nutzens* der Rechtsschutzversicherungen.

So gab es einige vorverurteilende Stimmen, die den Rechtsschutzversicherungen einen schlechten Ruf bei Gerichten und Justizbehörden zusprachen. Versicherungen wurden negativ als *prozesstreibend* angesehen[89]. Sie würden dazu verleiten, aussichtslose oder jedenfalls wenig aussichtsreiche Prozesse wegen des genommenen Kostenrisikos zum Ende zu führen. Versicherungsnehmer befänden sich in einer Drucksituation, in die sie aufgrund der Vorleistung durch Zahlung von Versicherungsprämien geraten wären. Hieraus entkämen sie nur durch die (unbedenkliche) und kostenfreie Inanspruchnahme der Versicherungen. Der Versicherungsnehmer werde förmlich dazu getrieben, wenig aussichtsreiche Verfahren zu provozieren, um wenigstens irgendeine Gegenleistung – unabhängig vom Verfahrensausgang – für die gezahlten Prämien erhalten zu haben. Auch würden Rechtsanwälte aus finanziellem Eigeninteresse dazu neigen, negative Prognosen zu unterschätzen, oder sogar zu verschleiern. Rechtsschutzversicherungen seien daher (unnötig) prozesstreibend. Rechtsschutzversicherte hätten eine viermal höhere Prozessquote als Nichtversicherte[90]. Solche und

---

88 Dies ergibt sich auch aus einem Umkehrschluss zur vorherigen Obliegenheit: Wenn schon die Ablehnungsgründe unverzüglich vorgebracht werden müssen, dann muss dies auch für die Deckungszusage gelten, wenn keine weiteren berechtigten Nachfragen zu stellen sind. Anderenfalls könnte sich die Versicherung in ungestrafte Untätigkeit flüchten.
89 *Jagodzisnki* NJW 1993, 2769
90 Ebd.

ähnliche Stimmen führten gar dazu, dass lautstark gesetzliche Maßnahmen zur Eindämmung von Versicherungen gefordert wurden[91].

Diese Einschätzung wird weder der Idee noch der praktischen Vorgehensweisen von Rechtsschutzversicherungen gerecht:

Zum einen wird verkannt, dass Rechtsschutzversicherte in der Regel zu einem frühen Zeitpunkt des Verfahrens aufgrund der niederen Kostenhemmschwelle die Konsultation einer rechtsberatenden Stelle suchen, während Nichtversicherte häufig an einem Verfahrenspunkt in die Kanzlei kommen, in dem das Kind sprichwörtlich „bereits in den Brunnen gefallen" ist[92]. Nichtversicherte haben zu diesem Zeitpunkt häufig bereits wegen der vorangeschrittenen Zeit eine immens schlechtere Rechtsposition inne, die einer selbstfinanzierten Prozessführung im Wege steht. Auch steht die Chance auf eine gütliche außergerichtliche Einigung zu einem frühen Zeitpunkt des Streits deutlich höher als nach dem Durchschreiten mehrerer Eskalationsstufen.

Der Ansicht, das Innehaben einer Versicherung führe zur zwangsweisen Durchsetzung wenig aussichtsreicher Rechtspositionen, steht schon die in dieser Arbeit bereits dargelegte wirtschaftliche Motivation der Versicherer auf Leistungsbegrenzung entgegen. Selbstverständlich ist es nicht nur das gute Recht der Versicherungen, sondern mit Blick auf einen funktionierenden ökonomischen Rechtsstaat auch deren Pflicht, wenig vielversprechende Prozesse, aber auch einzelne Verfahrensschritte, zu verhindern, wie an folgendem Beispiel des arbeitsrechtlichen Kündigungsschutzverfahrens besonders deutlich wird: Die frühere Regelung des § 118 Abs. 1 BRAGO, nach der die Geschäftsgebühr für die außergerichtliche Tätigkeit voll in der Prozessgebühr aufgeht, ist durch 2300 VV RVG aufgehoben worden. Hiernach erfolgt eine hälftige Anrechnung, das heißt, trotz gerichtlicher Geltendmachung bleibt eine außergerichtliche Gebühr mit dem Faktor von mind. 0,65 abrechenbar. In Kündigungsschutzfällen wehren sich Rechtsschutzversicherungen daher besonders häufig gegen außergerichtliche Aufforderung zur Kündigungsrücknahme, da diese in Anbetracht der sehr kurzen Klagefrist (3 Wochen[93]) im Regelfall – und nachvollziehbar – sinnlos und willkürlich erscheint.

---

91 „Rechtsschutzversicherung und Prozessverhalten", Symposium am 24./25. November 1988 n Triberg. Tagungsbericht, Hrsg. Vom Ministerium für Justiz- Bundes- und Europaangelegenheiten des Landes Baden-Württemberg 1989
92 Vgl. *van Bühren* Anwaltsblatt 1991, 501 f.
93 Vgl. § 4 KSchG

Auch ist durch den Gesetzgeber festgelegt, dass der Versicherer nur notwendige, nicht aber vermeidbare Kosten – etwa für aussichtslose aber gebührenbegründende Tätigkeiten – zu ersetzen hat[94].

Das skizzierte und auch heutzutage noch häufig wiederkehrende Vorurteil der prozesstreibenden Versicherung, die aus friedlichen Bürgern prozesswütige ‚Streithansel' machen würde, ist indes in der großen Mehrzahl (auch empirischer) Untersuchungen widerlegt worden[95]. Abweichende Ergebnisse begründet *van Bühren* überzeugend wie folgt:

> *„…wer dennoch [einen] Kausalzusammenhang behauptet, verwechselt Korrelation mit Kausalität. Mit derselben kruden Logik hat bereits Henry Ford in den 20er Jahren des vergangenen Jahrhunderts die Automobilindustrie als Instrument der Entkriminalisierung gepriesen: Es ist eine unbestreitbare Tatsache, dass durch die Verbreitung des Automobils die Zahl der Pferdediebstähle drastisch gesunken ist."*[96]

Dem Modell der Rechtsschutzversicherung daher von vornherein einen negativ behafteten Ruf zuzusprechen, geht fehl. Sie ist in der Theorie wie auch in der Praxis weniger prozesstreibend als viel eher (im Eigeninteresse) Regulierungsstelle und Blocker unnötigen Verfahrensstrebens. Neben die gesellschaftspolitische Aufgabe der Rechtsschutzversicherungen, der eigentlich (finanziell) unterlegenen Partei einen Streit auf Augenhöhe zu ermöglichen, tritt noch die der individuellen Verfahrensbetreuung. Hauptpflicht der Versicherungen ist und bleibt die Erbringung der aus dem Versicherungsvertrag geschuldeten Leistung gegenüber dem Versicherungsnehmer. Denn dieser hat im Zweifel noch über die rein wirtschaftliche Motivation hinausgehende Gründe für sein Prozessstreben und auch dann einen Anspruch auf Leistungserbringung, wenn eine Nachvollziehbarkeit allein aus betriebswirtschaftlichen Aspekten nicht vollends gegeben sein sollte. Die Stellung als Teilorgan der Rechtspflege mit den vertraglichen Leistungsverpflichtungen in Einklang zu bringen, ist die (schwere) Aufgabe, der Versicherungen gegenüberstehen – die sie aber keinesfalls als Deckmantel für unberechtigte Ablehnungen aus wirtschaftlicher Übermotivation oder unangebrachte Ablehnungsquotenregelungen nutzen dürfen.

---

94 Vgl. die Schadensminderungspflicht in § 82 VVG
95 *Van Bühren* NJW 2007, 3607
96 *Van Bühren* R+S 2016, 60

III. Das Verhältnis zwischen Mandant und Rechtsschutzversicherung

(Nur) der Mandant ist mit seiner Rechtsschutzversicherung vertraglich verbunden. Aus dieser Verbindung erwachsen wechselseitige Rechte und Pflichten. Dem deckungsbedürftigen Mandanten gegenüber hat die Versicherung auf seine Anfrage hin „unverzüglich" eine Leistungsentscheidung zu treffen. Mit erteilter Deckungszusage endet die Zusammenarbeit zwischen Mandant und Versicherung indes nicht. Auch während des laufenden Verfahrens besteht häufig Rück- und Absprachenotwendigkeit. Hierfür sind, ebenso wie für die Leistungsentscheidung, klare rechtliche Vorgaben aufgestellt.

1. Die Gewährung oder Ablehnung des angefragten Deckungsschutzes

Nach Eintritt eines Schadenfalls stellt der Versicherungsnehmer entweder persönlich oder – in aller Regel als kostenfreier Service – durch den bereits konsultierten Anwalt eine Deckungsanfrage bei der Rechtsschutzversicherung, welche sodann ohne schuldhaftes Zögern über die Ablehnung oder Erteilung des Deckungsschutzes zu entscheiden hat. Zur Begründung der Eintrittspflicht der Versicherung ist zunächst das Vorliegen eines den angefragten Rechtsbereich abdeckenden Schutzpaketes erforderlich; daneben muss der Schadenfall auch zeitlich in den Versicherungszeitraum fallen. Liegen diese Voraussetzungen vor, so ist grundsätzlich Deckungszusage zu erteilen, vgl. § 4 ARB (2010). Die Deckungszusage entfaltet als deklaratorisches Schuldanerkenntnis[97] Bindungswirkungen gegenüber der Versicherung und ist Grundlage für das außergerichtliche und gerichtliche Vorgehen. Sie wird in der Regel nur für die einzelnen Verfahrensschritte (außergerichtlich, erste Instanz, zweite Instanz) und nur bzgl. des bekannten Sachverhaltes und den damit verbundenen Maßnahmen erteilt. Sollte der Versicherer lediglich eine –zulässige[98] – Teilzusage erteilen, begründet sich darin eine Belehrungspflicht des Anwaltes gegenüber dem Mandanten, dass dieser unter Umständen einen Teil der entstehenden Kosten selbst zu zahlen hat[99]. Auch eine Deckungsablehnung verpflichtet den Rechtsan-

---

[97] Hannemann/Wiegner/*Belser* § 2, Rn. 51
[98] Vgl. Moll/*Altenburg* § 3, Rn. 230
[99] OLG Düsseldorf MDR 2001, 1257

walt zur Überprüfung der Begründetheit selbiger[100] sowie zu einer Belehrungspflicht über mögliche Rechtsmittelverfahren[101].

Eine Zusage unter Vorbehalt späterer Rückforderungen kann nur dann erklärt werden, wenn die einzelnen Leistungspflichtsausschlüsse für den Versicherer zum Zeitpunkt des Leistungsentscheides bereits vorhersehbar sind[102]. Eine spätere Berufung auf Einwendungen oder Einreden ist nicht möglich, wenn der Versicherer diese zum Zeitpunkt der Zusage bereits kannte[103], oder kennen musste[104]. Ein Widerruf des Schuldanerkenntnisses mit der Rechtsfolge der Rückgewähr bereits erbrachter Leistungen ist folgerichtig nur dann möglich, wenn sich Einwendungs-/Einredegründe im Nachgang ergeben und die Deckungszusage „im Rahmen der ARB" – also vorbehaltlich der Einhaltung dortig erfasster Regelungen – erteilt wurde[105].

Die Versagung des Deckungsschutzes ist hingegen lediglich wegen fehlender hinreichender Erfolgsaussicht oder Mutwilligkeit möglich. Diese in den ARB explizit geregelten Ausschlussgründe[106] finden sich auch vom Gesetzgeber in § 128 S. 1 VVG normiert wieder. Hiernach muss die Interessenwahrnehmung grundsätzlich notwendig sein – was bei genannten Ausschlussgründen nicht der Fall ist.

a. Keine hinreichende Erfolgsaussicht als Ausschlussgrund

Die Anforderungen an hinreichende Erfolgsaussichten bemessen sich nach den in § 114 ZPO aufgestellten Grundsätzen[107]. Entsprechend ist bei einer Gewährung von Prozesskostenhilfe (PKH) eine Ablehnung mangels hinreichender Erfolgsaussichten ausgeschlossen. Telos der Einschränkung mangels hinreichender Erfolgsaussicht ist wieder das allgemeine Interesse an möglichst niedrigen Prämien und einer gedämmten ‚Prozessflut' zur Gewährung eines funktionierenden und ökonomischen Rechtsstaats. Daraus folgt, dass die verfolgte Rechtsauffassung wenigstens vertretbar, wenn-

---

100 OLG Düsseldorf 8 U 148/83 – juris
101 Buschbell/Hering/*Hering* § 24, Rn. 32 ff.; zu den einzelnen Rechtsmittelverfahren vgl. Kapitel § 3 D
102 *Schaltke* NJW 2018, 583
103 Vgl. BGH NJW 1992, 1509
104 OLG Saarbrücken GRUR-RR 2006, 219
105 OLG Oldenburg 2 U 215/91 – juris
106 Vgl. § 3a ARB (2010)
107 OLG Celle VersR 2007, 1218

gleich nicht übermäßig wahrscheinlich sein muss[108]. Bei der Beurteilung der Erfolgsaussichten sind auch die bekannten und zu erwartenden Einwände der Gegenseite miteinzubeziehen[109]. Grundsätzlich ist hierbei aber großzügig zu verfahren[110], insbesondere soll keine vorweggenommene oder antizipierte Beweiswürdigung erfolgen, außer ein Beweis wurde bereits in einem anderen Verfahren gewürdigt[111].

Eine Ablehnung mangels Erfolgsaussichten ist also bereits dann ausgeschlossen, wenn in Literatur oder Rechtsprechung Meinungen existieren, die die verfolgte Rechtsauffassung für vertretbar halten. Auch führt nicht bereits eine entgegenstehende obere oder oberste Landesgerichtsentscheidung zur Annahme fehlender Erfolgsaussichten[112]. Anders verhält es sich nur mit rechtskräftigen Entscheidungen oberster Bundesgerichte, solange nicht absehbar ist, dass diese ihre Rechtsprechungslinie verlassen, oder aufgrund europarechtlicher Vorgaben verlassen müssen.

Für die Einordnung dieser Arbeit sei daher zur Bewertung einzelner Schreiben der Versicherer, die sich mit (mangelnden) Erfolgsaussichten beschäftigen, folgendes vorausgeschickt:

Divergierende Meinungen zwischen Juristen, Literatur und Rechtsprechung, oder am Streit beteiligter Parteien gehören zu einer lebhaften Judikatur und einem funktionierenden Rechtsstaat. Daher bleibt es selbstverständlich jedem Beteiligten vorbehalten, sich eine eigene rechtliche Meinung zu bilden und diese zu vertreten. Soweit diese Arbeit also einzelne durch die Versicherer zugrunde gelegte rechtliche Standpunkte kritisiert, dann gilt diese Kritik einzig der daraus geschlussfolgerten mangelnden Erfolgsaussicht. Keinesfalls soll eine rechtliche Wertung als vollkommen abwegig oder unvertretbar dargestellt werden. Auch gibt die durch den Verfasser vorgetragene (dann häufig gegenläufige) Rechtsmeinung nicht zwangsläufig auch seine persönliche Überzeugung wieder.

---

108 BGH NJW 1994, 1160
109 BGH NJW 1988, 266
110 So Prölss/Martin/*Armbrüster* ARB 2010, § 1, Rn. 9 mit Verweis auf BGH VersR 1994, 1061
111 BGH NJW 1988, 266
112 Dies gilt insbesondere für den zu untersuchenden Abgasskandal, dessen zu klärende Tatsachen- und Rechtsfragen einmalig und bislang höchstrichterlich unentschieden sind. Selbst bei mehreren obergerichtlichen Entscheidungen in eine Richtung wird man daher noch von einer ‚unklaren Rechtslage' sprechen müssen, bei deren Vorliegen die Beurteilung der Erfolgsaussichten nicht ‚mangelhaft' lauten darf, vgl. diesbezüglich zur Bewilligung von PKH-Anträgen Urteil des BVerfG NJW 1991, 413.

Es ist allerdings nicht Aufgabe der Rechtsschutzversicherer, eine umfangreiche Vorabprüfung des Rechtsschutzfalles auf tatsächlicher und rechtlicher Ebene vorzunehmen. Dies bleibt Sache des zu entscheidenden Gerichts. Zwei sich gegenüberstehende und (nach vorgenannten Parametern) vertretbare Rechtsauffassungen müssen aber zwangsläufig zu einer positiven Deckungsentscheidung zu Gunsten des Versicherungsnehmers führen. Sollte also eine Deckungsabsage mit mangelnden Erfolgsaussichten begründet werden, so steckt hierin die versichererseitig getroffene Aussage und Prognose, die durch den Versicherungsnehmer bzw. seinem rechtlichen Vertreter vorgetragene Rechtsauffassung sei vollkommen abwegig, eine erfolgreiche gerichtliche Durchsetzung demnach nicht zu erwarten. Die Bewertung und Einordnung der Rechtsauffassung der Versicherer durch den Verfasser erfolgt ausschließlich vor diesem Hintergrund.

b. Mutwilligkeit als Ausschlussgrund

Ebenfalls abzulehnen sind Deckungsanfragen, die auf die Deckung einer mutwilligen Rechtsdurchsetzung abzielen. Mutwilligkeit ist hierbei als Gegenstück zur Erfolgsaussicht zu sehen. Die Wahrscheinlichkeit eines Obsiegens ist gerade nicht entscheidend, weshalb sich auch eine Anlehnung an § 114 ZPO verbietet. Ausschlaggebend ist, ob der bei Erfolgseintritt zu erwartende Nutzen Aufwendungen und Kosten rechtfertigt. Mutwilligkeit bemisst sich mithin nicht an dem ‚ob' der Interessenverfolgung, sondern an dem ‚wie'[113]. Abzustellen ist auf eine ‚normale', sprich unversicherte Person, welche bei ihrer Rechtsdurchsetzung keine finanzielle Rücksichtnahme leisten muss[114]. Auch persönliche Motive finden daher Berücksichtigung. Die Grenze zur Mutwilligkeit ist erst dann erreicht, wenn die Rechtsverfolgung von keinerlei nachvollziehbaren objektiven wie subjektiven Gründen getragen werden kann, beispielsweise wenn das Vorgehen gegen eines mit EUR 10,00 angesetzten Bußgeldbescheides mit Kosten i. H. mehrerer hundert EUR verbunden wäre[115].

Auch dieser Einwand ist zu einem frühestmöglichen Zeitpunkt vorzubringen. Eine vorbehaltlos erteilte Deckungszusage präkludiert die nach-

---

113 Prölss/Martin/*Armbrüster* aaO
114 LG Berlin 7 O 440/13 – juris
115 AG Köln 134 C 445/94 – juris, wo einer Geldbuße i. H. v. DM 80 Kosten i. H. v. DM 3.500,00 gegenüberstanden

trägliche Berufung auf die Mutwilligkeit des Vorgehens[116]. Etwas anderes gilt nur dann, wenn sich die Mutwilligkeit begründende Tatsachen erst im Nachhinein herausstellen, und mit ihnen zum Zeitpunkt der Zusage durch die RSV nicht zu rechnen war[117].

2. Einschränkung des gewährten Deckungsschutzes

Doch auch nach – oder besser trotz – erteilter Deckungszusage verlieren die Versicherungen nicht den Kontakt zu ihren Versicherungsnehmern und verstehen sich weiter als Kontrollinstanz über einzelne geplante nächste Verfahrensschritte, in denen etwa eine bestimmte Verfahrensführung vorgegeben werden soll. Hierbei ist aufgrund der Aktualität des Themas vorangestellt festzuhalten, dass in Literatur und Rechtsprechung unstreitig die Verwehrung der Individualklage verbunden mit dem Verweis auf die Geltendmachung von Ansprüchen im Wege einer ‚Sammelklage' nicht rechtens war und ist[118]. Bislang existierte in der ZPO allerdings kein den Vorschriften zur neu eingeführten Musterfeststellungsklage (§§ 606 ff. ZPO) entsprechendes Verfahren. Das Einschränkungsverbot begrenzte sich daher auf die Auflage, sich (insbesondere in Massenschadensfällen) mit weiteren Gläubigern kostensparend zu einer Streitgenossenschaft zusammenzuschließen[119]. Es galt und gilt hier trotz der vereinbarten Schadenminderungspflicht der Grundsatz, dass jeder Rechtsschutzversicherungsnehmer das uneingeschränkte Recht zur Durchsetzung seiner (behaupteten) Ansprüche im Wege der Individualklage hat. Ein Zusammenschluss mit anderen Gläubigern bringt dem einzelnen Versicherungsnehmer keinerlei Mehrwert, birgt aber insbesondere datenschutzrechtliche Risiken. So können Streitgenossen ohne weitere Hürde Einsicht in die ungeschwärzte Akte nehmen[120]. Auch in zeitlicher Hinsicht ist ein vorgegebenes Zuwarten, etwa auf eine ausstehende Entscheidung eines oberen oder obersten Landesgerichts in einem ähnlichen oder gleich gelagerten Fall nicht zulässig. Dieser Gedanke lässt sich nun konsequent weiterführen, sodass auch die Ablehnung der Kostendeckung für eine Individualklage mit

---

116 AG München VersR 1989, 42
117 Prölss/Martin/*Armbrüster* ARB 2010 § 1, Rn. 20
118 LG Münster VersR 2010, 106, wobei ‚Sammelklage' in diesem Zusammenhang die „*Klage im Verbund mit weiteren, auch von demselben Rechtsanwalt vertretenen Versicherungsnehmern*" meint.
119 *Schaltke* NJW 2016, 3131
120 OLG Hamm VersR 1999, 964 sowie LG Berlin 7 O 440/13 – juris

B. *Aufgaben und Ruf der Rechtsschutzversicherung*

Verweis auf eine rechtshängige Musterfeststellungsklage als unrechtmäßig anzusehen sein wird[121]. Das Musterverfahren ist der Individualklage gegenüber nachteilig. Es ist langwieriger und führt in seinem Ergebnis zu keiner leistungsgemäßen Verurteilung des beklagten Unternehmens. Es werden lediglich Feststellungen getroffen. Individuelle Besonderheiten des Einzelfalls bleiben außen vor und sind in einem (wiederum kostenrisikobehafteten) Folgeverfahren zu klären. Die Musterfeststellungsklage mag ein probates Mittel zur kostenrisikofreien Vorprüfung bestimmter allgemeiner Umstände sein. Sie bleibt aber sowohl in zeitlicher (länger) als auch in qualitativer Hinsicht (kein vollstreckbarer Leistungstitel) hinter der Individualklage zurück. Die existierenden ARB sehen eine Deckung der gerichtlichen Geltendmachung regelmäßig ausschließlich in Form der Individualklage vor. Ein Verweis auf das Musterfeststellungsverfahren gem. §§ 606 ff. ZPO wird daher als benachteiligender Verstoß gegen die vertraglich vereinbarte Rechtsschutzleistungen zu qualifizieren sein.

Auch sonst sind der Einflussnahme auf das Verfahren durch die Versicherungen klare Grenzen gesetzt.

Als probates Einflussmittel, welchem an dieser Stelle mangels Bedeutsamkeit der aufgeworfenen Fragestellung allerdings keine größere Bedeutung zukommen soll, haben die Versicherungen die Einführung von Vertragsanwälten gewählt, durch welche lange Zeit, insbesondere bei einer Vielzahl ähnlich gelagerter Fälle nach ihren Vorgaben die freie Anwaltswahl eingeschränkt werden konnte. Diesem Vorgehen wurde mit der Entscheidung des EuGH vom 10. September 2009[122] ein europarechtlicher Riegel vorgeschoben. In dem amtlichen Leitsatz heißt es:

> *„Die EURL 87/344/EWG ist dahin auszulegen, dass der Rechtsschutzversicherte sich in dem Fall, dass eine größere Anzahl von VN durch dasselbe Ereignis geschädigt ist, nicht das Recht vorbehalten darf, selbst den Rechtsvertreter aller betroffenen Versicherungsnehmer auszuwählen."*

Das Urteil stärkt das Recht der Versicherten, für ihre Rechtsvertretung auch bei Massenfällen ihren Verteidiger frei wählen zu können[123]. Die freie Anwaltswahl ist gesetzlich geregelt in § 127 Abs. 1 VVG, der der Umsetzung der Richtlinie 87/344/EWG, ABl. EG 1987 Nr. L 185 dient. Unstreitig ist ebenfalls, dass diese Norm nicht zu Lasten des Versicherungs-

---

121 Zum Zeitpunkt der Verfassung dieser Arbeit war noch kein Urteil in einer entsprechenden Streitigkeit mit Rechtsschutzversicherern ergangen.
122 EuGH EuZW 2009, 732
123 Ebd.

nehmers abbedingbar ist, vgl. § 129 VVG. Telos ist zum einen die Notwendigkeit einer selbstbestimmten Wahl des rechtlichen Vertreters, die zur Vertrauensbildung als Grundlage der Zusammenarbeit unersetzlich ist[124]. Darüber hinaus sollen Interessenskollisionen bei dem Versicherer vermieden werden, der für ihn besonders günstige Anwälte beauftragt; dieses Vorgehen würde gegen das vertragliche Interesse der Versicherung verstoßen, die bestmögliche Fallbearbeitung für ihren Versicherungsnehmer zu erhalten[125].

Zwar bleiben den Versicherungen noch einige Einschränkungen gewährt[126]. Da dieser Zweig mit dem Regulierungsverhalten der Versicherungen in Massenschadensfällen aber spätestens nach obiger EuGH-Entscheidung geklärt wurde und weitere mögliche Vorgaben das hiesige Thema nicht weiter berühren, da nur das Regulierungsverhalten gegenüber bereits ausgewählten Anwälten zu betrachten ist, erfolgen an dieser Stelle hierzu keine weiteren Ausführungen.

Nichtsdestoweniger zeichnet sich auch hier eine Tendenz der Versicherer ab, auf verschiedenem Wege regulierenden und auf Kosteneinsparung ausgelegten Einfluss auf das zu übernehmende Risiko zu nehmen. Ob dadurch der rechtsethischen Funktion, dem ‚kleinen' Versicherungsnehmer Verfahren gegen Großbanken und ähnliche ‚Goliats' zu finanzieren, die er sonst aufgrund des kaum überblickbaren großen finanziellen Risikos nicht zu führen vermögen würde[127], in einem ausreichendem Maße gerecht werden kann, darf weiter hinterfragt werden.

C. Das Verhältnis zwischen Rechtsanwalt und Versicherung

Den Anwalt und die Rechtsschutzversicherung verbindet in der Regel zwar kein vertragliches Rechtsverhältnis, dennoch gilt es, auch diese Beziehung zu beleuchten:

Denn der Anwalt ist oftmals derjenige, der die Kommunikation mit der Versicherung für den Mandanten übernimmt. Reibungspunkte sind hierbei häufig die Frage, ‚ob' die Versicherung überhaupt zur Kostendeckung

---

124 BGH NJW 1990, 578
125 *Armbrüster* VUR 2012, 167
126 Im Rahmen der gesetzlichen Regelungen (vgl. § 3 Abs. 3 BRAO) kann beispielsweise eine Kostenübernahme auf Kosten eines am Gerichtsortes ansässigen Anwalts beschränkt, oder aber auch in einem bestimmten Rahmen ein finanzieller Anreiz bei Auswahl eines bestimmten Rechtsbeistandes gesetzt werden.
127 *Van Bühren* R+S 2016, 60

C. Das Verhältnis zwischen Rechtsanwalt und Versicherung

verpflichtet ist und – wenn dies der Fall ist – ‚wie'[128], insbesondere in welcher Höhe, die Leistung zu erfolgen hat. Dabei kommt es durchaus vor, dass sich die Kommunikation mit einer Versicherung umfangreicher gestaltet als die mit dem Anspruchsgegner[129]. Während die Rechtsschutzversicherung dem Anwalt lediglich als ‚drittes Zahlungsmittel' dient, tritt dieser als Erfüllungsgehilfe der Versicherer zur Erbringung des Rechtsschutzversprechens auf[130].

Trotz alledem entsteht der Gebührenanspruch des Rechtsanwaltes ausschließlich gegenüber seinem Mandanten. Aus dem Versicherungsvertrag ergibt sich die Pflicht des Versicherers, den Versicherungsnehmer von selbigem freizustellen. Regelmäßig übersendet der Rechtsanwalt seine Gebührenvorschussnote gem. § 9 RVG hierfür in Kopie auch an die Versicherung und tritt ihr gegenüber als Repräsentant seines Mandanten auf[131]. So ergeben sich trotz fehlender Vertragsverbindungen bei Erbringung der Leistung durch die Versicherung Ansprüche selbiger gegen den Anwalt. Diese folgen aus §§ 675, 666, 667 BGB und erwachsen insbesondere in Gestalt von *Auskunft* und *Rechnungslegung*. Durch Beauftragung der Kommunikation mit der Rechtsschutzversicherung entbindet der Mandant seinen Rechtsanwalt damit konkludent von seiner Verschwiegenheitspflicht, welche als Vertrauensbasis für das Mandatsverhältnis unverzichtbar und im Grundsatz selbstredend auch gegenüber dem Versicherer einzuhalten ist[132].

Eine nennenswerte Verbindung zwischen Anwalt und der Versicherung ist also nicht vorgesehen. Dies führt dazu, dass bei Streit über die Gebührenhöhe, den der Rechtsanwalt faktisch mit der Versicherung führt – da diese etwa den in Ansatz gebrachten Gebührenfaktor für überhöht hält – nur geklärt werden kann, in dem der Anwalt seinen eigenen Mandanten

---

128 Hierbei handelt es sich streng genommen um die Frage, in welcher Höhe der Gebührenanspruch des Anwalts gegen seinen Mandanten besteht. Da Die Versicherung den Mandanten allerdings in entsprechender Höhe freizustellen hat, wird diese Frage in der Regel zwischen Versicherung und Rechtsanwalt sinngemäß ‚auf dem Schreibtisch' des Mandanten geklärt.
129 *Van Bühren* R+S 2016, 53
130 ebd.
131 OLG Hamm AnwBl 1991, 345; zur Kritik an der Stellung des Rechtsanwalts als Repräsentant des Mandanten mit der Folge, dass dessen Verschulden bzw. Verstoß gegen die Schadenminderungsobliegenheiten dem Versicherungsnehmer nicht zuzurechnen sind *Wendt* R+S 2012, 212 und *Cornelius-Winkler* VersR 2012, 1224.
132 Vgl. Feuerich/Weyland/*Träger* § 43a Rn. 13, ebenso Hartung/Scharmer/*Hartung* § 43a, Rn. 29

verklagt[133], um die Angemessenheit seiner angesetzten Rechnungshöhe gerichtlich feststellen zu lassen. Mangels direkter Verbindung werden solche Differenzen quasi auf dem Schreibtisch des Versicherungsnehmers ausgetragen, ohne, dass dieser von dem Ausgang des Verfahrens faktisch betroffen ist. Hier ist mit Sicherheit Potential für den Gesetzgeber vorhanden, welches an dieser Stelle allerdings nicht weiter vertieft werden soll.

D. Rechtsmittel bei Deckungsablehnung

Verweigert die Rechtsschutzversicherung ihr Leistungsversprechen dem Grunde nach, in dem sie auf eine vollständige Deckungsanfrage mit einer Absage reagiert, begründet dies eine Überprüfungspflicht der Ablehnungsgründe durch den beauftragten Rechtsanwalt[134]. Während die Frage nach der Gebührenhöhe im Verhältnis Rechtsanwalt <> Mandant bestimmt wird – ein Streit über die Gebührenhöhe also zwischen diesen beiden zu führen ist und sich nach dem Gegenstandswert[135] und dem Ermessen des Rechtsanwaltes[136] bemisst – sieht das Gesetz bei der Deckungsablehnung der Versicherung gegenüber dem Mandanten verschiedene Rechtsmittelverfahren vor. Diese führt der Mandant, regelmäßig vertreten durch den in der Hauptsache beauftragten Rechtsanwalt, gegen seine Versicherung.

I. Ombudsmannverfahren

Der Versicherungsombudsmann wird als anerkannte Verbraucherschlichtungsstelle mit der Beilegung von Streitigkeiten in Versicherungsangelegenheiten betraut, insbesondere bei in Streit stehenden Deckungsver-

---

133 Diese Notwendigkeit folgt aus dem Abtretungsverbot betreffend den Freistellungsanspruch, welches die Versicherungen mit dem Versicherungsnehmer vereinbaren. Ansonsten wäre es ein Leichtes, den Freistellungsanspruch an Erfüllung statt oder erfüllungshalber auf den Anwalt zu übertragen. Es liegt nahe, in dem umfangreichen Abtretungsverbot eine unangemessene Benachteiligung des Versicherungsnehmer zu sehen.
134 OLG Düsseldorf 8 U 148/83 – juris
135 Vgl. Anlage 2 zu § 13 Abs. 1 S. 3 zum RVG
136 Vgl. § 14 RVG

pflichtungen. Als Prozessvorschriftsgrundlage dient die Verfahrensordnung des Versicherungsombudsmanns (VomVO)[137].

Ist der Versicherungsnehmer Verbraucher, entstehen ihm durch das Ombudsmannverfahren keine Kosten[138]. Auch steht ihm bei einem ungünstigen Verfahrensausgang weiter der ordentliche Rechtsweg offen (Deckungsklage), während die Entscheidung für den Versicherer bis zu einem Beschwerdewert i. H. v. EUR 10.000,00 bindend ist[139]. Das Verfahren gestaltet sich für den Beschwerdeführer insofern als absolut risikolos. Aufgrund dieser nur einseitigen Verbindlichkeit ist die Entscheidung des Ombudsmanns kein ‚Schiedsspruch' i. S. d. § 1055 ZPO, da dieser gem. § 325 ZPO stets Bindungswirkung „für und gegen die Parteien"[140] entfaltet, also *vorbehaltlos* wirkt. Umstritten ist daher die korrekte Einordnung des Verfahrens, wobei die wohl herrschende Meinung auf Grundlage der Unterwerfungserklärung des Versicherers unter die Verfahrensordnung des Ombudsmannverfahrens ein deklaratorisches negatives Schuldanerkenntnis annimmt. Dieses beinhaltet den Verzicht des Versicherers, die zunächst erhobenen Einwände weiter zu verfolgen[141].

II. Stichentscheid

Neben der Konsultierung eines Ombudsmannes als außenstehende, unabhängige Stelle existiert der Stichentscheid, auf den der Versicherer bei einer auf Mutwilligkeit oder mangelnder Erfolgsaussicht gestützten Deckungsablehnung hinweisen muss[142]. Der Stichentscheid wird von einem durch den Versicherungsnehmer beauftragten Rechtsanwalt, der häufig aber nicht zwingend auch der Vertreter in der Hauptsache ist, angefertigt. Als ausführliches Rechtsgutachten beleuchtet er beide vertretenen Rechtsmeinungen objektiv und fällt am Ende das Ergebnis über die Frage der materiellen Richtigkeit des vorgetragenen Ablehnungsgrundes. Die Ent-

---

137 Gültig für Ombudsmannverfahren in Versicherungsstreitigkeiten. Der Ombundsmann tritt auch in anderen Konstellationen, bspw. bei Unstimmigkeiten zwischen Verbraucher und Geschäftsbank als Schlichtungsstelle auf. Hier gilt die Verfahrensordnung für die Schlichtung von Kundenbschwerden im deutschen Bankgewerbe, die BomVO.
138 Vgl. § 14 Abs. 1 Verfahrensordnung des Versicherungsombudsmanns (VomVO)
139 Vgl. § 11 Abs. 1 VomVO
140 Vgl. § 325 Abs. 1 Var. 1 ZPO
141 Vgl. ausführlich hierzu *v. Hippel*, S. 111 ff.
142 Vgl. Mayer/*Mayer* § 1, Rn. 58

scheidung des Gutachtens bindet grundsätzlich beide Seiten, die Kosten des Stichentscheides trägt im Regelfall der Versicherungsgeber. Die Bindungswirkung entfällt dann, wenn die Ausführungen, die der Stichentscheidung zugrunde liegen „offenbar von der wirklichen Sach- und Rechtslage abweichen", § 3a Abs. 2 ARB (2010). In diesem Fall trifft den Versicherer keine Kostentragungspflicht. Die Bindungswirkung bleibt so lange erhalten, wie dem Ergebnis des Stichentscheides eine vertretbare und höchstrichterlich noch nicht widerlegte Auffassung zugrunde liegt[143].

Ausschlaggebend ist der Zeitpunkt der Bewilligungsreife, die dann gegeben ist, wenn dem Versicherer neben der Deckungsanfrage alle zur Entscheidung notwendigen Tatsacheninformationen vorliegen. Auf ein später ergehendes höchstrichterliches Urteil darf sich der Versicherer nicht mehr berufen.

Den Nachweis über die inhaltliche Verfehlung des Stichentscheides hat der Versicherungsgeber zu führen[144]. Häufig wird in diesem Zusammenhang durch die Versicherer eine subjektiv gesteuerte Ergebnisargumentation der Rechtsanwälte – begründet durch ihren Interessenkonflikt – angeführt. Der Konflikt ergebe sich aus dem Umstand, dass die Durchführung des Auftrages häufig von der Zusage der Rechtsschutzversicherung abhängt und ein für den Mandanten positiver Stichentscheid faktische finanzielle Vorteile für den Anwalt mit sich bringt. Dem Stichentscheid wird daher oftmals von Versichererseite aus die hinreichende Objektivität i. S. d. § 158n S. 1 VVG abgesprochen[145]. Dennoch ist der Stichentscheid weiterhin in vielen ARB als Mittel zur Klärung der Deckungsfrage verankert.

Bei andauerndem Streit über Vereinbarkeit mit der Sach- und Rechtslage des Stichentscheides bleibt dem Versicherungsnehmer nur noch die Erhebung der Deckungsklage als Feststellungsklage.

III. Schiedsgutachterverfahren

Aufgrund der bemängelten Objektivität wurde in einigen ARB ab 1994 der Stichentscheid durch das Schiedsgutachterverfahren ersetzt[146]. Das

---

143 *Schneider* NJW 2017, 2165
144 OLG Köln NJW-RR 2003, 392
145 *Maier* R+S 1995, 366
146 Je nach Rechtsschutzversicherungen findet sich in § 3a ARB (2010) das Schiedsgutachter- oder das Stichentscheidverfahren.

Schiedsgutachterverfahren gleicht in seinen Grundzügen dem des Stichentscheides. Allerdings kann Schiedsgutachter nur sein, wer am Hauptsacheverfahren unbeteiligt und darüber hinaus seit mindestens fünf Jahren zugelassener Rechtsanwalt ist. Auch die Kostenregelung unterscheidet sich von dem des Stichentscheides und bemisst sich nach dem Ausgang des Verfahrens: Hierbei trägt der Versicherungsgeber alle Kosten, wenn die Ablehnung ganz oder aber nur zum Teil unberechtigt ist. Lediglich bei einer vollumfänglich berechtigten Ablehnung trifft den Versicherungsnehmer die Kostentragungspflicht. Im Unterschied zum Stichentscheid bindet das Schiedsgutachterergebnis den Versicherer auch dann, wenn es offensichtlich von der tatsächlichen oder rechtlichen Sachlage erheblich abweicht[147]. Dem Versicherungsnehmer steht es hingegen wie im Ombudsmannverfahren frei, ein für ihn ungünstiges Gutachten durch Erhebung einer Deckungsklage gerichtlich überprüfen zu lassen[148].

In der Praxis finden sich beide Rechtsmittel (Stichentscheid und Schiedsgutachten) teils exklusiv, teils kumulativ in den einzelnen Bedingungen der Versicherer.

IV. Deckungsklage

Im Übrigen verbleibt dem Versicherungsnehmer generell die (feststellende) Deckungsklage, wenn es um grundsätzliche Fragen aus dem Versicherungsvertrag geht. Aufgrund des Kostenrisikos ist aber insbesondere Verbrauchern die vorherige Einholung eines Schiedsgutachtens oder Stichentscheides, bzw. die Einleitung eines Ombudsmannverfahren anzuraten.

Neben der Ablehnung wegen mangelnder Erfolgsaussichten oder Mutwilligkeit verweigern Versicherungsgeber die Deckung häufig wegen Vorvertraglichkeit (Rechtsschutzfall fällt vor Beginn des Versicherungsschutzes), Unterschreitung einer in den ARB festgelegten dreimonatigen Wartefrist zwischen Vertragsschluss und Versicherungsfall oder aber, weil die beanspruchte Leistung nicht im vereinbarten Leistungspaket enthalten sein soll. Streitigkeiten hierüber sind ausschließlich auf dem Klageweg zu klären.

---

147 Prölss/Martin/*Armbrüster* ARB 2010 § 3a, Rn. 40
148 Beckmann/Matusche-Beckmann/*Obarowski* § 37, Rn. 553

§ 4 Beispiel Massenverfahren: Der Abgasskandal in Deutschland

Der VW-Abgasskandal stellt nicht den einzigen Massenschadensfall der letzten Jahre dar. Ein ebenfalls lautes Medienecho erfuhr Anfang des Jahrtausends das Kapitalanlageverfahren aufgrund eines Prospektfehlers, den es beim dritten Börsengang der Deutschen Telekom gegeben hatte. Durch das damals eingeführte Kapitalanleger-Musterverfahrensgesetz war es möglich, Ansprüche von rund 16.000 Telekom-Aktionären gebündelt geltend zu machen – ein Prozess, der bis zum heutigen Tage noch keinen Abschluss gefunden hat. Bis zur Einführung des Musterfeststellungsverfahrens zum 01. November 2018 durch die §§ 606 ff. ZPO war dem Zivilrecht – im Gegensatz zum Verwaltungsrecht[149] – eine Anspruchsbündelung, die über eine Prozessstandschaft hinausgeht, fremd. Weshalb der deutsche Gesetzgeber die Notwendigkeit einer Musterfeststellungsklage erst so spät umsetzte, ist wenig nachvollziehbar. Keinesfalls liegt es an einer zu geringen Anzahl von Massenschadensfällen. Genau genommen ist ein solcher in nahezu jeder zivilrechtlichen Angelegenheit zu sehen, wird die Definition zugrunde gelegt, nach der für einen Massenschadensfall eine gewisse Vielzahl gleichgelagerter und von den selben Tatsachen- und Rechtsfragen abhängiger Ansprüche vorliegen muss. So betrachtet liegt bspw. in jeder Mieterhöhung ein Großschadensfall[150]. Lediglich der Umstand, dass diese tausendfach vorkommenden gleichgelagerten Fälle von verschiedenen Anwälten einzeln bearbeitet werden, erschwert offenbar das Erkennen der

---

149 Vgl. §§ 17-19 VwVfG
150 Selbstredend ist jede Mieterhöhung zunächst individuell zu betrachten: Sie ist u. a. abhängig von der Wohnungsgröße, dem alten m²-Preis, dem lokalen Mietspiegel, eventueller Umlagen und dem prozentualen wie absoluten Preisanstieg. Nichtsdestoweniger greift jede Mieterhöhung in ihrer Argumentation schlussendlich auf eine übersichtliche Möglichkeit an kodifizierten Begründungen zurück (zum Beispiel ‚Anpassung an den lokalen Mietspiegel', ‚Staffelmiete', ‚Modernisierungsmaßnahmen'). Je nachdem, wie sich diese konkret ausgestaltet, sind die Verteidigungsmittel des Mieters zu wählen. So lässt sich jede Mieterhöhung unter der Berücksichtigung der dann einzupflegenden individuellen Angaben des Mieters in eine übersichtliche Anzahl an Grundkonstellationen einordnen. Es entsteht eine Skalierbarkeit, die aktenübergreifendes Bearbeiten einer Vielzahl (dann so) gleichgelagerter Fälle ermöglicht – ein Großschadensfall.

Möglichkeit einer Skalierung und gebündelter Geltendmachung eines Großteils privatrechtlicher Streitigkeiten.

Insofern gestaltet sich der VW-Abgasskandal als praktisches Novum: Erstmals in der Geschichte Deutschlands wurden Millionen Verbraucher und Unternehmer durch die Industrie geschädigt. Durch die breite mediale Berichterstattung wurde schnell klar, dass betrogene Dieselfahrer eine Vielzahl Leidensgenossen haben. Die Tatsache, dass mit der Volkswagen AG eines der größten und renommiertesten Unternehmen der Bundesrepublik der gerichtliche Gegenspieler werden könnte, verdeutlichte dem Einzelnen die Notwendigkeit, sich einer Kanzlei als ‚einer von vielen' anzuschließen, um durch die Kraft der Masse einigermaßen auf Augenhöhe agieren zu können.

Die Geschichte dieser schnell als ‚Skandal' bezeichneten Rückrufaktion der Volkswagen AG soll der Vollständigkeit und dem besseren späteren rechtlichen Verständnis halber vorangestellt betrachtet werden:

A. Die Geschichte des VW-Abgasskandals

Bereits in den Jahren 2013 und 2014 wurden durch die unabhängige Non-Profit-Organisation *International Council on Clean Transportation* deutliche Abweichungen der realen Schadstoffwerte verglichen mit den Laborwerten bei Fahrzeugen des Volkswagenmodells „Jetta" und „Passat" festgestellt[151]. Schließlich wurde am 18. September 2015 öffentlich bekannt, dass die Volkswagen Aktiengesellschaft in ihren Dieselfahrzeugen illegale Abschalteinrichtungen in der Motorsteuerung verwendet hat, um die US-amerikanischen Abgasnormen zu umgehen. Der zum damaligen Zeitpunkt im Amt stehende Bundesverkehrsminister Alexander Dobrindt wies daraufhin das Kraftfahrt-Bundesamt (KBA) an, bei deutschen Modellen eine unabhängig durchgeführte Nachprüfung mit Hinblick auf die Abgassteuerung vorzunehmen[152]. Bereits am 20. September 2015 gestand der ehemalige Vorstandsvorsitzende Martin Winterkorn die im Raum stehenden Vorwürfe der Abgasmanipulation auch bei deutschen Fahrzeugen öffentlich ein. Die Volkswagen AG hatte die Software verschiedener Motoren, insbesondere der Motorbaureihe EA 189, derart modifiziert, dass nur

---

151 Vgl. die Pressemitteilung des International Council on Clean Transportation vom 18. September 2015
152 Vgl. Spiegel Online vom 20. September 2015: „Schwerer Manipulationsverdacht: Das VW-Desaster in den USA – die Fakten"

§ 4 Beispiel Massenverfahren: Der Abgasskandal in Deutschland

auf dem Prüfstand Abgaswerte gemessen wurden, die die angegebene Euro-Abgasnorm einhalten. Entsprechende Werte zur Einhaltung der Abgasnorm Euro 5 wurden bei normalem Betrieb auf der Straße hingegen niemals erreicht[153]. Auf diesem Wege erschlich sich VW – auf der Grundlage gefälschter Abgasmessungen – eine durch das Kraftfahrt-Bundesamt ausgestellte EU-Typgenehmigung für die einzelnen manipulierten Fahrzeuge. Für NOx-Werte sind hierbei die in der Verordnung (EG) 715/2007 kodifizierten Grenzen maßgeblich. Durch die neu eingebaute Software war es den Referenzfahrzeugen möglich, die Prüfstandsituationen zu erkennen und die Abgasaufbereitung so zu beeinflussen, dass die Stickoxidwerte unterhalb der Obergrenze blieben. Im reellen Fahrbetrieb lagen die tatsächlichen Emissionswerte um ein Vielfaches höher. Eine solche Abschalteinrichtung ist als ‚rechtswidrig' im Sinne von Art. 5 Abs. 2 der Verordnung (EG) 715/2007 zu klassifizieren[154]. Eine Einschätzung, die auch in dem im Dezember 2016 gegen die Bundesrepublik Deutschland eingeleitete Vertragsverletzungsverfahren durch die Europäische Kommission Bestätigung findet[155]. Hierbei wird der Bundesrepublik vorgeworfen, vorhandene Sanktionssysteme gegen Fahrzeughersteller bei Gesetzesverstößen – beispielsweise durch Wirkungsverringerung von Emissionskontrollsystemen – nicht ausreichend angewandt zu haben. Unzweideutig wird hierbei durch die Kommission zum Ausdruck gebracht, dass die verwendete Abschalteinrichtung der Volkswagen AG nicht mit Art. 5 Abs. 2 der Verordnung (EG) 715/2007 vereinbar ist. Die Manipulation der Abgasnachbehandlung zur Reduzierung von Stickoxiden wurde durch die Volkswagen AG mit Hilfe von NOx-Speicherkatalysatoren und/oder SCR-Katalysatoren erreicht. Trotz möglicher und legaler, aber kostenintensiver Hardwarelösungen entschied sich die Volkswagen AG also dazu, die Einhaltung der Euro-Abgasnormen bei den meisten Modellen durch innermotorische Maßnahmen zur Abgasreinigung – insbesondere durch Abgasrückführung – sicherzustellen. Hierbei eröffnete sich allerdings das Problem, dass bei einer innermotorischen Abgasrückführungsrate, die zur Einhaltung der Grenzwerte erforderlich gewesen wäre, eine verminderte Leistung mit erhöhtem Kraftstoffverbrauch hätte ausgeglichen werden müssen. Eine

---

153 Vgl. die Erklärung des ehem. Vorstandsvorsitzenden der Volkswagen AG, Professor Dr. Martin Winterkorn, veröffentlicht in Pressemitteilung der Volkswagen AG vom 20. September 2015
154 Vgl. hierzu ausführlich Kapitel § 4, B., I., 3.
155 Vgl. die Pressemitteilung der Europäischen Kommission vom 8. Dezember 2016

Kraftstofferhöhung führt allerdings stets zu einem erhöhten CO_2-Ausstoß, ebenso wie zu einer Mehrproduktion von umwelt-, filter- und Teile des Abgasrückführungssystems belastende Partikeln[156]. Zur Vermeidung dieser und weiterer Nachteile entschied sich die Volkswagen AG dazu, die Maßnahmen zur Abgasrückführung über eine Softwaresteuerung durch eine Abschaltautomatik im Straßenverkehr zu begrenzen.

Als Folge der Aufdeckung dieses schnell als ‚Diesel- oder Abgasskandal' bezeichneten Vorganges ordnete das Kraftfahrt-Bundesamt mit Bescheid vom 15. Oktober 2015 unter gleichzeitiger Androhung von Zwangsstilllegungen den bundesweiten Rückruf aller betroffenen Fahrzeuge an[157]. Dieser nicht angefochtene und damit bestandskräftige Bescheid des KBA bindet in seiner Wirkung nach ständiger Rechtsprechung des Bundesgerichtshofs[158] auch andere Gerichte und Behörden, für die daher auch die Feststellung –bei der verwendeten Software handelt es sich um unzulässige Abschalteinrichtungen im Sinne von Art. 5 Abs. 2 der Verordnung (EG) Nr. 715/2007 – als gesetzt gilt. Die Zulässigkeit von Fahrverboten wurde im Februar 2018 durch das Bundesverwaltungsgericht[159] bestätigt. Diese Urteile befassten sich zwar nicht primär mit dem VW-Abgasskandal – wenngleich das Verwaltungsgericht Stuttgart als Vorinstanz ausdrücklich aussprach, dass die angebotenen Software-Updates der Volkswagen AG nicht zu einer Ausnahme von Fahrverboten führen könnten[160] – sorgten aber erneut für ein starkes Medienecho. Der Abgasskandal wurde nun auch von vielen Betroffenen, die bislang nicht gewillt waren, ihre Ansprüche durchzusetzen, als Chance gesehen, ihren von Fahrverboten bedrohten ‚Schummeldiesel' wirtschaftlich vorteilhaft loszuwerden.

Hierbei ist das Software-Update, welches von der Volkswagen AG zur Behebung der Manipulation und zur Erfüllung der vom Kraftfahrt-Bundesamt aufgestellten Pflichten zur Verfügung gestellt wurde höchst um-

---

156 *Borgeest*, S. 24,
157 Vgl. Pressemitteilung des KBA vom 16. Oktober 2015
158 BGH NJW-RR 2007, 398
159 BVerwG NJW 2018, 2074 und NJW 2018, 2067
160 Vgl. Pressemitteilung des Verwaltungsgerichts Stuttgart vom 28. Juli 2017, dieses Ergebnis findet seine Bestätigung auch in dem Ergebnisbericht des Umweltbundesamt vom 18. August 2017 mit dem Titel „Wirkung der Beschlüsse des Diesel-Gipfels auf die NO2-Gesamtkonzentration", in dem festgehalten wurde, dass Software-Updates zur Verringerung der Abgase, das von der Volkswagen AG angebotene Update einschließend, zur Einhaltung der Luftgrenzwerte kaum, jedenfalls nicht ausreichend; eine Verbesserung sei lediglich im niedrigen einstelligen Prozentbereich festzustellen.

stritten – insbesondere bezüglich seines Aufwands sowie seiner Wirkung und Folge:

Denn bereits die von der Volkswagen AG angesetzten Kosten i. H. v. unter EUR 100,00[161] sowie der mit einer Stunde angegebene Zeitaufwand sind zu hinterfragen. Für beide Faktoren bleiben die immensen und damit kosten- und zeiterhöhend zu berücksichtigenden Entwicklungs- sowie Prüfmaßnahmen anscheinend außer Betracht[162]. Überdies wird eine ausreichend messbare Verbesserung vielstimmig angezweifelt[163]. Viele Betroffene fürchten Folgemängel, insbesondere in Form von Leistungsverlust, erhöhtem Kraftstoffverbrauch, Erhöhung der Roh-Partikelemissionen, Erhöhung der CO2-Emissionen, Ruckeln des Motors, verringerter Lebensdauer des Rußpartikelfilters aufgrund erhöhter Partikelbildung und Versottung der Abgaskanäle, welche regelmäßig kostenpflichtig gereinigt werden müssen, oder einen ggf. irreparablen Schaden davon nehmen[164]. Auch die Rechtsschutzversicherungsabteilung des ADAC (im Folgenden nur „ADAC") äußerte sich ausdrücklich dahingehend, dass spätere Schäden am Fahrzeug nach Aufspielen des Updates nicht ausgeschlossen seien und forderte von der Volkswagen AG verbindliche Garantiezusagen zur Erlangung von Rechtssicherheit, welche allerdings nie ausgesprochen wurde[165]. Die fehlende Garantieerklärung ließ gar einige Gerichte den Schluss ziehen, dass der Hersteller selbst nicht einmal von einem folgefreien Aufspielen des Updates ausgehe[166].

Auch die Freigaben einzelner Updates durch das Kraftfahrt-Bundesamt sind in ihrer Aussagekraft bezüglich etwaiger Folgemängel kritisch zu betrachten. Denn die Volkswagen AG hat das KBA über mehrere Jahre hinweg gerade über diese technischen Komponenten getäuscht, was schon an der verlässlichen Überprüfung des Updates durch selbiges zweifeln lässt. Letztlich ist aber ausschlaggebend, dass die Kontrolle auf Folgemängel

---

161 Vgl. *Focus Online* vom 25. Januar 2017 „Ratgeber zum VW Abgas-Skandal – Verbrauch, Motorhaltbarkeit, Leistung: Die Wahrheit über die VW-Schummelsoftware"
162 LG Heilbronn BB 2017, 2113
163 LG Krefeld 2 O 72/16 – juris
164 zur Feststellung des erhöhten Verschleißes z. B. LG Hildesheim 3 O 297/16, zu generell befürchteten Folgemängeln vgl. Spiegel Online vom 28. Oktober 2016: „Experten warnen vor Motorschäden" sowie OLG Celle MDR 2016, 1016 und LG Frankfurt Oder 13 O 174/16 – juris
165 Vgl. ADAC Motorwelt, 09/2017, „Die Ergebnisse des Dieselgipfels", S. 15 f. sowie focus.de vom 14. September 2017 „Mögliche Langzeitschäden durch Update: ADAC will 5000 Euro für VW-Dieselfahrer"
166 Vgl. z. B. LG Krefeld 2 O 72/16 – juris

schon gar nicht in den Kompetenzbereich des Bundesamtes fällt. Im Rahmen der Freigabeerklärungen der Updates soll das Kraftfahrt-Bundesamt lediglich feststellen, ob die illegale Abschalteinrichtung beseitigt werden kann. Sonstige Bauteile, die im Hinblick auf die erschlichene Typgenehmigung keine Rolle spielen, und Folgeschäden an selbigen liegen weder im Sichtfeld noch im Interessenbereich des KBA. Dies ergibt sich auch aus dem Bescheid der Behörde, in dem es heißt:

"Weiterhin wurde die Volkswagen AG verpflichtet, den Nachweis zu führen, dass nach Entfernen der unzulässigen Abschalteinrichtung alle technischen Anforderungen der relevanten Einzelrechtsakte der Richtlinie 2007/46/EG erfüllt werden"[167].

Eine bestimmte Lebensdauer des Motors oder von Bauteilen ist für die Einhaltung der technischen Anforderungen der relevanten Einzelrechtsakte der Richtlinie 2007/46/EG indes nicht erforderlich. Behördliche Überprüfungen und Freigaben beziehen sich daher nicht auf befürchtete Folgeerscheinungen. Solche Prüfungen gehen über den Regelungsbereich der Richtlinie und über die Kompetenz der Behörde hinaus. Das KBA ist weder in der Lage noch befugt, verbindliche Feststellungen für zivilgerichtliche Verfahren zu treffen[168].

Neben der Abgabe einer Garantieerklärung hat es die Volkswagen AG darüber hinaus auch versäumt, der öffentlichen Berichterstattung, nach der das Update entweder nicht die gewünschte Wirkung erzielen würde[169], oder aber zu Folgemängeln führe[170], entscheidend und überzeugend entgegenzutreten. Vielmehr versprach VW anfangs lediglich, es werde sich bemühť, ein wirkungsvolles Gesamtpaket ohne Folgeerkrankungen zur Verfügung zu stellen[171]. Nach dem das Kraftfahrt-Bundesamt als zuständige oberste Bundesbehörde die Software-Updates für die einzelnen Fahrzeugmodelle und -motoren freigegeben hatte, sprach die Volkswagen AG in

---

167 Vgl. Bescheid des Kraftfahrt-Bundesamtes vom 15. Oktober 2015 sowie Pressemitteilung vom 16. Oktober 2015
168 So auch ausdrücklich OLG Köln MDR 2018, 930
169 Vgl. „Auto-Motor-Sport" vom 16. März 2017: „Diesel-Zukunft – wie geht es weiter mit dem Selbstzünder, wenn ab 2018 Fahrverbote in Ballungszentren drohen?", in dem von nahezu unveränderten Emissionswerten gesprochen wird
170 Vgl. Spiegel Online vom 28. Oktober 2016: „Experten warnen vor Motorschäden"
171 Vgl. stellvertretend hierfür die Pressemitteilungen der Volkswagen AG vom 15. Oktober 2015, 25. November 2015 und 16. Dezember 2015

ihren Pressemitteilungen[172] zwar von funktionierenden und folgemangelerscheinungslosen Updates, stützte diese Aussagen aber stets auf die Bewertung des KBA, welches, wie dargelegt, dafür keinerlei Kompetenz vorweist. Die Volkswagen AG wanderte hierbei auf dem schmalen Grat zwischen dem öffentlichen Auskunftsbegehren und der Gefahr, sich durch entsprechende Aussagen weiteren Haftungsgefahren auszusetzen. Um zuletzt genannte Gefahr zu umschiffen, wurde sich also auf die Einschätzung des bereits bei der ursprünglichen Manipulation getäuschten Kraftfahrt-Bundesamtes berufen und hinter dessen Wertung versteckt.

Während es in den USA vergleichsweise frühzeitig[173] zu einer angemessenen Entschädigungszahlung zwischen USD 5.000,00 und USD 10.000,00 pro Betroffenen kam, ist eine flächendeckende Lösung in Deutschland bis zum heutigen Tage nicht absehbar. Auch aus strafrechtlichen Gesichtspunkten ist die USA der Bundesrepublik deutlich voraus. So wurden bereits durch die fünfte erweiterte Anklageschrift am 14. März 2018 die VW-Verantwortlichen Richard Dorenkamp, Heinz-Jakob Neußer und Jens Hadler sowie Bernt Gottweis, Jürgen Peter und auch der ehemalige Vorstandsvorsitzende Martin Winterkorn beschuldigt. Die Anklage legt ihnen und ihren „Mitverschwörern" unter anderem zu Last, gewusst zu haben,

> *„dass die betroffenen Fahrzeuge und die Porsche-Fahrzeuge die US-amerikanischen Emissionsnormen nicht einhielten, bei der Konstruktion, Prüfung, Umsetzung und Verbesserung von Software, von der sie wussten, dass VW sie zur Täuschung im US-Prüfverfahren derart einsetzte, dass es so schien, als erfüllten die betroffenen Fahrzeuge und die Porsche-Fahrzeuge die US-Emissionsnormen, obwohl dies nicht der Fall war, zusammengearbeitet und diese Tatsachen gegenüber US-Regulierungsbehörden und US-Kunden zu verschleiern versucht und verschleiert haben."*[174]

Aus der Anklageschrift geht weiter hervor, dass am oder um den 23. Mai 2014 herum der angeklagte Martin Winterkorn, nach deutschem

---

172 Pressemitteilungen der Volkswagen AG vom 08. Juni 2016 und 14. August 2016
173 Für diese Arbeit wurden sämtliche Neuerungen bis zum 10. August 2018 berücksichtigt
174 Zitat der Ziffer 32 der Anklageschrift zum Anklagepunkt 1, übersetzt durch die Dolmetscherin Bettina Behrendt, M.A. (geprüfte Übersetzerin Englisch, ATICOM, durch die Präsidentin des OLG Düsseldorf ermächtigte Übersetzerin für die englische Sprache – Recht, Wirtschaft & Politik), anbei als Anlage zur Dissertation, II.2

A. Die Geschichte des VW-Abgasskandals

Recht zur damaligen Zeit verfassungsgemäßer Vertreter der Volkswagen AG, eine Notiz zur ICCT-Studie erhielt, in der es hieß:

"Eine fundierte Erklärung für die dramatisch erhöhten NOx Emissionen kann den Behörden nicht gegeben werden. Es ist zu vermuten, dass die Behörden die VW Systeme daraufhin untersuchen werden, ob Volkswagen eine Testerkennung in die Motorsteuergeräte-Software implementiert hat (sogenanntes defeat device) und bei einem erkannten "Rollentest" eine andere Regenerations- bzw. Dosierungsstrategie fährt als im realen Fahrbetrieb.""[175].

Die verantwortlichen der Volkswagen AG gaben die vorgenannten Anklagepunkte im Rahmen eines Schuldeingeständnisses (sog. ‚plea agreement') explizit zu, erklärten zudem, dass sie für die beschriebenen Handlungen ihrer Mitarbeiter verantwortlich seien und stimmten zu, dass sie die Zulässigkeit der in Bezug genommenen Sachverhaltsdarstellung in keinem Verfahren – gemeint sind hierbei aber ausdrücklich nur Verfahren nach US-amerikanischem Recht – anfechten oder dieser widersprechen werde. Dies wird insbesondere aus der Anlage 2 zum ‚plea agreement', die die eingeräumte Sachverhaltsdarstellung beinhaltet, deutlich. Hier heißt es wörtlich:

"Die Angeklagte [die Volkswagen AG – Anm. d. Verf.] erklärt sich ausdrücklich einverstanden, dass sie weder durch derzeitige noch ehemalige Rechtsanwälte, Vorstandsmitglieder, Führungskräfte, Mitarbeiter, Vertreter (agents) noch durch sonstige zum Sprechen für die Angeklagte befugte Person eine öffentliche Stellungnahme in einem Prozess oder an anderer Stelle abgibt, welche der oben dargelegten Übernahme der Verantwortung durch die Angeklagte widerspricht und der Tatsache, dass sich die Angeklagte der in der Dritten Erweiterten Anklageschrift niedergelegten Anklagepunkten schuldig bekannt hat, widerspricht oder den in Anlage 2 beschriebenen Sachverhalten widerspricht."[176]

Trotz des umfangreichen Schuldeingeständnisses unter Bezugnahme auf viele, auch für die deutschen Zivilstreitigkeiten wichtigen Aspekte verweigerte sich die Volkswagen AG, eine vergleichbare Stellungnahme für den deutschen Raum abzugeben. Dies mag vor allem darin begründet sein, dass die deutsche Zivilprozessordnung kein der US-amerikanischen Sam-

---

175 Ziffer 50 der vorzitierten und amtlich übersetzten Anklageschrift, ebd.
176 „plea agreement", amtlich übersetzt in deutsche Sprache, anbei als Anlage zur Dissertation, II.3

57

§ 4 Beispiel Massenverfahren: Der Abgasskandal in Deutschland

melklage vergleichbares (Verbraucher-)Rechtsinstitut aufweist. In den USA stand die Volkswagen AG von Beginn an vor der Drohkulisse, dass mit einer einzelnen durchgeführten Klage jeder Geschädigte ohne eigenen Aufwand aus dem (positiven) Ergebnis der Klage unmittelbar und mit Zwangsmitteln durchzusetzende Ansprüche erhält. In Deutschland waren die Verbraucher drei Jahre nach Bekanntwerden des Abgasskandals immer noch auf Individualklagen angewiesen. Auch die zum 01. November 2018 eingeführte Musterfeststellungsklage stellt kein ähnlich effizientes Mittel des Verbrauchers dar. So bindet das Musterverfahren zum einen nur diejenigen, die sich zu dem Verfahren form- und fristgerecht angemeldet haben. Zum anderen folgt dem dann für viele gültige Feststellungsurteil unter Umständen wiederum ein (kostenrisikoträchtiges) Folgeverfahren in Form der (dann wieder individuell durchzuführenden) Leistungsklage. Die Volkswagen AG sah sich bei einer Gesamtzahl von 2,8 Mio. betroffenen Fahrzeugen in Deutschland[177] zum Zeitpunkt des Eintritts der Verjährung der Ansprüche Anfang 2019[178] nur einem Bruchteil anhängiger Klageverfahren gegenüber[179]. Es liegt nahe, dass die Verantwortlichen kein frühzeitiges und für die Verfahren vor deutschen Zivilgerichten bindendes

---

177 Onlinestatistik STATISTA
178 Es wird die derzeit von der Volkswagen AG angenommene und auch im Übrigen wohl herrschende Meinung zugrunde gelegt, nach der für alle Fahrzeuge, deren Betroffenheit im Jahr 2015 bekannt wurde, Verjährung mit Ablauf des Jahres 2018 eintritt. Es liegt allerdings nahe, für diese, sich im VW-Abgasskandal begründeten Ansprüche mit Blick auf die schwere Nachvollziehbarkeit der technischen Vorgänge und die anfänglich bis Ende 2016 flächendeckend klageabweisend ergangenen Urteile unter Berücksichtigung der in der Rechtsprechung entwickelten Verzögerung des Verjährungsbeginns im Falle der Unzumutbarkeit der Klageerhebung bei unserer Rechtslage bzw. entgegenstehender Rechtsprechung einen späteren Verjährungsbeginn gem. § 199 BGB anzunehmen (vgl. zur Unzumutbarkeit die im Rahmen der Rechtsprechung zur unzulässigen Bearbeitungsgebühr ergangenen Urteile des BGH NJW-RR 2010, 1574 und NJW 2009, 2046). Auch der Umstand, dass die einzelnen Betroffenen erst nach den Freigaben der Updates durch das Kraftfahrt-Bundesamt sukzessive im Laufe des Jahres 2016 persönlich informiert worden, spricht gegen einen Beginn der Verjährung vor Ablauf des 31. Dezember 2016.
179 Die genaue Zahl der rechtshängigen Individualverfahren ist mangels statistischer Erhebung nicht bekannt und kann nur gemutmaßt werden. Einzelne Gerichte gaben auf Anfrage an, keine Übersicht zu führen. Allein der Volkswagenkonzern kann daher auf verlässliche kanzleiübergreifende Zahlen zurückgreifen. Zum 1. November 2018 berichtete die Frankfurter Allgemeine Zeitung in ihrem Artikel „Volkswagen hat betrogen und schuldet Schadensersatz" davon, dass *„nach VW-Angaben 26.600 Verfahren"* rechtshängig seien. Selbst, wenn man davon ausgeht, dass bis zum Jahresende knapp 100.000 Klagen eingereicht wor-

B. Die rechtliche Auswirkung und Ansprüche der geschädigten Fahrzeugabnehmer

Schuldeingeständnis abliefern wollten: Zu groß war wohl die Angst vor einem Nachahmeffekt in Form einer individuellen Klageflut gewesen, der die Kosten in die Höhe hätte schießen lassen. Das erklärt auch, weshalb die Volkswagen AG selbst aussichtsreiche oder erstinstanzlich gewonnene Verfahren in den Jahren 2016, 2017 und 2018 spätestens in der Berufungsinstanz für den Kläger äußerst lukrativ verglichen hat[180]. Denn (nur) so konnte nachvollziehbar behauptet werden, die Mehrzahl der veröffentlichten Urteile seien zu Gunsten des Konzerns ausgefallen[181] – wenngleich der laut Urteil unterlegene Kläger am Ende durch einen Vergleich, zu dessen Verschwiegenheit er sich selbstredend verpflichten musste, faktisch obsiegen konnte[182].

B. Die rechtliche Auswirkung und Ansprüche der geschädigten Fahrzeugabnehmer

Den Ausführungen zu einzelnen möglichen Ansprüchen der Betroffenen sei vorangestellt, dass es nicht Aufgabe dieser Dissertation ist, umstrittene Rechtsfragen zu klären, oder ausführlich zu untersuchen. Auch (später) veröffentlichte obere und oberste Rechtsprechung bleibt konsequenterweise unberücksichtigt. Ausschlaggebend für die Einschätzung des mit dieser Arbeit untersuchten Regulierungsverhaltens der Rechtsschutzversicherungen im VW-Abgasskandal ist einzig eine mögliche und *vertretbare* Rechtsauffassung in den Jahren 2015, 2016, 2017 und 2018. Mit Blick auf den zu gewährenden Deckungsschutz ist die <u>Annahme der Vertretbarkeit</u> einzige Grundlage für die Beurteilung der (durch die Versicherungen oftmals in Frage gestellte) Erfolgsaussicht*[183]*. Dem Leser soll zunächst ein allgemeiner, grober und in der gebotenen Kürze gehaltener Überblick über die verschiedenen rechtlichen Begründungen der verfolgten Anspruchsziele gege-

---

den wären, entspräche dies im Verhältnis zur absoluten Zahl Betroffener einem Anteil von lediglich ~3,6 %.
180 Vgl. Tagesspiegel vom 21. April 2018: „Worauf man sich bei einem Vergleich mit VW einlässt"
181 Vgl. Focus Online vom 6. Juli 2018: „Erste Diesel-Klage beim BGH – vor dieser Entscheidung muss VW zittern"
182 Vgl. Vgl. Tagesspiegel vom 21. April 2018: „Worauf man sich bei einem Vergleich mit VW einlässt"
183 Vgl. zur Definition des Ablehnungsgrundes „mangelnde Erfolgsaussicht" Kapitel § 3, B., III., 1., a.

ben werden. Einzelfallrechtsfragen und übrige ‚Sonderkonstellationen' werden unter Kapitel § 5, A. behandelt.

Wie einleitend bereits geäußert, besteht für jeden Geschädigten des Abgasskandals grundsätzlich die Möglichkeit, gegen seinen Händler aus Gewährleistungsrecht und gegen die Volkswagen AG als Herstellerin des manipulierten Motors aus Deliktsrecht vorzugehen. Es handelt sich insoweit um eigenständige Haftungssysteme, die isoliert voneinander zu betrachten sind. Da alle Ansprüche auf den ‚VW-Abgasskandal' zurückzuführen sind, warten sie teilweise mit ähnlichen bis gleichartigen rechtlichen wie auch tatsächlichen Fragestellungen auf. Scheinbare Dopplungen lassen sich daher zur Gewährleistung einer schlüssigen gesonderten Darstellung einzelner Anspruchsgrundlagen teilweise nicht vermeiden.

I. Ansprüche gegen die Volkswagen AG

Soweit die Volkswagen AG dem Geschädigten gegenüber lediglich als Herstellerin aufgetreten ist, kommen insb. Ansprüche aus Delikt in Betracht. Solche aus Bereicherungs- oder Gewährleistungsrecht sind nur dann zu prüfen, wenn – was insbesondere bei Neuwagen häufig der Fall ist – der Auto‚händler' als Vermittler auftritt, Kaufvertragspartner aber die VW AG selbst wird. In diesem Fall gelten die Ausführungen zu diesen Rechtsgebieten unter Kapitel § 4, B., II. entsprechend auch für die Volkswagen AG.

1. § 826 BGB

Der Anspruch aus § 826 BGB steht dem einzelnen Geschädigten zu, da die Volkswagen AG diesem in einer gegen die guten Sitten verstoßenden Art und Weise vorsätzlich Schaden zugefügt hat:

a. Schädigende Handlung und Verstoß gegen die guten Sitten

Die schädigende Handlung ist in dem Einsatz einer gesetzeswidrigen[184] Softwareprogrammierung zu sehen. Durch diese konnten einzelne Fahrzeuge erkennen, wenn es auf dem Prüfstand (NEFZ) stand. Nur dann

---

184 Vgl. Kapitel § 4, B., I., 3.

B. Die rechtliche Auswirkung und Ansprüche der geschädigten Fahrzeugabnehmer

schaltete sich die Motorsteuerung in einen Modus, in dem relevante Grenzwerte eingehalten werden konnte. Auf der Straße hingegen wurden die gesetzlichen Vorschriften um ein Vielfaches überschritten. Die Gesetzeswidrigkeit der Software ergibt sich aus dem Verstoß gegen Art. 5 Abs. 2 i. V. m. Art. 3 Nr. 10 der Verordnung (EG) Nr. 715/2007, denn die verwendete Software setzte die Programmierung der Motorsteuerung für den Fahrbetrieb auf der Straße außer Kraft. Diese ist ausschließlich für den Prüfstand bestimmt und sorgt so für einen geringeren NOx-Ausstoß. Eine Prüfstandmessung ist aber nur sinnvoll, wenn sich aus ihr zuverlässige Rückschlüsse für den realen Fahrbetrieb ziehen lassen – ansonsten wären Tricks und Manipulationen jedweder Art Tür und Tor geöffnet. Auch das Kraftfahrt-Bundesamt hält die Abschalteinrichtung laut seines Bescheides vom 15. Oktober 2015 für unzulässig im Sinne der Verordnung. Aus diesem rechtskräftig gewordenen Bescheid entfaltet sich auch eine Bindungswirkung für andere Gerichte und Behörden in den Grenzen seiner Rechtskraft[185].

Der Einbau der genannten Manipulationssoftware verstößt gegen die guten Sitten. Als Maßstab führt der Bundesgerichtshof aus:

„Ein Verhalten ist sittenwidrig, wenn es gegen das Anstandsgefühl aller billig und gerecht Denkenden verstößt (st. Rspr. seit RGZ 48, 114 [124]). In diese rechtliche Beurteilung ist einzubeziehen, ob es nach ihrem aus der Zusammenfassung von Inhalt, Beweggrund und Zweck zu entnehmenden Gesamtcharakter mit den guten Sitten nicht zu vereinbaren ist (BGH, Urt. v. 20.11.2012 – VI ZR 268/11, WM 201, 2377 Rn. 25; Urt. v. 04.06.2013 – VI ZR 288/12, WM 2013, 1310 Rn. 14, jeweils m. w. Nachw.). Ein Unterlassen verletzt die guten Sitten nur dann, wenn das geforderte Tun einem sittlichen Gebot entspricht. Hierfür reicht die Nichterfüllung einer allgemeinen Rechtspflicht, aber auch einer vertraglichen Pflicht nicht aus. Es müssen besondere Umstände hinzutreten, die das schädigende Verhalten wegen seines Zwecks oder wegen des angewandten Mittels oder mit Rücksicht auf die dabei gezeigte Gesinnung nach den Maßstäben der allgemeinen Geschäftsmoral und des als ‚anständig' Geltenden verwerflich machen."[186]

Bei der Bewertung ist auf die in der Gemeinschaft oder in der beteiligten Gruppe anerkannten moralischen Anschauungen unter Anlegung eines

---

185 Vgl. BGH ZIP 2006, 2234 m.w.N.
186 BGH ZIP 2013, 27

durchschnittlichen Maßstabes abzustellen. Besonders strenge Anschauungen sind, ebenso wie besonders laxe Auffassungen, unbeachtlich[187].

Der vorgenannten Entscheidung des BGH lag die im Ergebnis positiv beantwortete Frage zugrunde, ob ein Verhalten von Fondsinitiatoren, die Anlegern einen einmalig entstandenen Weiterveräußerungsgewinn verschwiegen hatten, als sittenwidrig einzustufen sei. Wenn nach oberster Rechtsprechung bereits ein solches Verhalten zur Begründung der Sittenwidrigkeit ausreicht, dann erfüllt das als gewinnstrebend und rücksichtslos einzustufende und über mehrere Jahre praktizierte Manipulieren von Motorsoftware, das durch den Kunden nicht entdeckt werden kann, erst recht den Tatbestand der Sittenwidrigkeit. Das Handeln der Volkswagen AG hierbei lediglich als ungenau oder versehentlich einzuordnen, scheint fernliegend. Ihr ist vielmehr ein dauerhaftes Kalkül zu unterstellen, womit Kunden und oberste Bundesbehörden zum Zwecke der Gewinnmaximierung hinters Licht geführt werden sollten. Die Volkswagen AG spekulierte wohl, niemals erwischt zu werden. Sie nutzte die Unwissenheit und Unterlegenheit der Behörden und Kunden aus, vertraute auf deren Redlichkeit. Die Aufdeckung der Manipulation ist letztlich zufällig und auf eine Stufe zu setzen wie die Beimischung von Glykol in Wein, oder von Pferdefleisch in Lasagne[188].

Auch in subjektiver Hinsicht ist das Verhalten der Volkswagen AG als besonders verwerflich zu betrachten. Gewinnstreben wurde vollkommen rücksichtslos über die Belange anderer und der Umwelt gestellt, womit der Tatbestand der vorsätzlich sittenwidrigen Handlung erfüllt ist[189].

b. Zurechnung gem. § 31 BGB

Die sittenwidrige Handlung ist der Volkswagen AG auch zuzurechnen.
Dies ergibt sich bereits aus dem oben zitierten Schuldeingeständnis[190]. Dieses sollte laut VW zwar explizit nicht für den deutschen Raum gelten. Es wäre allerdings widersprüchlich, ein solches Eingeständnis im (oder für

---

187 Palandt/*Sprau* § 826 Rn. 4
188 Mit diesem Vergleich LG Hildesheim ZIP 2017, 332
189 Vgl. mit diesem Ergebnis u.a. LG Krefeld ZIP 2017, 1671; LG Offenburg 2 O 133/16; LG Osnabrück 1 O 29/17 – juris, 5 O 2341/16 – juris; LG Kleve 3 O 212/16; LG Saarbrücken 12 O 104/16 – juris; LG Arnsberg 1 O 25/17 – juris; LG Breisgau 2 O 140/16; LG Karlsruhe 4 O 118/16 – juris; LG Hildesheim 3 O 139/16 – ZIP 2017, 332
190 Vgl. Kapitel § 4, A.

B. Die rechtliche Auswirkung und Ansprüche der geschädigten Fahrzeugabnehmer

das) Ausland abzulegen, während vor deutschen Gerichten weiter behauptet wird, keinerlei Kenntnisstand darüber gehabt zu haben, wer zu welchem Zeitpunkt welches Wissen hatte.

Auch aus weiteren Gesichtspunkten lässt sich eine zivilrechtliche Zurechnung herleiten: So ergibt sich aus § 76 Abs. 1 i. V. m. § 93 Abs. 1 S. 1 AktG die sog. Legalitätspflicht des Vorstandes[191]. Zu dieser gehört neben dem eigenen gesetzeskonformen Verhalten auch die Überwachung der übrigen Vorstände und der Angestellten zwecks Vorbeugung von Rechtsverletzungen[192], natürlich auch wenn diese für das Unternehmen von Vorteil sein sollten[193]. Soweit die von der Legalitätspflicht betroffenen Vertreter der Volkswagen AG diese Pflichten auch nur ansatzweise ausreichend wahrgenommen haben sollten, hätte ihnen der Zielkonflikt zwischen einer gesetzeskonformen Abgasreinigung und einer möglichst wirtschaftlichen Produktion von Fahrzeugen mit wenig CO_2-Ausstoß sowie langer Lebensdauer und einem attraktiven Preis-Leistungsverhältnis auffallen müssen. Sollten die Vertreter davon tatsächlich in Unkenntnis geblieben sein, würde dies wiederum zu dem Vorwurf führen, die eigene Erkundungspflicht verletzt zu haben. Denn die Unkenntnis oder das vorsätzliche Verschließen der Kenntniserlangung darf nicht zu einer Ablehnung der zivilrechtlichen Haftung der Gesellschaft nach § 31 BGB führen. Vielmehr muss auch die Verletzung der Erkundungspflicht eine Haftung begründen. Bei der Frage der Sorgfaltsanwendung trägt gem. § 93 Abs. 2 S. 2 AktG die Gesellschaft die Beweislast. In der zu untersuchenden Fallkonstellation lässt sich allerdings nur zwischen einer durch die Volkswagen AG (in Deutschland) bisher nicht zugegebenen Kenntnis oder einer (groben und auch haftungsbegründenden) Sorgfaltspflichtverletzung unterscheiden. Ein anderes Szenario ist ob des großen Ausmaßes der Verletzungshandlung und Bedeutung der Abgasbehandlung nicht vorstellbar und wurde durch die Volkswagen AG bislang auch nicht substantiiert vorgetragen.

Bezüglich der in Frage kommenden Personen, deren Handlung eine Haftung des Konzerns begründen würde, bleibt zu erwähnen, dass der Begriff des ‚verfassungsmäßig berufenen Vertreters' durch die Bestrebung in der Rechtsprechung, den Anwendungsbereich des § 831 BGB zurückzudrängen, weit auszulegen ist[194]. Die Tätigkeit des Vertreters muss nicht in

---

191 Goette/Habersack/*Spindler* § 93 Rn. 73 f.
192 LG München I ZIP 2014, 570 sowie auch *Reichert* ZIS 3/2011, S. 114
193 Vgl. *Fleischer* ZIP 2005, 142
194 BeckOK BGB/*Schöpflin* § 31, Rn. 7

der Satzung vorgesehen sein. Ebenso wenig benötigt er rechtsgeschäftliche Vertretungsmacht. Vielmehr ist ausreichend, dass er wesensgemäße Funktionen übernimmt und die juristische Person repräsentiert, was etwa bei einem leitenden Angestellten der Fall ist[195]. Bei lebensnaher Betrachtung ist davon auszugehen, dass solch gewichtige Entscheidungen wie die Zustimmung und Konzipierung einer Software für Millionen von Fahrzeugen auf Vorstandsebene getroffen werden musste[196].

Jedenfalls trifft die Volkswagen AG aufgrund aller skizzierten Umstände eine sekundäre Darlegungslast. Eine solche ist immer dann gegeben, wenn der beweisbelasteten Partei näherer Vortrag nicht möglich oder zumutbar ist, während die bestreitende Partei alle wesentlichen Tatsachen kennt und sie erträglicher weise angeben kann. Sind diese Voraussetzungen gegeben, darf sich der Gegner der (primär) darlegungspflichtigen Partei nicht auf ein einfaches Bestreiten beschränken[197]. Dies ist hier der Fall. Die vielen öffentlichen Berichte führen zu Rückschlüssen und Vermutungen, denen die Volkswagen AG unter den genannten Umständen substantiiert entgegentreten müsste – was sie bislang nicht getan hat. Den Betroffenen hingegen sind weitergehende Vorträge weder möglich noch zumutbar.

Die schädigende Handlung ist der Volkswagen AG daher gem. § 31 BGB zuzurechnen[198].

Doch auch ohne die Annahme einer sekundären Darlegungslast gelingt eine Zurechnung über die sogenannte ‚Fiktionshaftung', § 31 BGB. Hiernach trifft die Volkswagen AG die Verpflichtung, den Gesamtbereich ihrer Tätigkeit so zu organisieren, dass alle wichtigen Aufgabenbereiche auf entsprechend verfassungsmäßiger Vertreterebene getroffen werden. Eine Verletzung dieser Obliegenheit darf ihr nicht zum (haftungsrechtlichen) Vorteil gereichen. Sie muss vielmehr so behandelt werden, als wäre der handelnde Verrichtungsgehilfe ein verfassungsgemäßer Vertreter gewesen[199]. Wer für Konzeption und Einbau der Manipulationssoftware die Verantwortung trägt, ist schlussendlich irrelevant.

---

[195] Palandt/*Ellenberger* § 31, Rn. 6
[196] LG Kleve 3 O 252/16 – juris
[197] BGH NJW 1999, 579
[198] mit diesem Ergebnis u.a. LG Offenburg 2 O 133/16; LG Osnabrück 1 O 29/17 – juris; LG Kleve 3 O 212/16 – juris; LG Arnsberg 1 O 25/17 – juris; LG Saarbrücken 12 O 104/16 – juris; LG Breisgau 2 O 140/16; LG Baden-Baden 3 O 163/16 – juris; LG Paderborn 2 O 118/16 – juris; LG Karlsruhe 4 O 118/16 – juris; LG Hildesheim Az.: 3 O 139/16 - ZIP 2017, 332
[199] Palandt/*Ellenberger* § 31, Rn. 7

B. Die rechtliche Auswirkung und Ansprüche der geschädigten Fahrzeugabnehmer

Da eine solche Entscheidung zweifelsfrei auf die Vorstandsebene gehört, hat sich die Volkswagen AG die zivilrechtliche Haftung jedenfalls aufgrund vorwerfbarer mangelhafter Organisation vorhalten zu lassen[200].

c. Vorsatz und kausaler Vermögensschaden

Durch die ihr zuzurechnende sittenwidrige Handlung fügte die Volkswagen AG dem einzelnen Betroffenen auch vorsätzlich einen kausalen Vermögensschaden zu, welcher seinerseits in dem Abschluss eines für ihn unwissentlicher Weise wirtschaftlich nachteiligen Kaufvertrages liegt. Denn kein verständiger Kunde hätte wissentlich ein manipuliertes Fahrzeug erworben, mit der Gefahr negativer Folgen bei Aufdeckung der Manipulation durch das KBA. Das Fahrzeug entsprach nicht den vereinbarten Sollbestimmungen. Die Gesetzmäßigkeit eines Fahrzeuges hat Einfluss auf die Kaufentscheidung. Ihr kommt daher ein eigener wirtschaftlicher Wert zu.

d. Ergebnis

Die Volkswagen AG hat den einzelnen Käufer daher in einer gegen die guten Sitten verstoßenden Weise vorsätzlich Schaden zugefügt und ist zur Kompensation desselben verpflichtet (zur Rechtsfolge sogleich unter 4.).

2. § 823 Abs. 2 BGB i. V. m. § 263 Abs. 1 StGB

Ebenso begründet sich ein Anspruch aus § 823 Abs. 2 BGB i. V. m. § 263 Abs. 1 StGB, indem Organe der Volkswagen AG den Tatbestand des Betruges (Schutzgesetz i. S. d. § 823 Abs. 2) jedenfalls in mittelbarer Täterschaft vorsätzlich, rechtswidrig und schuldhaft verwirklicht haben.

Die Veranlassung und Verbauung der Manipulationssoftware sowie das Inverkehrbringen der einzelnen Fahrzeuge ohne Hinweis auf den Umstand, dass die gesetzlichen NOx-Werte als Grundlage der allgemeinen Betriebserlaubnis im realen Straßenverkehr nicht eingehalten werden, stellt eine Täuschung über Tatsachen dar. Diese ist durch die Volkswagen AG selbst erfolgt, und zwar auch dann, wenn das Fahrzeug von dritten Her-

---

[200] LG Berlin 13 O 108/17 sowie LG Saarbrücken 12 O 104/16 – juris; vgl. zur Fiktionshaftung des § 31 BGB BGH NJW 1980, 2810

stellern aus dem Volkswagenkonzern stammt, da jedenfalls der Motor durch die Volkswagen AG konstruiert wurde. Für den Fall, dass die Drittersteller davon in Unkenntnis geblieben wären, hätte die Volkswagen AG in mittelbarer Täterschaft gehandelt. Diese Täuschung der einzelnen Vertreter ist der Volkswagen AG auch zuzurechnen, § 31 BGB (vgl. soeben unter b.) und führte bei den Käufern kausal zu einem Irrtum in Form der fehlerhaften Annahme bezüglich der Gesetzeskonformität, insbesondere bezüglich der NOx-Werte im Straßenverkehr. Die erforderliche und kausal auf dem Irrtum beruhende Vermögensverfügung ist vorliegend in dem Abschluss des Kaufvertrages über ein nicht gesetzeskonformes Fahrzeug zu sehen. Dieser ist für den Käufer wirtschaftlich nachteilig, weshalb dem Betroffenen auch ein kausal auf der Vermögensverfügung beruhender und stoffgleicher Vermögensschaden entstanden ist. Die Volkswagen AG handelte dabei mit der Absicht, sich rechtswidrig zu bereichern, im Übrigen vorsätzlich, rechtswidrig und schuldhaft.

Die Volkswagen AG ist daher dem Grunde nach gem. § 823 Abs. 2 i. V. m. § 263 Abs. 1 StGB in Anspruch zu nehmen[201], zur Rechtsfolgenseite vgl. unten unter 4.

3. § 823 Abs. 2 BGB i. V. m. §§ 6 Abs. 1, 27 Abs. 1 EG-FGV

Darüber hinaus kommt eine Haftung der Volkswagen AG gem. § 823 Abs. 2 BGB i. V. m. §§ 6 Abs. 1, 27 Abs. 1 EG-FGV in Betracht, da in der Manipulation auch ein Verstoß gegen das Verbot von Inverkehrgabe und Handel von Fahrzeugen ohne gültige Übereinstimmungsbescheinigung (§ 27 Abs. 1 EG-FGV) und gegen die Pflicht zur Erteilung einer gültigen Übereinstimmungsbescheinigung gem. § 6 Abs. 1 EG-FGV zu sehen ist.

---

201 den Tatbestand des § 263 StGB bejahend u.a. LG Krefeld ZIP 2017, 1671; LG Hildesheim 4 O 118/16 – juris; LG Mönchengladbach 10 O 84/16 – juris; LG Nürnberg-Fürth 8 O 2404/16 – juris, 9 O 3631/16 – juris, 8 O 3707/16 – juris, 9 O 4238/16 – juris, 8 O 5990/16 – juris, 9 O 6119/16 – juris, 8 O 6120/16 - juris, 8 O 6196/17 – juris und 9 O 7324/16 – juris; sowie LG Hildesheim ZIP 2017, 332

B. Die rechtliche Auswirkung und Ansprüche der geschädigten Fahrzeugabnehmer

a. §§ 6 Abs. 1, 27 Abs. 1 EG-FGV als Schutzgesetz i. S. d § 823 Abs. 2 BGB

Die §§ 6 Abs. 1, 27 Abs. 1 EG-FGV sind Schutzgesetze im Sinne des § 823 Abs. 2 BGB.

Schutzgesetz ist jede Rechtsnorm, die nach Zweck und Inhalt zumindest auch Individuen oder Personenkreise gegen Rechtsgutverletzungen schützen soll. Ausschlaggebend ist hierbei, dass die Norm auch auf den Schutz des Interesses des Einzelnen gerichtet ist, wenngleich ihr Hauptaugenmerk auf der Allgemeinheit liegt[202]. Der Norm muss lediglich ein schützender Zweck eines sich klar bestimmbar lassenden Personenkreises entnehmen lassen[203]. Sie muss ein Ge- oder Verbot enthalten, das dem Einzelnen einen zivilrechtlichen Schutzmantel in die Hand drückt, ohne, dass er sich auf den behördlichen Umweg verweisen zu lassen hat[204]. Im Übrigen genügt es, wenn die drittschützende Wirkung zumindest angelegt ist, sodass eine Konkretisierung mittels Verwaltungsakt im Einzelfall unschädlich ist[205]. Eine Gesamtbetrachtung muss letztlich ergeben, dass der Gesetzgeber den Regelungszusammenhang zumindest tendenziell dahingehend ausrichten wollte, dass den Verstoßenden auch eine zivilrechtliche deliktische Einstandspflicht mit allen sich daraus ergebenen Gunsten des Geschädigten, ggf. etwa eine Beweiserleichterung, trifft[206].

Diese Grundsätze aus der höchstrichterlichen Rechtsprechung vorangestellt ist von einem Individualschutz der §§ 6 Abs. 1, 27 Abs. 1 EG-FGV Schutzgesetze auszugehen:

Die europäische Richtlinie 2007/46/EG, die mit den genannten Normen ins nationale Recht umgesetzt wurde, ist selbst individualschützend und soll auch den Käufer eines Fahrzeuges schützen. Durch die Umsetzung in deutsches Recht kann der Regelungsinhalt der Richtlinie über den Charakter eines Schutzgesetzes nach § 823 Abs. 2 BGB zu einem individuellen deliktischen Schadensersatzanspruch führen[207].

Art. 26 Abs. 1 der Richtlinie 2007/46/EG verbietet es Fahrzeugherstellern, das Kfz in den Verkehr zu geben, wenn für dieses keine gültige Übereinstimmungsbescheinigung gem. dem Anhang IX selbiger Richtlinie vorgewiesen werden kann. Die gewünschte und abschreckende Verbotswir-

---

202 BGH NJW 2014, 64
203 BGH MDR 2005, 509
204 BGH NJW 1964, 396
205 BGH NJW 2004, 356
206 BGH NJW 2012, 1800
207 BGH NJW 2015, 2737

§ 4 Beispiel Massenverfahren: Der Abgasskandal in Deutschland

kung kann sich aber erst dann vollends entfalten, wenn ein Verstoß auch zu einem zivilrechtlichen Schadensersatz führt. Im Übrigen ist auch der getäuschte Käufer eines Fahrzeuges ohne gültige Übereinstimmungsbescheinigung am Ende der Leidtragende. Denn (nur) er trägt das Risiko bspw. einer Zwangsstilllegung. Sodann muss er aber auch derjenige sein, der durch das Verbot der Richtlinie (individuellen) Schutz erfährt. Entsprechend ist § 27 Abs. 1 EG-FGV als Schutzgesetz im Sinne des § 823 Abs. 2 BGB heranzuziehen[208].

b. Verletzung von §§ 6 Abs. 1, 27 Abs. 1 EG-FGV

Gegen die Vorschriften der §§ 6 Abs. 1, 27 Abs. 1 EG-FGV hat die Volkswagen AG auch verstoßen. Denn die für die einzelnen Fahrzeuge ausgestellten Übereinstimmungsbe-scheinigungen sind entgegen dem Normappell ungültig.

Der nicht legaldefinierte Begriff der Gültigkeit ist nach Wortlaut, Regelungszusammenhang sowie Sinn und Zweck (insbesondere auch unter Beachtung der hier zugrundeliegenden Richtlinie, deren Umsetzung sie dient) auslegungsbedürftig. Hierbei sei vorangestellt festzustellen, dass die reine Ausstellung der Übereinstimmungsbescheinigung durch den Hersteller allein nicht für deren Gültigkeit ausreichen kann. Anderenfalls benötigte es nicht den Zusatz „gültig"[209]. Auch ist nicht darauf abzustellen, dass eine Ungültigkeit erst bei Nichtigkeit vorliegt, wie es verwaltungsrechtliche Grundsätze vermuten lassen könnten. Dies ergibt sich bereits daraus, dass die Bescheinigung lediglich eine privatwirtschaftliche Erklärung ist, die zwar einen Verwaltungsakt ersetzt, deshalb aber nicht dessen Qualität erlangt. Anderenfalls würde sie lediglich durch gerichtliche Aufhebung oder Widerruf/Rücknahme beseitigt werden können, was unter dem Aspekt der privatwirtschaftlichen Ausstellung in Anbetracht der erheblichen Bedeutung für die Zulassungsfähigkeit der entsprechenden Fahrzeuge indes ein unerträglicher Zustand und rechtssystematisch Bewertung wäre[210]. Auch führe die Annahme einer ‚gültigen Übereinstimmungsbescheinigung' trotz tatsächlich fehlender Übereinstimmung zu einem dialektischem Absurdum[211].

---

208 LG Kleve 3 O 252/16 – juris, mit Verweis auf *Harke* VuR 2017, 83 ff
209 LG Augsburg 082 O 4497/16
210 *Klinge* ZUR 2017, 133
211 LG Augsburg aaO

B. Die rechtliche Auswirkung und Ansprüche der geschädigten Fahrzeugabnehmer

In materieller Hinsicht bestimmt Art. 3 Nr. 36 RL 2007/46/EG, dass das zuzulassende Fahrzeug „allen Rechtsakten" entsprechen, also in technischer Sicht vollends den rechtlichen Vorgaben nachkommen muss. Die Übereinstimmungsbescheinigung darf mithin nur ausgestellt werden, wenn das Fahrzeug vollständig dem genehmigten Prototypen gleicht. Dies ist bei Fahrzeugen mit Abschalteinrichtungen selbst dann nicht der Fall, wenn bereits der durch die Behörde typengenehmigte Prototyp eine solche Abschalteinrichtung enthielt, diese jedoch lediglich nicht bemerkt wurde, da sie im Prüfmodus aktiviert war. Dieser Umstand ist rechtlich unerheblich, da Art. 30 Abs. 2 der RL 2007/46/EG die Nichtübereinstimmung aus rechtlichen und nicht aus tatsächlichen Gründen bestimmt. Eine solche liegt demnach dann vor, wenn das Fahrzeug von den Angaben im Typgenehmigungsbogen abweicht, wörtlich heißt es:

„Für die Zwecke des Abs. 1 gelten Abweichungen von den Angaben im EG-Typgenehmigungsbogen oder in der Beschreibungsmappe als Nichtübereinstimmung mit dem genehmigten Typ."
[Unterstreichung durch den Verfasser]

Die Formulierung *„gelten Abweichungen von den Angaben (...) als Nichtübereinstimmung"* enthält eine gesetzliche Fiktion, nach der das bescheinigte Fahrzeug selbst dann vom typengenehmigten Fahrzeug abweicht, wenn es in tatsächlicher Hinsicht zwar exakt mit diesem, aber nicht mit den im Verfahren gemachten Angaben über die tatsächliche Bauart übereinstimmt. Damit liegt qua gesetzlicher Fiktion eine Nichtübereinstimmung aller bescheinigten Fahrzeuge vor, die nach dem genehmigten Typ gebaut wurden, welcher selbst mit einer nicht angegebenen Abschalteinrichtung ausgestattet war[212].

Dass die Übereinstimmungsbescheinigung auch inhaltlich richtig sein muss, ergibt sich weiterhin daraus, dass die beschriebene Ersetzungsfunktion behördlicher Einzelfallprüfung ansonsten konterkariert werde. Denn dann hätte ein privates Unternehmen es in der Hand, nach Belieben die Voraussetzungen für einen behördlichen Rechtsakt – die Zulassung durch die Zulassungsstelle – zu schaffen. Dies hat der Gesetzgeber weiter unterstrichen, indem er in § 6 Abs. 1, EG-FGV i.V.m. Art. 18 Abs. 3 Richtlinie 2007/46/EG die Fälschungssicherheit einer Übereinstimmungsbescheinigung normiert hat. Nach Art. 18 Abs. 3 der Richtlinie 2007/46/EG muss Sorge getragen werden, dass keine falsche Bescheinigung ausgestellt wird – solche sind aus dem Rechtsverkehr herauszuhalten. Nichts anderes kann

---

212 *Klinger* aaO

gelten, wenn die Typgengenehmigung oder Übereinstimmungsbescheinigung von Anfang an unrichtig ist. Ein anderes Ergebnis würde wiederum die von Art. 46 der Richtlinie 2007/46/EG geforderte wirksame und abschreckende Sanktionierung unterlaufen.

Nicht zuletzt stellt die Übereinstimmungsbescheinigung das Fahrzeug so, als hätte es selbst das Typgenehmigungsverfahren durchlaufen und unter Einhaltung aller gesetzlichen Vorschriften bestanden – was unter Berücksichtigung der illegalen Abschalteinrichtung gerade nicht der Fall wäre. Denn die zuständige Behörde kann ausweislich des Art. 5 der Verordnung 715/2007/EG nur einen Fahrzeugtyp ohne eine solche Abschalteinrichtung unionsrechtskonform genehmigen[213].

Die Ausstellung einer Übereinstimmungsbescheinigung für solche Fahrzeuge verstößt mithin gegen § 6 Abs. 1 EG-FGV i.V.m. Art. 18 der Richtlinie 2007/46/EG. Sie ist abhängig von der (hier nicht gegebenen) Rechtmäßigkeit der EG-Typgenehmigung[214].

Die ausgestellten Übereinstimmungsbescheinigungen sind daher inhaltlich unrichtig und damit ungültig, da deren Angaben von denen abweichen, die durch die Behörde genehmigt worden sind.

c. Ergebnis

Die Volkswagen Aktiengesellschaft hat durch die Konstruktion des manipulierten Motors jedenfalls mittelbar[215] gegen die vorgenannten Vorschriften verstoßen. Der rechtswidrige und schuldhaft begangene Verstoß ist ihr auch zuzurechnen, § 31 BGB[216]. Es besteht daher dem Grunde nach ein Anspruch aus § 823 Abs. 2 BGB i.V.m. §§ 6 Abs. 1, 27 Abs. 1 EG-FGV.

---

213 LG Augsburg aaO
214 Rechtsgutachten der Unterabteilung Europa (Fachbereich Europa) zu Sanktionsmöglichkeiten aufgrund von Abschalteinrichtung (Vorgaben des Unionsrechts), S. 9 ff.
215 Ein mittelbar begangener Verstoß liegt dann vor, wenn das einzelne Fahrzeug nicht durch die Volkswagen AG, sondern durch eine Konzerntochter, beispielsweise SEAT, als Hersteller aus dem in Unkenntnis der Manipulation in den Verkehr gebracht wurde.
216 Vgl. in diesem Kapitel § 4, B., I., 1., b.

B. Die rechtliche Auswirkung und Ansprüche der geschädigten Fahrzeugabnehmer

4. Mögliche Rechtsfolgen

Der Käufer eines manipulierten Fahrzeuges kann seine deliktischen Ansprüche gegen die Volkswagen AG demnach auf drei Anspruchsgrundlagen stützen. Alle führen zur selben Rechtsfolge, der Naturalrestitution nach §§ 249 ff. BGB. Die Volkswagen AG muss den Betroffenen daher so stellen, wie er stehen würde, wenn der zum Ersatz verpflichtende Umstand nicht eingetreten wäre. Hierbei ergeben sich verschiedene Alternativen:

a. Der ‚große' Schadensersatz

Möglich ist zunächst der große Schadensersatz in Form einer Schadensersatzzahlung in Höhe des gezahlten Kaufpreises – Zug um Zug gegen Übergabe und Übereignung des streitgegenständlichen Fahrzeuges. Hierfür ist eine tatsächliche Wertminderung durch die Manipulation nicht zwingende Voraussetzung. Denn selbst, wenn nach der Differenzhypothese kein rechnerischer Schaden festzustellen ist, kann ein solcher anzunehmen sein. Die Differenzhypothese ist als wertneutrale Rechenoperation stets einer normativen Kontrolle zu unterziehen. Hierbei sind das konkrete haftungsbegründende Ereignis und die darauf beruhende Vermögensminderung unter Berücksichtigung aller maßgeblichen Umstände sowie der Verkehrsauffassung zu beleuchten[217]. Der Schadensersatz soll den konkreten Nachteil des Geschädigten ausgleichen, ist in seinem Begriffsansatz daher subjektbezogen[218]. Ein (Vermögens-)Schaden ist demnach bei objektiver Werthaltigkeit von Leistung und Gegenleistung also auch dann gegeben, wenn das haftungsbegründende Verhalten den Geschädigten zum Abschluss eines Vertrages gebracht hat, den er in umfassender Kenntnis der tatsächlichen Lage (so) nie geschlossen hätte. Es ist im Rahmen des großen Schadensersatzes daher nicht (nur) auf den Nachweis eines (merkantilen) Minderwertes abzustellen. Es ist vorliegend ausreichend, dass der Betroffene in Erkennung der sich aus dem Abgasskandal ergebenen Gefahren (Makelbehaftung des Fahrzeuges, nicht absehbare Folgen des Software-Updates, Stilllegung des Fahrzeuges) Abstand von seinem Kaufvorhaben genommen hätte. Dies ist der Fall. Zur Herbeiführung eines ordnungsgemäßen Schadensausgleiches muss die Volkswagen AG daher den Kaufvertrag ungeschehen machen, bzw. ‚rückabwickeln' – auch, wenn sie nicht Ver-

---

217 BGH NJW 1987, 50
218 BGH NJW 1998, 302

tragspartner ist – und zwar durch Herausgabe des Kaufpreises gegen Annahme des betroffenen Fahrzeuges[219]. Ausschlaggebend für den Schadenseintritt ist allein der Akt und Zeitpunkt der Vertragsunterzeichnung, nicht etwa der weitere Verlauf des Fahrzeugwertes[220]. Dass die Volkswagen AG vorliegend Dritte und nicht selbst Vertragspartnerin ist, hat ebenso unberücksichtigt zu bleiben. Ein Anspruch auf (faktische) Rückabwicklung des Kaufvertrages gem. §§ 346 ff. BGB analog kann grundsätzlich auch gegen Dritte bestehen, wenn diese durch ein ihr vorwerfbares Verhalten auf den Abschluss eines Kaufvertrages Einfluss genommen haben[221].

Nach weitläufig verbreiteter Rechtsprechung der Instanzgerichte ist durch den Anspruchsinhaber ein Nutzungswertersatz für die gefahrenen Kilometer zu zahlen, § 346 Abs. 2 BGB analog[222]. Dieser berechnet sich wie folgt:

Neuwagen:

Gefahrene km x Bruttokaufpreis
zu erwartende Gesamtlaufleistung

Gebrauchtwagen:

Seit Kauf gefahrene km x Bruttokaufpreis
Zu erwartende Restlaufleistung (Gesamtlaufleistung abzgl. km-Stand bei Kauf)

Gestritten wird in diesem Rahmen dieser Folge über die zugrunde zu legende Gesamtlaufleistung. Die Volkswagen AG ist aus wirtschaftlichen Gesichtspunkten daran interessiert, diese mit etwa 200.000km bis 250.000km so gering wie möglich anzusetzen. So wird versucht, die eingeforderte Gesamtsumme zu verringern. Dass dafür im Verfahren eine ‚schwache' Leis-

---

219 Vgl. mit diesem Ergebnis u.a. LG Hildesheim ZIP 2017, 332 (mit Verweis auf BGH NJW 2005, 1579, bei dem es um den Erwerb einer nachteiligen Kapitalanlage ging) sowie LG Osnabrück 1 O 29/17 – juris; LG Saarbrücken 12 O 104/16 – juris; LG Offenburg 6 O 119/16 – juris
220 *Harke* VuR, 3/2017, 89ff
221 OLG München 14 U 860/98 – juris
222 u.a. LG Paderborn Az.: 2 O 118/16 – juris und LG Heidelberg 1 O 40/17, zur generellen Kritik an einem in Abzug zu bringenden Nutzungsersatz vgl. Kapitel § 5, A., I., 4. a..

B. Die rechtliche Auswirkung und Ansprüche der geschädigten Fahrzeugabnehmer

tung des eigens hergestellten Motors vorgetragen werden muss, wird gerne in Kauf genommen. Die Gerichte gehen derweil überwiegend[223] von einer anzusetzenden Gesamtlaufleistung i. H. v. 300.000 km aus, während das OLG Köln in einem Hinweisbeschluss sogar eine Gesamtlaufleistung i. H. v. 500.000 km angenommen hat[224].

b. Der ‚kleine' Schadensersatz

Trotz der skizzierten Gefahren wählen einige Betroffene auch die Möglichkeit des kleinen Schadensersatzes, das heißt Zahlung eines Ausgleichsbetrages ohne Abgabe des Fahrzeuges. Neben denjenigen, die sich aus persönlichen Gründen (noch) kein neues Auto zulegen möchten, steht dieser Anspruch aber insbesondere allen zu, die ihr Kfz mittlerweile auf dem Zweitmarkt veräußert haben, oder deren Fahrzeug in der Zwischenzeit untergegangen ist.

Auch diese Rechtsfolge ergibt sich aus §§ 249ff. BGB.

Den betroffenen Fahrzeugen haftet ein merkantiler Minderwert an. Dieser beziffert sich häufig in der (objektiven) Abnahme des Wiederverkaufswert, der trotz völliger und ordnungsgemäßer Instandsetzung deshalb verbleibt, weil bei einem großen Teil des Publikums vor allem wegen des Verdachts verborgen gebliebener Schäden eine den Preis beeinflussende Abneigung gegen den Erwerb besteht[225].

Der BGH hat hierzu festgestellt, dass eine ‚Minderung des Verkehrswerts' sogar selbst dann bestehen bleiben kann,

> „wenn die wertmindernden Schäden in technisch einwandfreier Weise beseitigt sind. Das gilt vor allem dann, wenn im Verkehr befürchtet wird, die Schäden könnten sich doch irgendwie nachteilig auswirken und deshalb Sachen, bei denen solche Schäden aufgetreten waren, niedriger bewertet werden als unbeschädigt gebliebene, selbst wenn im Einzelfall die Befürchtung eines Folgeschadens in Wahrheit unbegründet ist"[226].

---

223 beispielhaft LG Düsseldorf 7 O 244/16 – juris; LG Krefeld 7 O 34/17; LG Bonn 19 O 104/17; LG Freiburg 2 O 140/16; LG Dortmund 12 O 228/16 – juris; LG Frankfurt am Main 2-25 O 547/16 – juris; LG Osnabrück 12 O 1815/16
224 OLG Köln MDR 2018, 930
225 BGH NJW 1986, 428
226 BGH III ZR 98/61 – Jurion

Vom Abgasskandal betroffene Fahrzeuge werden – trotz aufgespielten Software-Updates – aufgrund der subjektiven Verbrauchereinschätzung weiterhin als minderwertig angesehen. Dies ergibt sich zum einen aus dem Charakter des Skandals, der ein betroffenes Auto wie einen Unfallwagen erscheinen lässt, zum anderen durch die Tatsache, dass aufgrund der vielen und geringen Erkenntniserlangung Mangelfolgeschäden nie gänzlich auszuschließen sind. Das Landgericht Heidelberg führte hierzu wie folgt aus:

> *„Es liegt in der Natur der Sache und ist allgemein bekannt, dass ein Pkw, dessen Zulassung auf dem Einsatz einer Manipulationssoftware sowie einer entsprechenden Täuschung seitens des Motorenherstellers beruht, am Fahrzeug schwerer absetzbar ist, als ein Pkw, der keinen Unsicherheiten dieser Art ausgesetzt ist."*

Und weiter:

> *„Gleiches gilt auch nach Aufspielen des Software-Updates, da dessen Auswirkungen auf das Fahrzeug in der Öffentlichkeit kontrovers diskutiert werden und den Unbedenklichkeitsbescheinigungen des Herstellers wegen der vorgegangenen großflächigen Täuschung derzeit von der Bevölkerung wenig Vertrauen geschenkt wird."*[227]

Die Höhe des merkantilen Minderwertes ist durch das Gericht gem. § 287 ZPO zu schätzen. Dies erfolgt wenn nötig durch Einholung eines Sachverständigen, oder aber selbst, wenn es über ausreichende eigene Sachkunde verfügt, wobei wohl pauschal ein Satz i. H. v. 20 % des Kaufpreises als angemessen anzusehen ist[228].

II. Ansprüche gegen die Fahrzeughändler

Gegen den einzelnen Fahrzeughändler stehen dem Betroffenen Ansprüche aus Gewährleistungsrecht und Bereicherungsrecht zu.

---

[227] LG Heidelberg 1 O 40/17, mit ähnlicher Begründung auch LG Berlin 9 O 103/17
[228] Vgl. z. B. LG Aachen 12 O 101/16

B. Die rechtliche Auswirkung und Ansprüche der geschädigten Fahrzeugabnehmer

1. Ansprüche aus dem Kaufrecht (§§ 434 ff. BGB)

Aus dem Gewährleistungsrecht ergeben sich verschiedene Anspruchsziele, die der Betroffene im Rahmen des VW-Abgasskandals verfolgen kann: Die Minderung, die Nacherfüllung in Form der Neulieferung und die Rückzahlung des Kaufpreises aus dem Rückgewährschuldverhältnis.

Alle haben dem Grunde nach ähnliche Voraussetzungen: Den Mangel zum Zeitpunkt des Gefahrüberganges, den Ablauf einer angemessenen gesetzten Frist zur Nacherfüllung und die Erklärung des Gestaltungsrechtes. Darüber hinaus dürfen keine Ausschlussgründe vorliegen.

a. Sachmangel zum Zeitpunkt des Gefahrüberganges

Aufgrund der heimlichen Installation einer illegalen Abschalteinrichtung sind die betroffenen Fahrzeuge mangelhaft i. S. d. § 434 BGB.

So eignet sich ein manipuliertes Fahrzeug bereits nicht für die vertraglich vorausgesetzte Verwendung, § 434 Abs. 1 S. 2 Nr. 1 BGB. Diese besteht mindestens in dessen Einsatzmöglichkeit im Straßenverkehr, welche wiederum an die Vorschriftsmäßigkeit geknüpft ist. Ansonsten droht die Stilllegung, etwa durch das Kraftfahrt-Bundesamt. Auch erlischt bei einer Veränderung der Abgaswerte die Betriebserlaubnis ipso iure, § 19 Abs. 2 S. 2 Nr. 3 StVZO. Durch Aufspielen des Software-Updates, unterstellt man dessen Wirksamkeit, folgt indes nicht die automatische Wiedererteilung der Betriebserlaubnis. Vielmehr kann diese lediglich durch weiteren behördlichen Akt erneut ausgestellt werden, was in der Praxis allerdings (nicht zuletzt aufgrund der mehr als zweifelhaften Wirkung des Updates) nicht geschieht. Dass das Kraftfahrt-Bundesamt als zuständige Behörde derweil von ihrer Möglichkeit der ausdrücklichen Entziehung der Erlaubnis bislang keinen Gebrauch gemacht hat, liegt wohl nur an der nach § 20 Abs. 4 StVZO eingeräumten Ausnahmemöglichkeit – die Behörde hat lediglich keine Rechtsfolge an die Rechtswidrigkeit geknüpft[229].

Ebenso liegt ein Mangel gem. § 434 Abs. 1 S. 2 Nr. 2 BGB vor. Das Fahrzeug erfüllt die versprochene Euro-Abgasnorm nicht. Damit fehlt jedenfalls eine bei Sachen der gleichen Art übliche und erwartungsgemäße Beschaffenheit der Sache. Sie weicht mithin im Ist-Zustand bei Gefahrübergang vom Soll-Zustand ab.

---

229 mit diesem Ergebnis u.a. LG Kleve 3 O 252/16 – juris; LG Hagen 3 O 66/16 – juris; LG Essen 16 O 165/16 – juris

§ 4 Beispiel Massenverfahren: Der Abgasskandal in Deutschland

Da das Emissionsverhalten des Motors, insbesondere hierbei der NOx-Ausstoß darüber hinaus eine Beschaffenheit nach § 434 Abs. 1 S. 1 BGB darstellt, begründet sich auch aus den erhöhten NOx-Werten die Mangelhaftigkeit. Diese Stickoxide haben Einfluss auf die Luftqualität und indizieren danach die Umweltverträglichkeit und -freundlichkeit des Fahrzeuges. Sie berühren damit auch die gesundheitlichen Interessen des Käufers und nehmen Einfluss auf die Wertschätzung desselben. Als Bestandteil der Zulassungsvoraussetzung der EU-Typgenehmigung[230] beeinflussen sie auch unmittelbar die Brauchbarkeit der Sache und sind als Beschaffenheit des Fahrzeuges anzusehen[231]. Da die vorgegebene Norm der NOx-Werte nur mittels rechtswidriger Abschalteinrichtung auf dem Prüfstand zu erreichen war, fehlt bei einem betroffenen Fahrzeug die übliche und zu erwartende Beschaffenheit. Ein jeder Käufer durfte von der Einhaltung der Emissionswerte (auch, oder sogar insbesondere) im Straßenverkehr ausgehen. Demnach liegt bei Gefahrübergang auch ein Sachmangel nach § 434 Abs. 1 S. 2 Nr. 2 BGB vor[232].

b. Fristsetzung zur Nacherfüllung[233]

Soweit eine Frist zur Nacherfüllung gesetzt wurde, bereitet dieser Prüfungspunkt keine weiteren Probleme.

Zu beleuchten ist aber in den übrigen Fällen die Frage nach der Entbehrlichkeit der Fristsetzung gem. § 440 S. 1 Alt. 3 BGB. Die Nachbesserung ist für den Betroffenen regelmäßig als unzumutbar anzusehen.

Für die Beurteilung der Unzumutbarkeit sind alle Umstände des Einzelfalles zu berücksichtigen, insbesondere die Zuverlässigkeit des Verkäufers[234]. Ausschlaggebend sind weiter das Vorliegen einer nachhaltigen Störung des Vertrauensverhältnisses der Parteien, die Art der Sache und der

---

230 Vgl. Anlage I der Verordnung (E) 715/2007
231 Brandenburgisches OLG 13 U 92/06 – juris sowie u.a. LG Heilbronn 2 O 201/06, ausdrücklich auch LG Krefeld MDR 2016, 1201
232 Vgl. mit demselben Ergebnis u.a. OLG Celle MDR 2016, 1016 sowie u.a. LG Aachen 12 O 347/16 – juris; LG Dortmund 12 O 228/16 – juris; LG Detmold 9 O 140/16 – juris; LG Hagen 8 O 135/16; LG Nürnberg-Fürth 8 O 3707/16 – juris sowie LG Arnsberg 2 O 375/16 – juris
233 Diese Voraussetzung entfällt, wenn das Anspruchsziel auf Nacherfüllung in Form der Nachlieferung (Neulieferung) lautet und der Kläger Verbraucher ist, vgl. § 475 Abs. 3 BGB.
234 BT-Drucks. 14/6040, S. 233 f.

B. Die rechtliche Auswirkung und Ansprüche der geschädigten Fahrzeugabnehmer

Zweck, für den der Verbraucher sie benötigt, die Art des Mangels und die Begleitumstände der Nacherfüllung. Die Frage der Zumutbarkeit ist allein aus der Perspektive des Käufers zu beurteilen, eine Interessenabwägung findet nicht statt[235].

Hiernach ergibt sich folgendes:

Die Nachbesserung ist bereits deshalb unzumutbar, da erhebliche und berechtigte Zweifel an der Behebbarkeit des Mangels selbst, bzw. der Folgenlosigkeit des Software-Updates zu äußern sind, welches durch die Volkswagen AG über die Händler als einzige Form der Nachbesserung angeboten wird. Es verbleibt mindestens ein berechtigter Mangelverdacht, wobei es nicht genügt, einen Mangel nur durch Beschwörung anderer Folgemängel abstellen zu können[236].

Darüber hinaus ist das Vertrauensverhältnis zur Volkswagen AG durch die Manipulation nachhaltig gestört. VW hat den Betroffenen bereits einmal getäuscht. Dem Getäuschten ist nicht zuzumuten, sich nochmals in die Hände desjenigen zu begeben, der die erste Täuschung begangen hat[237]. Dies war vorliegend in der Regel zwar nicht der einzelne Händler, sondern VW. Der Händler ist indes nicht selbst in der Lage, den Mangel zu beheben. Er muss sich zwangsläufig an den von dem Hersteller zur Verfügung gestellten Updates bedienen. Diese ist hierbei Erfüllungsgehilfe des Händlers. Es macht für den Betroffenen daher faktisch keinen Unterschied, ob die Volkswagen AG selber nachbessert, oder aber der von ihr an sich unabhängig agierende Händler, der auf Anweisung und Anleitung derselben agiert[238].

Die Entbehrlichkeit der Fristsetzung begründet sich daher aus verschiedenen, die Unzumutbarkeit der Nacherfüllung begründenden Umstände, § 440 S. 1 Alt. 3 BGB.

c. Keine Unerheblichkeit des Mangels[239]

Der Mangel ist im Übrigen auch erheblich, weshalb der Rücktritt auch nicht gem. § 323 Abs. 5 S. 2 BGB ausgeschlossen ist. Unterstellt, das Soft-

---

235 Staudinger/*Matusche* § 440 Rn. 23 f.
236 LG Krefeld 2 O 72/16 – juris mit Verweis auf Palandt § 440 Rn. 7
237 MünchKomm/*Westermann* § 440, Rn. 8
238 LG Ingolstadt 33 O 1571/16, LG Köln 2 O 422/16 – juris
239 Diese Voraussetzung entfällt, wenn verfolgtes Anspruchsziel die Nacherfüllung, bzw. die Minderung ist, § 441 Abs. 1 S. 2 BGB.

ware-Update wäre geeignet, den Mangel folgenfrei zu beheben, würde nicht einmal dieser Umstand die Unerheblichkeit indizieren. Denn auch, wenn die Durchführung im konkreten Fall lediglich EUR 50 und eine halbe Stunde veranschlagen würde, läge der Aufwand nicht unterhalb der von der Rechtsprechung geforderten Fünf-Prozent-Hürde[240]. Diese von der Volkswagen AG öffentlich vorgetragene Rechnung unterschlägt sämtliche Entwicklungskosten ebenso wie den Umstand, dass eine mehrmonatige Entwicklungszeit in Anspruch genommen werden musste, bis das Software-Update zur Verfügung stand.

Darüber hinaus kann es auf eine Erheblichkeit des Mangels nie ankommen, wenn – wie hier – die Art der Nacherfüllung bereits unzumutbar ist[241].

d. Verjährung

Die Verjährung der Sachmängelgewährleistungsrechte richtet sich nach § 438 BGB und beträgt vorliegend grundsätzlich gem. § 438 Abs. 1 Nr. 3 BGB grundsätzlich zwei Jahre nach Übergabe. Danach ist ein erklärter Rücktritt unwirksam, § 218 BGB. Die Zweijahresregelung kann abbedungen (Gebrauchtwagen), bzw. auf ein Jahr verkürzt werden (Neufahrzeug). Die Möglichkeit zur Erleichterung der Verjährungszeit ist bei Verbrauchsgüterkäufen nach § 474 BGB auf ein Jahr beschränkt (Gebrauchtwagen), bzw. verwehrt (Neufahrzeug), vgl. § 476 Abs. 2 BGB.

In Fällen, in denen der Händler die Manipulation arglistig verschwiegen hat, oder sich aber die arglistige Täuschung der Volkswagen AG zurechnen lassen muss, greift, ebenso wie für die Ansprüche aus Deliktsrecht, die Regelverjährung, § 438 Abs. 3 BGB[242].

---

240 OLG Köln NJW 2007, 1694
241 Vgl. entsprechend LG Mönchengladbach 10 O 84/16 – juris sowie LG Krefeld 2 O 72/16 – juris
242 Vgl. zur Arglistzurechnung und Regelverjährung der Mängelgewährleistungsansprüche Kapitel § 5, A., I., 6., a., (1)

B. Die rechtliche Auswirkung und Ansprüche der geschädigten Fahrzeugabnehmer

e. Weitere Ausschlussgründe

Weitere Ausschlussgründe in Sonderfällen – etwa aus nach § 442 BGB – werden in der gebotenen Ausführlichkeit im Rahmen der Bewertung einzelner Ablehnungsgründe der Versicherungen später dargestellt[243].

f. Rechtsfolge: Wahlrecht

Aus dem Vorliegen der Anspruchsvoraussetzungen ergibt sich nun das Wahlrecht des Betroffenen, welches Gewährleistungsrecht er ausüben möchte:

1) Nacherfüllung in Form der Neulieferung

Die Mangelhaftigkeit des Fahrzeuges führt zu einem Wahlrecht des Betroffenen zwischen der Nacherfüllung in Form der Nachbesserung, oder in Form der Neulieferung, §§ 437 Nr. 1, 439 Abs. 1 BGB. Nach dem Vorgesagten ist lediglich die Neulieferung gem. § 439 Abs. 1 Alt. 2 BGB sinnhaltig, da die Nacherfüllung lediglich durch das Software-Update angeboten wird, was seinerseits wiederum unzumutbar bzw. unwirksam ist. Die Nachbesserung ist mithin objektiv unmöglich.

Zwar beruft sich die Volkswagen AG regelmäßig darauf, dass auch das Liefern eines fabrikneuen Autos unmöglich ist, wenn die Modellreihe des im Einzelfalle streitgegenständlichen Fahrzeuges nicht mehr gebaut wird. Sie übersieht dabei aber, dass das Nachlieferungsverlangen mit ebenso erfüllender Wirkung durch die Herausgabe eines Fahrzeuges aus der aktuellen Serie befriedigt werden kann. Insbesondere handelt es sich nicht um ein Aliud. Dies zeigt bereits der Vergleich mit den Neuwagenverkaufsbedingungen, in die die Hersteller dem Käufer während der Lieferzeit regelmäßig Abweichungen bis zu einem bestimmten Maße, v. a. bezüglich Konstruktions- oder Formänderungen zumuten. Die Unstimmigkeiten in den einzelnen Modellreihen gehen gewöhnlicherweise nicht über die in den Bedingungen festgelegten Verschiedenartigkeiten hinaus. Ob als Ersatzlieferung auch ein Fahrzeug aus einer anderen Serienproduktion in Betracht kommt, ist nach dem durch Auslegung gem. §§ 133, 157 BGB zu er-

---

243 Vgl. hierfür Kapitel § 5, A., I.

mittelnden Willen der Vertragsparteien zu beurteilen[244]. Dabei ist festzustellen, dass eine Ersatzlieferung eines ‚aktualisierten' Kfz dann möglich ist, wenn dieses von der Vorstellung des Käufers bei seiner Kaufentscheidung mit umfasst war. Abzustellen ist unter dem Strich nicht auf die Vorstellung eines Fahrzeuges einer bestimmten Serienproduktion, sondern auf einen bestimmten Typ, dessen Ausstattung und Merkmalen[245]. Danach kann es dem Käufer aber nicht vorwiegend um die (Serien-)Bezeichnung gehen. Vielmehr ist die Ausstattung des konkreten Bestellauftrages zu fokussieren. Hierbei wird in der Regel festzustellen sein, dass die neuere Modellreihe dahingehend wenigstens Gleichwertigkeit aufweisen kann. Auch wäre es widersprüchlich, dem Verkäufer einen Spielraum im Rahmen seiner Neuwagenverkaufsbedingungen aufzuerlegen, wenngleich dem Käufer eine ähnliche Kulanz seiner Vorstellung verwehrt bleiben soll. Somit wird in der Regel auch bei einer neueren Modellreihe noch eine nachlieferungsfähige Kaufsache anzuerkennen sein[246].

Soweit also Neufahrzeuge des streitgegenständlichen Typs aus der aktuellen Serienproduktion mit vergleichbarer Ausstattung, Motorleistung und Technik vorhanden sind, ist eine Neulieferung nicht gem. § 275 Abs. 1 BGB unmöglich.

Dem folgt auch das Landgericht Hamburg:

„Der Antrag des Klägers ist gemäß §§ 133, 157 BGB dahingehend auszulegen, dass es ihm darauf ankommt, ein gleichwertiges Fahrzeug mit der von ihm zum Zeitpunkt des Vertragsschlusses gewünschten Ausstattung zu erhalten. Die Beklagte kann den Nachlieferungsanspruch somit mit allen typengleichen Fahrzeugen des Models VW Tiguan 2,0 TDI mit identischer Ausstattung wie das „Altfahrzeug" des Klägers erfüllen (die Ausstattung ergibt sich aus Anlage K1)."[247]

Die Neulieferung ist dem einzelnen Händler auch nicht unzumutbar, da weder eine relative noch eine absolute Unverhältnismäßigkeit festzustellen ist[248]. Dies gilt insbesondere unter Berücksichtigung der oben aufgeführten ‚Schwächen' des Software-Updates, welches als einzige Nacherfüllungsmöglichkeit durch den Händler angeboten wurde und nicht zuletzt auf-

---

244 BGH NJW 2006, 2839
245 LG Landau in der Pfalz 2 O 259/16 – juris
246 Vgl. mit entsprechendem Ergebnis u.a. LG Augsburg 34 O 753/16 – juris; LG Regensburg 7 O 1649/16 – juris, 7 O967/16 – juris; LG Arnsberg 2 O 375/16 – juris; LG Offenburg 3 O 77/16 – juris;
247 LG Hamburg 329 O 105/17 – juris
248 LG Offenburg 3 O 77/16 – juris m.w.N.

B. Die rechtliche Auswirkung und Ansprüche der geschädigten Fahrzeugabnehmer

grund der nicht absehbaren Folgeschäden und damit verbundenen Zweifeln nicht dazu führt, dass die Nachbesserung wie gefordert „ohne erhebliche Unannehmlichkeiten für den Verbraucher erfolgen" kann[249]. Der im Raum stehende durch den Abgasskandal erlittene Wertverlust (vgl. zum merkantilen Minderwert Unterabschnitt (3) dieses Kapitels) eines jeden betroffenen Fahrzeuges lässt den Vergleich zu einem Unfallwagen zu, sodass eine Nachbesserung auch allein deshalb bereits objektiv unmöglich ist[250]. Im (Regel-)Falle des Verbrauchsgüterkaufes im Rahmen des Abgasskandals besteht nach ständiger Rechtsprechung auch nicht das Recht, auf die wie aufgezeigt hier einzige Möglichkeit der Nacherfüllung in Form der Neulieferung nur aufgrund absoluter Unverhältnismäßigkeit zu verweigern[251].

Der Vollständigkeit halber sei erwähnt, dass im Rahmen der Nachlieferung bei einem Verbrauchsgüterkauf ausweislich der §§ 474 Abs. 5, 474 Abs. 1 BGB kein Nutzungsersatz für die gefahrenen Kilometer zu entrichten ist[252].

Ein Anspruch auf Neulieferung gem. §§ 437 Abs. 1, 439 Abs. 1 BGB besteht[253].

2) Kaufpreisrückzahlung

Alternativ zur Neulieferung kann der Geschädigte sein auf denselben Erwägungen begründetes Rücktrittsrecht ausüben und die Kaufpreisrückzahlung Zug-um-Zug gegen Rückübereignung und Rückgabe des Fahrzeuges abzgl. einer Nutzungsentschädigung[254] gem. § 346 Abs. 1, Abs. 2 verlangen[255].

---

249 Vgl. Art. 3 Abs. 3 der Verbrauchsgüterkaufrichtlinie 1999/44/EG
250 *Reinking/Eggert* Rn. 938
251 Vgl. z. B. LG Detmold 9 O 140/16 – juris mit Verweis auf BGH NJW 2012, 1073
252 LG Regensburg 7 O 1649/16 – juris
253 Dieses Ergebnis entspricht nach derzeitigem Stand nicht der herrschenden Meinung innerhalb der Rechtsprechung. Daher sei an dieser Stelle nochmals betont, dass die hier angeführten Ergebnisse rechtlicher Diskussionen mit Hinblick auf die Deckungsverpflichtung der Versicherungen lediglich vertretbar und nicht höchstrichterlich widerlegt – keinesfalls aber herrschend – sein müssen.
254 Vgl. zur Kritik an einer in Abzug zu bringenden Nutzungsentschädigung Kapitel § 5, A., I., 4. a.
255 u.a. LG Köln 16 O 532/16; LG München I 37 O 6280/17; LG Koblenz 1 O 118/17

3) Minderung

Unter denselben Voraussetzungen wie beim Rücktritt steht es dem Käufer frei, sein Fahrzeug nicht zurückzugeben, sondern den merkantilen Minderwert ersetzt zu bekommen. Zur Vermeidung unnötiger Wiederholungen wird auf die deliktsrechtlichen Ausführungen zur Rechtsfolge ‚kleiner Schadensersatz' unter Kapitel § 4, B., I., 4., b. verwiesen, die sich hier entsprechend übertragen lassen. Die Abgabe der Minderungserklärung führt zu einem Anspruch auf Kaufpreisrückzahlung des zu viel Gezahlten entsprechend § 346 Abs. 1 BGB, vgl. § 441 Abs. 4 S. 1 BGB.

2. Ansprüche aus dem Bereicherungsrecht (§§ 812 ff. BGB)

Alternativ könnte ebenso ein Anspruch aus § 812 BGB bestehen. Ein solcher setzt vorliegend die Nichtigkeit des Kaufvertrages voraus, was bei entsprechender Annahme folgerichtig einen Anspruch aus Gewährleistung – der einen wirksamen Kaufvertrag voraussetzt – ausscheiden ließe.

Das Landgericht Augsburg[256] hat als erstes Gericht eine Nichtigkeit (aller) Kaufverträge über vom Abgasskandal betroffene Fahrzeuge angenommen, da diese gegen das in § 27 Abs. 1 EG-FGV normierte Veräußerungsverbot und somit gegen ein Verbotsgesetz im Sinne des § 134 BGB verstößt:

a. § 27 Abs. 1 EG-FGV als Verbotsgesetz im Sinne von § 134 BGB

Gesetz im Sinne des § 134 BGB ist gem. Art. 2 EGBGB zunächst jede Rechtsnorm, mithin auch die Rechtsverordnung. Eine Vorschrift enthält dann ein Verbot, wenn ein mögliches Rechtsgeschäft untersagt wird. Der Betroffene muss es also vornehmen können, aber nicht dürfen[257].

Abzugrenzen ist eine Verbotsnorm von einer bloßen Ordnungsvorschrift. Die Abgrenzung erfolgt anhand Sinn und Zweck der Norm, wobei es sich lediglich um eine Ordnungsvorschrift handelt, wenn das seinem Inhalt nach unbedenkliche Rechtsgeschäft aus rein ordnungspolitischen Gründen missbilligt wird[258]. Der dem Fahrzeug beigelegten Übereinstim-

---

256 LG Augsburg 82 O 4497/16
257 Palandt/*Heinrichs* § 134, Rn. 2, 5
258 BGH, Urteil vom 30. April 1994, Az.: III ZR 151/19 - RGZ 97, 11

B. Die rechtliche Auswirkung und Ansprüche der geschädigten Fahrzeugabnehmer

mungsbescheinigung kommt allerdings eine weitaus größere Bedeutung zu. Durch sie bekommt der einzelne Fahrzeughersteller die Möglichkeit eingeräumt, eine behördliche Einzelfallentscheidung über das Vorliegen oder Nichtvorliegen der Zulassungsvoraussetzungen zu ersetzen[259]. Eine Zulassung kann danach nur noch verweigert werden, wenn trotz Bescheinigung die Sicherheit des Straßenverkehrs gefährdet wird[260]. Eine Einzelfallprüfung ist somit obsolet. Der Übereinstimmungsbescheinigung kommt mithin besondere Bedeutung und Vertrauenswirkung zu. Bereits aufgrund dieser Ersetzungsfunktion handelt es sich nicht lediglich um ein ordnungspolitisches Dokument. Gestützt wird dieses Ergebnis durch die Formulierung des § 27 Abs. 1 EG-FGV „dürfen... nur..., wenn...", die als kontradiktorisches Gegenteil zu der Formulierung „darf nicht, wenn nicht...", welche wiederum die Einstufung als Verbotsgesetz indiziert[261], zu verstehen ist.

Bei § 27 Abs. 1 FG-EGV handelt es sich demgemäß um ein Verbotsgesetz im Sinne von § 134 BGB.

b. Verstoß gegen § 27 Abs. 1 FG-EGV

Gegen die Verbotsnorm verstößt ein jeder Kaufvertrag über ein betroffenes Fahrzeug, wenn dieses ohne gültige EG-Übereinstimmungsbescheinigung veräußert wurde:

Wie bereits im Rahmen der deliktsrechtlichen Prüfung (vgl. Kapitel § 4., B., I., 3.) festgestellt, verstoßen die erteilten Bescheinigungen gegen § 6 Abs. 1 EG-FGV i.V.m. Art. 18 der Richtlinie 2007/46/EG und sind ungültig im Sinne der Norm.

Der Abschluss eines Kaufvertrages über ein abgasmanipuliertes Fahrzeug, also die Veräußerung[262] desselben ohne gültige Übereinstimmungsbescheinigung, verstößt mithin gegen die Verbotsnorm.

---

259 Vgl. Gründe der ursprünglichen Richtlinie 70/156/EWG des Rates vom 06. Februar 1970; hiernach dient das EG-Typgenehmigungsverfahren der erleichterten Feststellung eines jeden Mitgliedstaates, ob der zu prüfende Fahrzeugtyp den in den Einzelrichtlinien niedergeschriebenen Vorgaben einhält.
260 EuGH BB 1997, 610
261 BeckOK BGB/*Wendtland* § 134, Rn. 9
262 Das Tatbestandsmerkmal „Veräußerung" ist hierbei nicht lediglich auf die dingliche Ebene zu reduzieren, sondern umfasst ebenso das kausale Verpflichtungsgeschäft, vgl. auch LG Augsburg aaO.

Entgegen des Wortlautes umfasst das gesetzliche Verbot des § 27 Abs. 1 EG-FGV auch die Verkaufsgeschäfte von Gebrauchtwagen. Die Formulierung „neue Fahrzeuge" in § 27 Abs. 1 EG-FGV ist vielmehr aus teleologischen sowie historischen Gründen so zu verstehen, dass damit nach dem Erlass der entsprechenden gesetzlichen Regelung hergestellte Fahrzeuge gemeint sind.

Diesbezüglich wird auf die Ausführungen des LG Augsburg verwiesen, nachdem das Wort ‚neu' so zu verstehen sei,

> „dass es sich auf solche Fahrzeuge bezieht, die nach Inkrafttreten der EG-FGV und damit der Verpflichtung zur Ausstellung einer Übereinstimmungsbescheinigung hergestellt werden, dass Fahrzeuge, die vor Inkrafttreten der Regelung hergestellt wurden, hiervon nicht erfasst sind.
>
> Dieses Verständnis des Wortlauts ergibt sich auch aus dem Sinn und Zweck der Regelung. Denn anderenfalls könnte die Regelung, indem ein Fahrzeug zunächst ohne gültige Übereinstimmungsbescheinigung veräußert wird, dann jedoch als „Gebrauchtwagen" gleich weiter veräußert wird, einfach umgangen werden.
>
> Getragen wird dieses Verständnis auch von der Historie des Wortlautes einer anderen Norm der Richtlinie. Während eine der ursprünglichen Versionen noch folgenden Wortlaut hatte: „Jeder Mitgliedstaat ermöglicht die Zulassung bzw. gestattet den Verkauf oder das Inverkehrbringen von neuen Fahrzeugen (...) dann und nur dann, wenn sie mit einer gültigen Übereinstimmungsbescheinigung versehen sind." (Art. 7 Abs. 1 der RL 92/53/EWG des Rates vom 18. Juni 1992), ist in der Fassung der RL 2007/46/EG vom 05. September 2007 das Wort „neu" nicht mehr enthalten. Hierbei handelt es sich nicht um einen Fehler in der deutschen Version der Richtlinie, denn auch in der französischen Version fehlt das Wort „nouveau" und in der englischen Version das Wort „new"."[263]

Auch in den Fällen, in denen der (potentielle) Kläger ein gebrauchtes Fahrzeug erwarb, ist eine Nichtigkeit nach § 134 BGB anzunehmen.

c. Rechtsfolge: Nichtigkeit des Kaufvertrages

Rechtsfolge des Verstoßes gegen § 27 Abs. 1 EG-FGV ist die Nichtigkeit des Kaufvertrages gem. § 134 BGB. Nichtigkeit tritt demnach ein, wenn sich aus dem Gesetz nichts anderes ergibt.

---

263 LG Augsburg aaO

B. Die rechtliche Auswirkung und Ansprüche der geschädigten Fahrzeugabnehmer

Mangels ausdrücklicher Regelung ist dies anhand Sinn und Zweck der Verbotsvorschrift zu beantworten, wobei entscheidend ist, ob sich das Verbot gerade gegen die privatrechtliche Wirksamkeit und damit gegen den wirtschaftlichen Erfolg wendet[264].

Zweck der Übereinstimmungsbescheinigung ist – wie dargestellt – die Ersetzung eines behördlichen Verfahrens bezüglich einzelner Fahrzeuge. Die Bescheinigung hat gem. § 6 Abs. 3 S. 1, § 3 Abs. 1 S. 2 FZV Beweiswirkung, dass das zugelassene Fahrzeug mit dem genehmigten Prototyp übereinstimmt und dass dieser wiederum sämtliche gesetzlichen Bestimmungen einhält. Die sich hieraus ergebende öffentlich-rechtliche Wirkung bedingt, dass auch privatrechtliche Geschäfte vorliegend von den Folgen eines Verstoßes erfasst sind. Das Kausalgeschäft ist mithin nach § 134 BGB i.V.m. § 27 Abs. 1 EG-FGV nichtig.

Auch aus Art. 46 der Richtlinie 2007/46/EG, Ausprägung des allgemeinen ‚effet-utile'-Grundsatzes folgt die zweckgerichtete Nichtigkeit des Kaufvertrages. Dem Artikel nach haben die Mitgliedsstaaten abschreckende Sanktionen bei Verstößen gegen die Richtlinie (bzw. deren Umsetzungsnormen) festzulegen. Grundvoraussetzung, um dieser Anforderung ansatzweise gerecht werden zu können, ist neben der Ordnungswidrigkeitsbewährtheit der Zuwiderhandlung nach § 37 EG-FGV die Nichtigkeit des Kausalgeschäfts bei Verstößen gegen Normen zur Übereinstimmungsbescheinigung. Dieses darf keine Rechtswirkung mehr entfalten.

d. Rechtsfolge

Die Annahme der Nichtigkeit des Kaufvertrages gem. § 134 BGB ist vertretbar. Sodann gilt: Den Betroffenen steht ein Anspruch aus § 812 Abs. 1 Alt. 1 BGB auf Rückzahlung des Kaufpreises abzüglich einer Nutzungsentschädigung zu, da sie diesen ohne rechtlichen Grund geleistet haben. Der Händler hat wiederum ebenfalls aus Leistungskondiktion einen Anspruch auf Rückgabe und Rückübereignung des Fahrzeuges. Ist das Fahrzeug bereits weiterveräußert oder untergegangen, so ist der Betroffene zum Wertersatz bzw. Surrogatsherausgabe nach § 818 Abs. 1 BGB verpflichtet.

---

264 Schulze/*Dörner* § 134, Rn. 7

§ 5 Das Verhalten der Rechtsschutzversicherungen im VW-Abgasskandal

Diese Einführung und als rechtliche Beleuchtung des VW-Abgasskandals vorweggenommene erste abstrakte qualitative Auswertung dient als Grundlage für das nun folgende Kapitel, welches den rechtstatsachenforschenden Teil der Arbeit dokumentieren wird.

Es folgt die Darstellung der Ergebnisse, die durch empirische Erfassung und Sichtung des Forschungsmaterials – mehrere tauschend Schriftstücke – erlangt werden konnten: Reaktionen (einzelner) Rechtsschutzversicherer auf gestellte Deckungsanfragen (A.) sowie auf vorgelegte Rechnungen (B.) wurden einzelnen Fallgruppen und Argumentationslinien nach kategorisiert. Die meisten Skalierungen werden durch Zitate aus beispielhaft ausgewählten Schreiben der einzelnen Versicherungen begleitet, die insbesondere zur Darstellung der Rechtsansichten dienen, auf denen einzelne Leistungsentscheide basieren. Die Beispiele sind so gewählt, dass sie ihrem Wortlaut nach exemplarisch auch für alle übrigen Rechtsschutzversicherer stehen, deren Argumentation unter die zu prüfende Fallgruppe fällt[265]. So lässt sich das einzelne Vorbringen anhand der Häufigkeit seines Vorkommens besser einstufen. Für das erstrebte Gesamtbild des Regulierungsverhaltens ist es selbstverständlich von großem Belang, ob eine nachvollziehbare, oder eben nicht nachvollziehbare Entscheidung der Versicherungen nur im Einzelfall oder nahezu flächendeckenden Niederschlag findet.

---

265 Der Vollständigkeit halber werden die einzelnen Rechtsschutzversicherungen, deren Schreiben beispielhaft zitiert werden, genannt. Es sei an dieser Stelle darauf hingewiesen, dass diese Arbeit nicht das Verhalten einzelner Versicherungen herausstellen und bewerten möchte. Sollte sich ein und dieselbe Versicherung daher mehrfach wiederfinden, so lässt dies nicht zwangsläufig auf ein „auffälligeres" Verhalten dieses Versicherers schließen. Vielmehr ist der Umstand darin begründet, dass gerade die zitierten Schreiben der entsprechenden Versicherungen die größte Schnittmenge aller Antwortschreiben zu dieser Thematik vorweisen. Auf das Verhalten des einzelnen Versicherers lässt sich hieraus aber kein Rückschluss ziehen.

A. Reaktionen der Versicherer auf gestellte Deckungsanfragen

Die absolute wie auch die relative Häufigkeit, in der einzelne Argumente durch die Versicherungen vorgebracht worden sind, wird demnach das Ergebnis des quantitativen Analyseverfahrens dieser Arbeit sein[266].

Im unmittelbaren Nachgang zur Aufstellung der einzelnen quantitativen Zahlen (Ergebnisse) müssen sich diese in qualitativer Hinsicht mit der bisher bereits dargelegten und für einzelne Sonderfälle noch darzulegenden rechtlichen Würdigung messen lassen. Das im Einzelfall dargestellte Regulierungsverhalten wird bewertet und entsprechend begründet in die für die Qualität der Regulierung stehenden Kategorien ‚berechtigt' und ‚unberechtigt' eingeordnet.

A. Reaktionen der Versicherer auf gestellte Deckungsanfragen

Die Dokumentenanalyse startet zunächst mit der Auswertung der einzelnen Reaktionen auf die gestellte Deckungsanfrage. Diese wurde für alle Betroffenen, die im Rahmen des Mandatierungsprozesses angaben, rechtsschutzversichert zu sein, als kostenfreier Service durch die Kanzlei Gansel Rechtsanwälte gestellt. Die einzelne Deckungsanfrage enthielt alle wesentlichen und für die Frage nach Deckungsschutz entscheidungserheblichen Tatsachen wie beispielsweise Kaufpreis, Kaufdatum, Fahrzeugtyp, oder die Info, ob das Software-Update bereits aufgespielt worden war. Darüber hinaus wurde im Rahmen einer kurzen rechtlichen Subsumtion unter Hinweis auf bereits ergangene positive Gerichtsentscheidungen mitgeteilt, auf welche Grundlagen sich die geltend zu machenden Ansprüche stützen.

Auf diesem Weg wurde Deckungsschutz für insgesamt 4.296 Mandanten angefragt[267].

Dieser richtete sich stets auf Deckung der außergerichtlichen Geltendmachung deliktischer Ansprüche gegen die Volkswagen AG. Für 3.145 Fälle wurde zum Stichtag bereits Deckung für das folgende Gerichtsverfahren (1. Instanz) angefragt[268]. 3.232 Mal wurden Rechtsschutzversicherungen

---

266 In einigen Fällen bringen die Versicherer in einem Schreiben oder im Laufe des Verfahrens mehrere Ablehnungsgründe vor. Diese werden im Rahmen dieser Arbeit allesamt einzeln erfasst. So erklärt sich, dass die Anzahl der ausgewerteten Versicherungsreaktionen die Gesamtzahl aller Deckungsanfragen und Reaktionen übersteigt.
267 Vgl. Anlage zur Dissertation, I.4.; Diese und alle nun folgenden Angaben beziehen sich auf Informationen, die zum **Stichtag 10. August 2018** vorlagen.
268 Vgl. Anlage zur Dissertation, I.5.

gebeten, das außergerichtliche Verfahren gegen die Autohändler aus Gewährleistungs- und Bereicherungsrecht zu decken[269]. Für dieses Anspruchsverhältnis folgten 402 Deckungsanfragen für das gerichtliche Vorgehen[270].

Dies ergibt eine Gesamtzahl von 11.075 Anfragen an deutsche Rechtsschutzversicherungen bezüglich Ansprüchen betroffener Mandanten im VW-Abgasskandal, deren Reaktionen im Folgenden nun ausgewertet werden[271].

I. Einzelne Reaktionen der Rechtsschutzversicherungen

Die Versicherer haben verschiedene Möglichkeiten, auf gestellte Deckungsanfragen zu reagieren, in etwa durch Gewährung des Deckungsschutzes in vollem angefragten Umfang (‚Zusage')[272]. Bei ‚Absagen'[273] handelt es sich hingegen um alle Fälle, in denen durch die Versicherungen zwar ein Leistungsentscheid getroffen wird, dieser allerdings nicht, oder aber nicht vollständig auf die angefragte Rechtsschutzdeckung lautet. Davon zu unterscheiden sind reine Nachfragen, in denen die Versicherer zwar auch noch keinen Leistungsschutz aussprechen, diesen Umstand aber nicht auf inhaltliche Unstimmigkeiten stützen, sondern den angefragten Deckungsschutz mangels vollständiger Informationen bzw. klärungsbedürftiger Abweichungen aus dem Vergleich zwischen Deckungsanfrage und Vertragsunterlagen noch nicht aussprechen können.

---

269 Vgl. Anlage zur Dissertation, I.6.
270 Vgl. Anlage zur Dissertation, I.7.
271 Zu berücksichtigen und später auch in die Statistik einfließen werden auch „noch ausstehende" Reaktionen.
272 Auch bedingte oder eingeschränkte Zusagen sind möglich, erlangen in dieser Arbeit aber keinerlei weitere Bedeutung.
273 Um das selbstgesteckte Ziel dieser Dissertation zu erreichen, werden insbesondere Absagen und Nachfragen, also alle Antworten, die nicht mit einer vollumfänglichen Zusage verbunden waren, auf ihre Rechtmäßigkeit hin zu untersuchen sein.

A. Reaktionen der Versicherer auf gestellte Deckungsanfragen

1. Anfragen ‚außergerichtlich Hersteller'[274]

Die Übernahme des Kostenrisikos für das außergerichtliche Vorgehen gegen die Volkswagen AG als Hersteller des streitgegenständlichen Fahrzeuges wurde in 4.296 Fällen erbeten[275]. Hierauf erfolgten bis zum Stichtag 2.828 (65,83 %) positive Antworten in Form von Deckungszusagen[276], während mit 827 Absagen rund ein Fünftel der Anfragen (19,3 %) negativ beschieden wurde[277] und 3,9 % (167 Fälle) aus Sicht der Versicherer noch nicht entscheidungsreif waren und Nachfragen nach sich zogen[278]. In 474 Fällen (11,0 %) stand eine Antwort bis zum Stichtag aus[279]. Das Betrachten dieser Zahlen könnte nun auf eine durchaus positive Regulierungstendenz schließen lassen, gestaltet sich doch der Gesamteindruck mit knapp ⅔ erteilten Zusagen und noch 11,0 % ausstehender Antworten als durchaus positiv.

Berücksichtigt werden muss aber auch der ‚Weg' einer jeden einzelnen Zusage. Eine Vielzahl dieser erwuchs aus einer anfänglichen Absage bzw. Nachfrage. Hier zeigt sich der Ertrag des (im Grundsatz unvergüteten) Mehraufwandes, den der Anwalt zusätzlich zu der eigentlichen Fallbearbeitung gegen die Volkswagen AG auch gegen die einzelnen Versicherer erbringen musste. Dabei kann bereits der Umstand, dass sich einzelne Zusagen erst aus Absagen heraus ‚entwickelt' haben, schon als Indiz dafür gesehen werden, dass die Versicherer ganz grundsätzlich die schnellere und kostengünstigere Variante der Versagung des Deckungsschutzes wählen und es erst (längere) Argumentationslinien benötigt, um das rechtmäßige Ergebnis zu erhalten. Hieraus den Schluss zu ziehen, dass es keine begründeten und inhaltlich korrekten Absagen geben kann – also nicht jede nicht sofort positiv entschiedene Anfrage einer unlauteren Verzögerungstaktik der Versicherungen gleichzustellen sein muss – ist allerdings ebenso oberflächlich wie eine vorschnelle Annahme eines positiven Regulierungsverhaltens.

Zur Erlangung eines objektiven und vollumfänglichen Eindruckes ist daher der gesamte Zeitraum seit der ersten gestellten Deckungsanfrage im Juni 2017 zu berücksichtigen:

---

274 vorgerichtliche Geltendmachung von Ansprüchen gegen die Volkswagen AG
275 Vgl. Anlage zur Dissertation, I.4.
276 Vgl. Anlage zur Dissertation, I.8.
277 Vgl. ebd.
278 Vgl. ebd.
279 Vgl. ebd.

§ 5 Das Verhalten der Rechtsschutzversicherungen im VW-Abgasskandal

Von allen 4.296 Anfragen wurden lediglich 2.317 (53,9 %) unmittelbar, also ohne vorher als ‚Nachfrage' oder ‚Absage' aufgenommen worden zu sein, positiv beantwortet[280]. Mit 511 (18,1 %) Fällen war daher für fast jede fünfte Zusage eine Sonderkorrespondenz und Mehraufwand notwendig, der über den kostenfreien Service der Zurverfügungstellung der Musteranfrage hinausging – bei der Masse an Gesamtverfahren eine nicht zu unterschätzende Größe[281]. Für die abschließende fazitierte Bewertung des Versicherungsverhaltens wird daher auch zu ergründen sein, ob die Zurückhaltung nahezu jeder zweiten Zusage auf nachvollziehbaren Erwägungen beruht.

Ebenso lohnt ein Blick auf die Zeitspanne, die zwischen angefragter Deckung und erteilter Deckungszu- bzw. Deckungsabsage vergangen ist[282]:

So wurden 86,2 % der Absagen (713) bereits innerhalb der ersten 60 Tage nach versandter Anfrage final getroffen[283]. In der gleichen Zeit ereilten die Versicherungsnehmer aber nur 82,4 % aller Zusagen (2.331)[284]. Im Mittel vergingen 29,77 Tage von der Anfrage bis zur Zusage[285], während die Deckungsabsage durchschnittlich bereits eine knappe Woche früher, nämlich nach 23,06 Tagen, vorlag[286].

Dieser Umstand ist deshalb bemerkenswert und findet Einzug in diese Arbeit, da ein verzögerter Verfahrensbeginn sich unter Umständen anspruchs- und streitwertverringernd auswirken kann[287].

2. Ablehnungsgründe im Einzelnen

Die einzelnen auf die 4.296 Deckungsanfragen für das außergerichtliche Vorgehen gegen die Volkswagen AG erteilten Deckungsablehnungen werden nunmehr zunächst ihrem Inhalt nach kategorisiert dargestellt und sodann rechtlich bewertet. Hierbei finden neben den 827 Absagegründen,

---

280 Vgl. Anlage zur Dissertation, I.9.
281 Vgl. ebd.
282 Bei den Deckungsabsagen werden die 827 Absagen berücksichtigt, die zum Stichtag noch negativ beschieden waren; alle Absagen, die sich im Laufe der Zeit in Zusagen gewandelt haben, fließen bei dieser Statistik in die Gesamtanzahl der „Zusagen".
283 Vgl. Anlage zur Dissertation, I.10.
284 Vgl. Anlage zur Dissertation, I.11.
285 Vgl. Anlage zur Dissertation, I.12.
286 Vgl. Anlage zur Dissertation, I.13.
287 Vgl. hierzu später mehr unter § 5, A., I., 4. a.

A. Reaktionen der Versicherer auf gestellte Deckungsanfragen

die zum Stichtag noch als solche Bestand hatten, auch all die Fälle Berücksichtigung, in denen eine anfängliche Absage schlussendlich in eine Zusage gewandelt werden konnte.

a. Vorvertraglichkeit

Der Ablehnungsgrund der Vorvertraglichkeit ist in § 4 Abs. 3 ARB 2010 normiert und folgt aus dem Grundsatz, dass die Versicherung nur für die Zeit der Leistungsdauer eine Gefahrtragungspflicht trifft. Für die Frage der Eintrittsverpflichtung der Versicherer ist ausschlaggebend, ob zum Eintritt des Schadensereignisses bereits Versicherungsschutz bestand. Bei mehreren in Frage kommenden tatsächlichen oder behaupteten Verstößen ist der erste entscheidend[288]. Das Schadensereignis in den Fällen des VW-Abgasskandals ist unstreitig in dem Abschluss des für den Versicherungsnehmer nachteiligen Kaufvertrages zu sehen[289]. Zu diesem Zeitpunkt muss Versicherungsschutz bestehen, d.h. der Vertrag abgeschlossen und die dreimonatige Wartefrist abgelaufen sein[290].

Es erfolgten in insgesamt 217 Fällen die Ablehnung der Deckung aus dem Grund der Vorvertraglichkeit[291]. Diese sind allesamt begründet und nicht zu beanstanden. Insbesondere wurde in keinem Fall fehlerhaft Vorvertraglichkeit angenommen.

---

288 BGH MDR 2015, 90
289 OLG Köln 9 U 182/16 – juris
290 Vgl. § 4 Abs. 3a ARB (2010)
291 Vgl. Anlage zur Dissertation, I.14.

§ 5 Das Verhalten der Rechtsschutzversicherungen im VW-Abgasskandal

Quelle:[292]

b. Nicht mehr bestehender Versicherungsschutz, nicht vom Versicherungsschutz umfasst bzw. ausgeschlossen

Als Pendant zur Vorversicherungsablehnung sind die Fälle zu sehen, in denen der Versicherungsschutz nicht mehr besteht, der Kaufvertrag als Schadensereignis also nach Aufkündigung oder Ablauf der Vertragslaufzeit geschlossen wurde. Dies war für insgesamt 21 Fällen Grund der Deckungsablehnung, weitere 161 Deckungsabsagen wurden ausgesprochen, weil der abgeschlossene Versicherungsvertrag keinen Schutz für die angefragten Ansprüche bietet. Diese Ablehnungen sind ebenso wenig zu beanstanden wie die aufgrund des vertraglichen Ausschlusses der Geltendmachung von Ansprüchen aus abgetretenem Recht versagten Deckungszusagen (70)[293].

---

292 Statistisches Taschenbuch der Versicherungswirtschaft 2017, S. 62-64, 66,67, 82, keine Zahlen für 2011 vorhanden
293 Vgl. Anlage zur Dissertation, I.15.

A. Reaktionen der Versicherer auf gestellte Deckungsanfragen

c. Kein Vorsatz der Volkswagen AG – Mangelnde Erfolgsaussichten

Deutlich diskutabler ist die Einschätzung der Rechtsschutzversicherungen, eine Anspruchsdurchsetzung gehe aufgrund fehlenden Vorsatzes bei der Volkswagen AG nicht mit ausreichenden Erfolgsaussichten einher[294]. Auf diese Argumentation gestützte Ablehnungen erreichten die Versicherungsnehmer in insgesamt 119 Fällen[295].

Begründet wurden die mangelnden Erfolgsaussichten damit, dass sich die Täuschungshandlung der Volkswagen AG bei einem Gebrauchtwagenverkauf nicht fortsetze. Ansprüche seien daher ausgeschlossen, wenn der Anspruchssteller (Versicherungsnehmer) nur das letzte Glied dieser ‚Käuferkette' ist. Stellvertretend hierfür wird eine Ablehnung der Rechtsschutzversicherung des ADAC vom 11. Juni 2018 zitiert:

> *„wir danken für Ihr Schreiben. Allerdings können wir in der vorliegenden Angelegenheit ein Vorgehen gegenüber der Volkswagen AG aus Delikt mangels Erfolgsaussichten nicht unterstützen. Wir verweisen auf § 17 Abs. 2 VRB. Weitere Einwendungen – auch zu den Erfolgsaussichten – behalten wir uns höchstvorsorglich vor.*

---

294 Vgl. Zur Definition der mangelnden Erfolgsaussichten Kapitel § 3 B., III., 1., a.
295 Vgl. Anlage zur Dissertation, I.16.

§ 5 Das Verhalten der Rechtsschutzversicherungen im VW-Abgasskandal

> *Weitere Hinweise:*
> *1. Eine vorsätzliche Täuschungshandlung des Herstellers kommt grundsätzlich allenfalls gegenüber dem Erstkäufer in Betracht, an dem das Autohaus das Neu-Fahrzeug ausliefert. Eine weitergehende Kausalkette bei einer Weiterveräußerung des Ersterwerbers an einen Dritten ist nicht umfasst. Der Zweit- oder Dritterwerber ist damit zudem regelmäßig nur mittelbar geschädigt. Wir verweisen auf OLG München, Beschluss vom 20. 3.1980 - 27 W 22/80; OLG Hamm Urteil vom 17.12.1996 - 27 U 152/96; OLG München, Urteil vom 20.08.1999 - 14 U 860-98; BGH, Urteil vom 15.09.1999 -1 ZR 98/97; OLG Nürnberg, Beschlüsse vom 22.03. u. 18.04.2005 - 8 U 3720/04; OLG Braunschweig, Urteil 13. 4.2006 - 8 U 29/05; LG Dortmund, Urteil vom 08.11.2006-22 O 65/06. In der vorliegenden Angelegenheit geht es um einen Gebrauchtwagenkauf. Zwar ist Verkäufer ein Fahrzeughändler. Dieser hat das Fahrzeug jedoch bereits von einem anderen Voreigentümer aufgekauft. Es ist daher davon auszugehen, dass hier mehrere Erwerbsvorgänge vorliegen. Unter diesen Umständen sind deliktische Ansprüche gegenüber dem Hersteller grundsätzlich ausgeschlossen."*[296]

Die Ansicht, dass vom Täuschungsverhalten des Herstellers grundsätzlich eine weitergehende ‚Käuferkette' nicht umfasst sei und daher Erfolgsaussichten bei einem Gebrauchtwagenkauf ausgeschlossen werden könnten, lässt sich weder aus dem Gesetz noch aus der stellvertretend vom ADAC aufgeführten Rechtsprechung ableiten. Auch die bis dato veröffentlichte bundesweite Rechtsprechung hatte in keinem einzigen Gebrauchtwagenfall aufgrund dieser Umstände gegen den Kläger entschieden.

Grundsatz des Deliktsrechts ist vielmehr, gesellschaftlich missbilligtes Verhalten einer außervertraglichen Haftung zu unterwerfen und dem Geschädigten einen Anspruch auf Kompensation zuzusprechen. Von diesem Grundsatz ist lediglich dann abzuweichen, wenn der Prüfungspunkt des Vorsatzes, oder der Kausalität ein anderes Ergebnis erfordert. Diesbezüglich gilt unmittelbar auf das Schreiben der Versicherung Bezug nehmend Folgendes:

---

296 Vgl. Anlage zur Dissertation, II.4

A. Reaktionen der Versicherer auf gestellte Deckungsanfragen

1) Vorsatz der Volkswagen AG auf den Weiterverkauf und Kausalität

Die angeführten Beschlüsse des OLG Nürnberg[297] stellen auf einen „*Kausalzusammenhang zwischen der schädigenden Handlung und dem Erwerb durch das Opfer*" ab. „*Der Vorsatz des Schädigenden muß bei einem Verkauf eines Fahrzeuges sich auch darauf beziehen, daß mit einem Wiederverkauf gerechnet werden muß.*"[298]

Das ebenfalls zitierte OLG Braunschweig[299] folgt der vorherrschenden Auffassung „*wonach auch beim Gebrauchtwagenhandel im Einzelfall zu prüfen ist, ob mit dem Weiterverkauf des Fahrzeugs nach den Umständen des Einzelfalles konkret zu rechnen war*".

Die von der Versicherung angeführte Rechtsprechung betrifft Einzelfälle, die sich durch ‚Käuferketten' zwischen Privatpersonen auszeichnen. Einer Privatperson ist zuzustehen, die rechtlichen Konsequenzen ihrer Schädigungshandlung auf Dritte eventuell nicht abzusehen und sich eines Weiterverkaufes nicht bewusst zu sein. Daher lässt sich eine Haftung auf den konkreten (Erst-)Käufer beschränken. Die Volkswagen AG wird sich im Gegensatz hierzu der rechtlichen Konsequenzen, die aus der Schädigungshandlung erwachsen, bewusst gewesen sein[300]. Anonyme Massengeschäfte des Gebrauchtwagenhandels stellen gewissermaßen ebenso die Betriebsgrundlage dar wie der Neuwagenverkauf. Die Volkswagen AG profitiert und partizipiert selbst von und an dem regen Handel mit gebrauchten Fahrzeugen[301]. Sie ist sich über spätere Käufe bewusst. Diesbezüglich urteilte das LG Freiburg[302]:

„*Zwar hat der Kläger das Fahrzeug in gebrauchtem Zustand erworben, doch machte der Hersteller die beim Verkauf des Fahrzeugs an den Erstkäufer angepriesenen Abgaswertangaben auch im Hinblick auf einen bei Personenkraftwagen stets vorauszusetzenden Weiterverkauf des Fahrzeugs. Der Kläger wurde daher in den Schutzbereich dieser Angaben einbezogen, so dass mit*

---

297 OLG Nürnberg MDR 2005, 1106
298 Alte Rechtschreibung übernommen
299 OLG Braunschweig NJW 2007, 609
300 Ein gegenteiliger substantiierter Vortrag der dann beklagten VW AG ist natürlich nicht von vornerein ausgeschlossen. Er ist aber auch nicht mit einer solchen Wahrscheinlichkeit zu erwarten, dass dem angestrebten außergerichtlichen Verfahren eine hinreichende Erfolgsaussicht abgesprochen werden kann. Insb. wurde seitens der Volkswagen AG zu keinem Zeitpunkt eine so lautende Aussage getroffen.
301 Vgl. online bereitgestellte Informationen der Volkswagen AG
302 LG Freiburg 14 O 61/16 – IWW

Aufdecken des Abgasskandals auch und gerade bei ihm ein eigener Schaden eingetreten ist."

Mithin verbietet sich eine Gleichsetzung der rechtlichen Erwägungen bezüglich Kausalität und Schädigungsvorsatzes. Sowohl die Täuschungshandlung als auch das Absehen der Konsequenz ist im Falle einer millionenfachen Manipulation im anonymen Massengeschäft anders zu beurteilen als der Vorsatz einer Einzelperson. Ein Schädigungsvorsatz der Volkswagen AG bezieht sich auf die unbestimmte Gruppe von Gebrauchtwagenkäufern in Form des dolus generalis. Ebenso wenig vergleichbar – und auf einem gänzlich anderen Lebenssachverhalt liegend – ist das angeführte Urteil des Bundesgerichtshofes[303]. Hierbei kam es (folgerichtig) zur Ablehnung der billigenden Inkaufnahme des Vermögensnachteils beim Zweit- oder Dritterwerber, da die Herstellerin mit Hilfe der Programmsperre eine <u>Weiterveräußerung gerade verhindern wollte</u>:

> Die Herstellerin *„durfte die technische Sperre auch als wirksames Mittel zur Erreichung dieses Zwecks ansehen, weil der Ersterwerber, der nach den rechtsfehlerfrei getroffenen Feststellungen des Berufungsgerichts Kenntnis von der Programmsperre hatte, sich vergegenwärtigen mußte, daß jeder über die Programmsperre nicht unterrichtete Zweiterwerber bei Entdeckung derselben mit Schadensersatzansprüchen aus positiver Forderungsverletzung oder Gewährleistungsansprüchen an seinen Vertragspartner herantreten und – bei Offenlegung – niemand ein Softwareprogramm mit einer ungewissen, im günstigsten Fall noch ein Jahr betragenden Restnutzungsdauer erwerben würde."*[304].

Dem Sachverhalt dieser BGH-Entscheidung zufolge hatte der Ersterwerber Kenntnis. Hier liegt der Fall der Abgasthematik deutlich anders. Die Volkswagen AG hat die Manipulation arglistig verschwiegen. Im Regelfall hatten die Ersterwerber (Händler) daher keine eigene positive Kenntnis von der Manipulation durch den Hersteller, er muss sich allenfalls das arglistige Verhalten der Volkswagen AG zurechnen lassen. Diesbezüglich arbeitet das OLG Braunschweig[305] zutreffend heraus, dass *„zu Recht strenge Anforderungen an den Tätervorsatz gestellt"* werden. *„Der Verkäufer müsse die Weiterveräußerung ernsthaft als Nutzungsmöglichkeit des Erstkäufers in Betracht gezogen haben; dies sei zumindest bei einer Individualsoftware nicht selbstver-

---

303 BGH NJW 2000, 1719 (Ls.)
304 Die alte Rechtschreibung wurde übernommen.
305 OLG Braunschweig NJW 2007, 609

ständlich." Hierdurch wird nochmals deutlich, dass das BGH-Urteil[306] auf einen individuellen Lebenssachverhalt bezogen war und nicht auf eine wie im VW-Abgasskandal vorgenommene massenhafte Manipulation übertragbar ist.

Überdies *bejahen* die **von der Versicherung** angeführten Urteile des OLG München[307] und OLG Hamm[308] sogar einen deliktischen Anspruch gegen eine Privatperson, bei gleichzeitigem Vorliegen von Kettenkäufen.

Es kann an dieser Stelle nur gemutmaßt werden, ob das Zitieren von Urteilen, die die eigene Rechtsansicht entkräften anstatt untermauern, auf einem Versehen beruht. Der Verdacht liegt aber nahe, dass an dieser Stelle die Versicherungen ‚ins Blaue hinein' – wenn nicht gar vorsätzlich – (ungeprüfte?) Fundstellen nutzen, um den eigenen Vortrag zu untermauern bzw. künstlich aufzubauschen. Hierbei muss freilich darauf spekuliert werden, dass diese von Rechtsanwaltsseite aus keiner, jedenfalls keiner detaillierten Prüfung unterzogen werden.

2) Erfolgsaussichten

Dies vorangestellt ist nochmals anzuführen, dass die hier von der Versicherung abgelehnten Erfolgsaussichten dann zu bejahen sind, wenn *„der VN [Versicherungsnehmer] einen Rechtsstandpunkt einnimmt, der auf Grund seiner Sachdarstellung und der vorhandenen Unterlagen zutreffend oder zumindest vertretbar erscheint und in tatsächlicher Hinsicht zumindest die Möglichkeit einer Beweisführung besteht. In keinem Fall dürfen die Anforderungen an die hinreichende Erfolgsaussicht überspannt werden"*[309].

Die eingenommene Rechtsauffassung darf also lediglich nicht unvertretbar sein. Dieser Umstand ist indes bereits bei einer Kurzschau über bundesweit ergangene Urteile, in denen die Gebrauchtwageneigenschaft nicht einmal thematisiert wurde, anzunehmen[310]. Auch ist es der ADAC selbst, der in seiner verbraucherfreundlich wirkenden Internetpräsenz[311] auf verschiedenste Urteile hinweist, in denen Gebrauchtwagenfälle positiv ent-

---

306 LG Dortmund openJur 2011, 44046
307 OLG München 14 U 860/98 – juris
308 OLG Hamm NJW 1997, 2121
309 Harbauer/*Bauer* ARB 2000, VOR § 18, Rn. 32 mit Verweis auf BGH NJW 1988, 266 und BVerfG, NJW-RR 2004, 933
310 Vgl. u.a. LG Baden-Baden 3 O 387/16 – juris; LG Kleve 3 O 212/16; LG Nürnberg-Fürth 8 O 5990/16 – juris
311 Vgl. Urteilsübersicht des ADAC

schieden worden sind[312]. Der ADAC, dessen Ablehnung hier stellvertretend für eine Vielzahl von Versicherungen aufgeführt wurde, reagierte in diesem konkreten Fall auf eine ausführliche Stellungnahme und BaFin-Beschwerde wie folgt (Auszug):

> *„Allein aufgrund der dargelegten komplexen Entwicklungen und der damit verbundenen Probleme hat sich die Schadenabteilung derzeit entschlossen vorläufig – unter weiterlaufender genauer Beobachtung der Rechts- und Sachlage – auf den Einwand der sog. Käuferkette zu verzichten. Dieses Vorgehen stellt nicht die mangelnden Erfolgsaussichten in Frage. Das Vorgehen beruht auf einem ausschließlichen Entgegenkommen."*

Trotz des eigenen öffentlichen und verbraucherfreundlichen Auftretens besteht keine Bereitschaft, hier eine inhaltliche Verfehlung anzuerkennen und mit präjudizialer Wirkung auch für künftige ähnliche Fälle auf den Einwand mangelnder Erfolgsaussichten aufgrund des Vorliegens einer ‚Käuferkette' zu verzichten. So bleibt die Gefahr für alle übrigen Versicherungsnehmer, dass dieses Argument in Parallelfällen wieder aufgegriffen und eine Kostendeckung verhindert oder ein Verfahren in die Länge gezogen wird.

3) Fazit

Diese in insgesamt 119 Fällen so formulierten Ablehnungen sind unbegründet und unberechtigt[313].

---

312 Vgl. u.a. LG Essen 3 O 175/17; LG Gießen 4 O 239/17; LG Köln 19 O 109/17 – Jurion

313 An dieser Stelle sei nochmals zur Vermeidung von Missverständnissen auf die Grundlage hingewiesen, auf derer die Einordnung einer vorgenommenen rechtlichen Wertung der Versicherer als „unberechtigt" erfolgt, vgl. die Definition mangelnder Erfolgsaussichten in Kapitel § 3, B., III. 1. a. am Ende. Keinesfalls soll eine nicht dieser Arbeit gleichlautende Meinung als *falsch* angesehen werden. Bewertet wird einzig, ob die Prognose der Versicherer, die durch den Versicherungsnehmer vorgebrachte Rechtsauffassung sei unvertretbar, eine erfolgreiche gerichtliche Geltendmachung daher nicht zu erwarten, berechtigt ist. Jegliche Zweifel und Ungewissheiten gehen hierbei zu Gunsten des Versicherungsnehmers.

A. Reaktionen der Versicherer auf gestellte Deckungsanfragen

d. Mutwilligkeit

Eine Ablehnung wegen Mutwilligkeit[314] erreichte die Versicherungsnehmer in insgesamt 20 Fällen[315]. Die Versicherungen sahen in einer Anspruchsverfolgung trotz bestehender Möglichkeit das Software-Update als Schadenskompensation, bzw. Mängelbeseitigung aufspielen lassen zu können, ein mutwilliges Verhalten, wie das Schreiben der DEURAG vom 11. August 2017 (Auszug) verdeutlicht:

> „...*bedingungsgemäß sind wir berechtigt, den Rechtsschutz abzulehnen, wenn der durch die Wahrnehmung der rechtlichen Interessen voraussichtlich entstehende Kostenaufwand unter Berücksichtigung der berechtigten Belange der Versichertengemeinschaft in einem groben Missverhältnis zum angestrebten Erfolg steht. Von diesem Ablehnungsrecht machen wir in Ihrer obigen Angelegenheit Gebrauch. Dem Versicherungsnehmer ist ein Abwarten der Mängelbeseitigung zumutbar, vor allem im Hinblick darauf, dass VW diese zugesagt und auf die Einrede der Verjährung verzichtet hat*"[316]

Diese Auffassung verfängt nicht. Zunächst einmal hat die Volkswagen AG selbst in keinem Fall wirksam auf die Einrede der Verjährung verzichtet. Zwar wurden öffentliche Aussagen getroffen, denen gemäß – zunächst

---

314 Vgl. zur Definition der Mutwilligkeit Kapitel § 5 A. I. 2. D.
315 Vgl. Anlage zur Dissertation, I.16.
316 Vgl. Anlage zur Dissertation, II.5.

bis 2016, später erweitert bis zum 31. Dezember 2017 – die Einrede der Verjährung nicht erhoben werde[317], solche Äußerungen sind rechtlich allerdings unbeachtlich. Ansprüche aus Delikt gegen die Volkswagen AG verjähren nach den Vorschriften der Regelverjährung frühestens mit Ablauf des 31. Dezember 2018, §§ 195, 199 Abs. 1 Nr. 2 BGB[318]. Dort, wo die Volkswagen AG auch als Händler aufgetreten und sich daher auch Gewährleistungsansprüchen ausgesetzt sieht, greift aufgrund des arglistigen Hinwegtäuschens über den Mangel nicht die zweijährige Frist des § 438 Abs. 1 Nr. 3 BGB, sondern ebenfalls die Regelverjährung, § 438 Abs. 3 BGB.

Die Volkswagen AG hatte den Händlern lediglich und keinesfalls verpflichtend *nahegelegt*, auf die Einrede der Verjährung bis Ende des Jahres 2017 zu verzichten[319]. Dieser unverbindlichen Empfehlung sind indes nicht alle Händler nachgekommen.

Ganz unabhängig davon geht bereits die Grundannahme, das Software-Update stelle eine taugliche Art der deliktischen Schadenskompensation dar, fehl. Bundesweit ist keine Entscheidung bekannt, in der das Update den deliktischen Schadensersatzanspruch beeinflussen konnte[320]. Auch mit Blick auf die Gewährleistungsrechte und die dort zu stellende Frage bezüglich des (Fort-)Bestehens des Mangels existiert eine Vielzahl von Urteilen, die dem Update seine Tauglichkeit als Nachbesserungsoption absprechen, oder dem Kläger das Aufspielen des Updates nicht zumuten möchten[321].

Mutwilliges Verhalten, was die Annahme einer Unverhältnismäßigkeit zwischen Aufwand und Nutzen zu begründen vermag, kann aber nur dann angenommen werden, wenn der alternative Weg, auf den die Versicherungsnehmer vorliegend verwiesen werden sollten, auch ein zweifelsfrei tauglicher ist. Dies ist jedoch nicht der Fall. Die so begründeten 20 Deckungsablehnungen sind sachlich unbegründet.

---

317 Vgl. ZAP 22/2015: „VW erklärt Verjährungsverzicht gegenüber Verbraucheranwälten"
318 Vgl. zu der Diskussion über eine mögliche später eintretende Verjährung § 5, A., I., 6. a., 1)
319 Vgl. Anlage zur Dissertation, II.6.
320 Vgl., da der Nachweis des Gegenteils nicht anzubringen ist, u.a. den Anspruch aus Delikt trotz aufgespieltem Update bejahend LG Frankfurt am Main 2-3 O 104/17.
321 Vgl. u.a. LG Duisburg 1 O 231/17; LG Köln 16 O 532/16

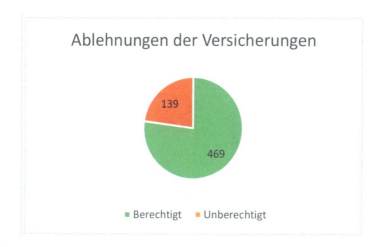

e. Fahrzeug nicht betroffen – Mangelnde Erfolgsaussichten

195 Deckungsanfragen wurden mangels hinreichender Erfolgsaussicht abgelehnt, da nach Angaben der Volkswagen AG in den angefragten Fahrzeugen keine Motormanipulationssoftware eingebaut worden war[322]. So äußerte sich der ADAC wie folgt:

> „Nach den uns vorliegenden Informationen und Unterlagen handelt es sich bei dem Fahrzeug Ihres Mandanten um einen Porsche Panamera Diesel 3,0 L Euro 5 EZ 10/13 Zu diesem Fahrzeug(typ) liegen bisher keine positiven Kenntnisse über den Verbau einer unzulässigen Abschalteinrichtung vor. Insbesondere gibt es keinen Zwangsrückruf seitens des KBA. Gewährleistungsansprüche gegenüber dem Verkäufer sind zudem offensichtlich verjährt. Aus diesem Grund ist uns eine Kostenzusage mangels Erfolgsaussichten derzeit nicht möglich. Wir verweisen auf § 17 II VRB. Weitere Einwendungen – auch zu den Erfolgsaussichten behalten wir uns höchstvorsorglich vor."[323]

Die Allianz-Rechtsschutzversicherung teilte mit:

> „Wir haben die FIN des betroffenen Fahrzeugs auf der entsprechenden Website des Herstellers eingegeben und erhielten die Meldung, dass das Fahrzeug nicht mit der bekannten manipulierten Software ausgestattet sei. Ist nicht

---

322 Vgl. Anlage zur Dissertation, I.17.
323 Vgl. Anlage zur Dissertation, II.7.

auch die Annahme abwegig, dass VW noch im August 2017 Fahrzeuge mit der sog. Schummelsoftware ausgeliefert haben soll?"[324]

Die Ablehnung des angefragten Deckungsschutzes mangels offengelegter Manipulation eines Dieselfahrzeuges aus dem Volkswagenkonzern lässt sich wie folgt einzuschätzen:

1) Bezugsquelle der Versicherer

Dass für die angefragten Fahrzeuge kein Anlass zur Annahme einer Manipulation bestehe, überzeugt aus folgenden Gründen nicht:
Denn hierbei wird sich einzig und unkritisch auf die Aussage der Volkswagen AG, also der Schädigerin selbst, verlassen. Dabei bleibt unberücksichtigt, dass die Volkswagen AG trotz öffentlicher Bekundungen, den Skandal vollumfänglich aufklären zu wollen[325], weiterhin ganz bewusst relevante Tatsachen der Öffentlichkeit gegenüber verheimlicht und nur sukzessiv unter ansteigendem Druck freigegeben hat. Dass es laut Allianz-Rechtsschutzversicherung abwegig sei, noch im August 2017 Auslieferungen von manipulierten Fahrzeugen für möglich zu halten, mag auf den ersten Blick vernünftig erscheinen. Hierbei wird allerdings die in der Tat schwer überblickbare Faktenlage, nach der zum Beispiel erst im Juni 2017 die Manipulation von Audi-Modellen der Varianten A7, A8, D4 mit V6 und V8 eine Vielzahl weiterer Fahrzeuge des Volkswagenkonzerns bekannt gemacht wurde, verkannt[326]. Trotz aller Versprechungen und Besserungsgelöbnissen wurden mehrere Monate nach Bekanntwerden des Skandals noch weitere manipulierte Fahrzeuge als ‚vorschriftsgemäß' in den Verkehr gegeben.
Die Rechtsschutzversicherer verlassen sich dennoch einzig und allein auf die Aussage des in Haftung zu nehmendem Konzern. Ein solches Verhalten erinnert an einen Staatsanwalt, der trotz konkreter Verdachtsmomente die weiteren Ermittlungen einstellt, weil der Beschuldigte selbst angibt, keine weiteren Straftaten begangen zu haben. Die alleinige Bezugnahme auf den ‚Übeltäter' als Quelle kann aber für ein abschließendes Werturteil natürlich nicht ausreichen.

---

324 Vgl. Anlage zur Dissertation, II.8.
325 Vgl. Handelsblatt vom 29. September 2015 „VW will fünf Millionen Fahrzeuge zu haben", Unterüberschrift auf Seite 2: „Müller verspricht ‚schonungslose Aufklärung'"
326 Vgl. Manager Magazin vom 02. Juni 2017 „Dieselgate erreicht Audi"

2) Darlegungspflicht des Klägers

Genauso wenig, wie eine pauschale Verneinung der Erfolgsaussichten unter Bezugnahme auf die Aussagen des Konzerns durchgreifen kann, reicht natürlich auch die bloße Herkunft eines Fahrzeuges aus der Volkswagenfamilie aus, um einen anspruchsbegründenden Vortrag ausreichend zu substantiieren.

Bezüglich des geforderten Umfanges darzulegender Fakten ist allerdings zu beachten, dass sich der Versicherungsnehmer selbst weder rechtlich noch tatsächlich in der Lage befindet festzustellen, ob eine Software in seinem Motor verbaut ist, die das Abgasverhalten desselbigen rechtswidrig manipuliert. Möglich ist ihm lediglich eine Anführung von Indizien und öffentlich bekannten Umständen.

Im Rahmen des VW-Abgasskandals existieren erhebliche Anhaltspunkte dafür, dass auch in den hier abgelehnten streitgegenständlichen Fahrzeugen eine Abgasmanipulationssoftware verbaut ist. So haben laut Tests vom ADAC selbst modernste VW-Fahrzeuge einen im Wortsinne bemerkenswert hohen NOx-Ausstoß[327]. Der Golf VII 1.6 TDI Sportsvan, einer der neuesten Volkswagenfahrzeuge mit der aktuellsten Abgasnorm Euro 6, kann die nach geltender EU-Norm zulässige Höchstgrenze von 80 mg/km beispielsweise nicht ansatzweise einhalten. Im Rahmen einer entsprechenden Abgasuntersuchung wurde ein realer NOx-Ausstoß von 200 mg/km gemessen, der mithin 250% oberhalb der erlaubten Grenzwerte liegt. Auch weitere Testergebnisse der unabhängigen Non-Profit Organisation International Council on Clean Transportation (ICCT) bestätigen dies für 541 getestete Fahrzeuge, die mit Euro 5 und Euro 6 ausgestattet sind. Hier liegt das für Euro-6-Fahrzeuge durchschnittliche reale Niveau des Stickoxid- Ausstoßes (NOx) 4,5-mal über dem Euro-6-Grenzwert. Nur 10% der Euro- 6-Fahrzeuge bleiben auch innerhalb der für sie vorgeschriebenen Grenze, während die übrigen Fahrzeuge die entsprechende Norm bis zu 12 Mal übertreffen[328].

Aber nicht nur bei den Schadstoffen, auch beim Kraftstoffverbrauch und dem davon abhängigen CO_2-Ausstoß bilden die Herstellerangaben die tatsächlichen Werte der automobilen Wirklichkeit nur sehr unzureichend ab.

---

327 Vgl. ADAC Motorwelt, Ausgabe 02/2017 „Die Luft bleibt dick. Der neue ADAC EcoTest beweist: Sehr viele Diesel schneiden wegen hoher StickoxidEmissionen schlecht ab", S. 38
328 Pressemitteilung des ICCT vom 03. September 2017: „Test results confirm: Only 10% of Euro 6 cars meet emission limit in real-world driving conditions"

Einer Studie der ICCT zufolge lag der tatsächliche Verbrauch für Neufahrzeuge 2015 im Schnitt um gut 40 % über den Herstellerangaben[329].

Wie bereits aufgezeigt, erhalten Fahrzeuge die für die Ausstellung weiterer Übereinstimmungsbescheinigungen notwendige EG-Typgenehmigung nur dann, wenn das überprüfte Fahrzeug auf dem Prüfstand alle gesetzlichen Grenzwerte einhält. Unter Zugrundelegung der aufgezeigten Abweichung erscheint es wiederum bei lebensnaher Betrachtung ausgeschlossen, dass die Fahrzeuge, die im reallen Fahrbetrieb ein Vielfaches des Erlaubten ausstoßen, auf dem Prüfstand ohne illegale Vorrichtung zu einer Einhaltung dieser Grenzwerte kommen.

Grundsätzlich ist zwar der Kläger damit belastet, alle Tatsachen zu behaupten und zu beweisen, die zur Anspruchsbegründung führen, vgl. § 282 ZPO[330]. In bestimmten Fällen ist es jedoch Sache der beklagten Partei, sich im Rahmen der ihr nach § 138 Abs. 2 ZPO obliegenden Erklärungspflicht zu den Behauptungen der beweispflichtigen Partei substantiiert zu äußern. Eine solche sekundäre Darlegungslast, welche die Verteilung der Beweislast unberührt lässt, setzt zum einen voraus, dass die nähere Darlegung dem Behauptenden, hier dem Versicherungsnehmer und potentiellem Kläger, nicht möglich oder zumutbar ist; gleichzeitig, dass die bestreitende Volkswagen AG alle wesentlichen Tatsachen kennt und, ohne dadurch weitere nennenswerte Nachteile zu erfahren, Angaben zu diesen machen kann[331].

Mit den obigen den einzelnen Versicherungen bekannten Ausführungen, hat der Versicherungsnehmer im Rahmen seiner Möglichkeiten schlüssig die Vermutung aufgestellt, dass auch sein Fahrzeug mit einer illegalen Abgaseinrichtung ausgestattet ist. Der Volkswagen AG ist es ohne weiteres möglich, den Wahrheitsgehalt dieser Vermutung zu beweisen. Dies ist ihr auch zumutbar, da widerstreitende Interessen nicht zu erkennen sind. Insbesondere besteht kein schützenswertes oder betriebsgeheimes Interesse daran, nicht wegen vorsätzlicher sittenwidriger Schädigung zivilrechtlich in Anspruch genommen zu werden.

---

329 Pressemitteilung des ICCT vom 5. November 2017: „Unterschied zwischen offiziellem und realem Kraftstoffverbrauch für neue Pkw in Europa höher als jemals zuvor"

330 Vgl. bzgl. Der Darlegungslast der Verwirklichung eines Schutzgesetzes BGH MDR 1987, 748

331 Ebd.

3) Fazit

Daher lässt sich eine Ablehnung des Deckungsschutzes wegen mangelnder Erfolgsaussicht in allen insofern gleichgelagerten 195 Fällen nicht vertreten. Es ist nicht offensichtlich, dass die Volkswagen AG im Rahmen der ihr sehr wahrscheinlich aufzuerlegenden sekundären Darlegungslast die begründete Manipulationsvermutung substantiiert widerlegen und das Gegenteil beweisen kann. Es ist eher davon auszugehen, dass der Konzern seiner Obliegenheit mit den Rechtsfolgen des § 138 Abs. 3 ZPO nicht nachkommen wird. Anderenfalls muss bei der momentanen Erkenntnislage davon ausgegangen werden, dass die Volkswagen AG nur verdachtsbekräftigende Tatsachen vortragen werden kann und es daher zu einem Eingeständnis der Manipulation auch an all diesen 195 Fahrzeugen kommen wird. Keinesfalls ist diese Rechtsansicht vollkommen abwegig. Der verfolgten Anspruchsdurchsetzung kann ihre Erfolgsaussicht nicht allein auf Grundlage der konzerneigenen Aussage, die Fahrzeuge seien nicht betroffen, abgesprochen werden.

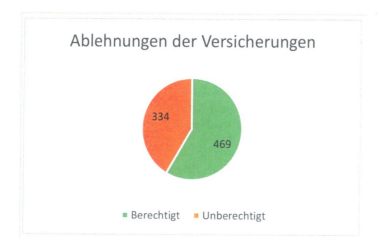

f. Kauf nach Bekanntwerden des VW-Abgasskandals – mangelnde Erfolgsaussichten

Hinreichende Erfolgsaussichten wurden auch weiteren 169 Fällen aufgrund der Tatsache, dass das Kaufdatum der öffentlichen Bekanntmachung am 15. September 2015 nachgelagert war, abgesprochen[332]. So führte der ADAC aus:

> „*im Hinblick auf das Erwerbsdatum (20.04.2016) müssen wir nach Aktenlage von Kenntnis des Mangels ausgehen. Das gilt für vertragliche wie deliktische Ansprüche.*
> *Die Volkswagen AG hat ihre Aufklärungspflichten durch öffentliche Erklärungen im September 2015 nachgeholt. Deshalb fehlt es bereits an einer Täuschungshandlung seitens der Volkswagen AG zum Zeitpunkt des Erwerbes. Auf eine Kenntnis Ihres Mandanten kommt es nicht an. Die Beweislast eines Pflichtenverstoßes liegt beim Kläger. Wir verweisen auf die entsprechenden Ausführungen des OLG Braunschweig in seinem Beschluss v. 02.11.2017-7 U 69/17.*
> *Wir müssen – nach aktuellem Sachstand – unsere Deckung mangels Erfolgsaussichten ablehnen. Wir verweisen auf § 17 Abs. 2 VRB. Weitere Einwendungen – auch zu den Erfolgsaussichten – behalten wir uns höchstvorsorglich vor.*"[333]

In einem weiteren gleichgelagerten Fall begründete ebenfalls der ADAC seine Absage wie folgt:

> „*Die Abgasproblematik in Bezug auf die Motoren EA 189 wurde von Seiten des VW Konzerns bereits im September 2015 für die Kfz-Marken Volkswagen, Audi, Skoda und Seat bekannt gegeben – einschließlich der Motorgrößen (1,2-Liter, 1,6-Liter und 2,0 Liter) und der Produktionszeiten (2009 bis 2014). Entsprechend folgte die Berichterstattung auf praktisch allen Kanälen der Medienlandschaft seit September 2015.*
> *Der Kauf datiert auf xxxx.2016 In der Zwischenzeit war das Thema geradezu omnipräsent. [...]*
> *Bereits aus diesem Grund ist uns eine Kostenzusage für die Geltendmachung deliktischer Ansprüche gegenüber der Volkswagen AG mangels Erfolgsaussichten nicht möglich. Wir verweisen rein vorsorglich auf § 17 VRB. Weitere Einwendungen – auch zu den Erfolgsaussichten – behalten wir uns höchst vorsorglich vor.*"[334]

---

[332] Vgl. Anlage zur Dissertation, I.18.
[333] Vgl. Anlage zur Dissertation, II.9.
[334] Vgl. Anlage zur Dissertation, II.10.

Nach hier stellvertretend durch den ADAC wiedergegebenen Ansichten der Versicherer steht einer erfolgsversprechenden deliktsrechtlichen[335] Anspruchsgeltendmachung die Kenntnis des einzelnen Versicherungsnehmers entgegen.

1) Mögliche deliktsrechtliche Folgen einer Kenntnis der Manipulation

Eine Kenntnis des Versicherungsnehmers über die Betroffenheit des Fahrzeuges könnte perspektivisch drei Probleme bei der Durchsetzung seiner Ansprüche schaffen, die dogmatisch wie folgt zu verorten sind:
Zum einen könnte mit dem ADAC davon auszugehen sein, mit Aufklärung des Sachverhaltes werde die Täuschungshandlung der Volkswagen AG aus der Welt geschaffen. Des Weiteren könnte eine notwendige Kausalität zwischen Täuschungshandlung und Schaden entfallen, wenn die Täuschung zwar noch in der Welt stünde, der ‚Schaden' in Form des nachteiligen Vertragsabschlusses beim Versicherten gleichwohl ohnehin eingetreten wäre. Zu allerletzt könnte ein Anspruchsausschluss nach § 242 BGB anzunehmen sein. Dem potentiellen Kläger könnte treuwidriges Verhalten nach dem Grundsatz ‚Venire Contra Factum Proprium' vorzuwerfen sein, da sich widersprüchlich verhält, wer im Wissen über die Manipulation ein Fahrzeug erwirbt, um aus gleicher Manipulation heraus einen Anspruch, z. B. in Form der (faktischen) Rückabwicklung des Erwerbvorganges, geltend zu machen. Auch der sich aus dem Strafrecht ableitende Treusatz ‚Volenti non fit iniura' – dem Einwilligenden geschieht kein Unrecht – könnte im Rahmend des § 242 BGB eine anspruchsausschließende Wirkung entfalten[336].

2) Notwendiger Kenntnisumfang

Die Voraussetzungen, die an Umfang und Detailwissen der Kenntnis über die Manipulation zu stellen sind, gleichen sich in jedem Falle und unab-

---

335 Soweit die Volkswagen AG selbst als Händler aufgetreten ist, gelten neben den hier folgenden rechtlichen Bewertung eines deliktsrechtlichen Anspruchsausschlusses auch die Ausführungen zum Gewährleistungsrechtsausschluss, vgl. insoweit Kapitel § 5, A. I., 6., b..
336 Vgl. mit dieser Begründung eine Verneinung der Ansprüche OLG Braunschweig 7 U 69/17

hängig davon, wo dieser Umstand schlussendlich seinen dogmatischen Niederschlag findet. Mögliche Kenntnisquelle ist neben der öffentlichen Berichterstattung typischerweise ein entsprechender und wahrgenommener Hinweis im Kaufvertrag oder ein ausdrücklicher Hinweis im Verkaufsgespräch.

Jedenfalls nicht ausreichend in Kenntnis gesetzt worden ist derjenige, der keinerlei Informationen über die Betroffenheit seines konkreten Fahrzeuges wahrgenommen hat. Hierbei ist unbeachtlich, ob der Versicherungsnehmer über den gesamten Abgasskandal im Dunkeln gelassen wurde, oder ob er lediglich die Transferleistung zwischen Berichterstattung und dem konkreten Fahrzeug(-kauf) nicht erbracht hat. In den Fällen, in denen sich zudem noch kein Hinweis im Kaufvertrag findet (was auf etwa in 90 % zutrifft[337]) ergibt sich nicht einmal eine schwer einzuschätzende Beweislage, da der Parteivernahme des unwissenden Klägers keine weiteren objektiv gegenläufigen Indizien entgegenstehen. Entsprechend sprach das Landgericht Bochum[338] Ansprüche aus Delikt zu, da der Kläger (ausreichend) *„in der öffentlichen Sitzung vom 16.11.2017 ausgeführt [hat], er sei davon ausgegangen, dass von der Abgasproblematik nur die größeren Motoren betroffen seien und sein Auto habe ja einen eher kleinen Motor."*

Doch selbst ein entsprechender Hinweis im Kaufvertrag führt nicht zu einem Anspruchsausschluss, jedenfalls, solange der Versicherungsnehmer diesen nicht wahrgenommen hat. Ob er hierbei oder auch durch Unterlassen weiterer investigativer Anstrengungen seine Sorgfaltspflicht unter Umständen sogar in außergewöhnlichem Maße außer Acht gelassen hat, ist für die Ansprüche aus Deliktsrecht nicht entscheidend: Weder im Rahmen der Täuschungshandlung oder der Kausalität noch bei der Bewertung eines Treuverstoßes werden hypothetische Sachverhalte unterstellt. Allein ausschlaggebend ist die sich nach der reinen Faktenlage messende Frage, ob der Versicherungsnehmer Kenntnis hatte, oder nicht. Eine entsprechende Regelung, die Dem ein grob fahrlässiges Verhalten gleichstellt, wie es bspw. bei § 442 BGB für Ansprüche aus dem Gewährleistungsrecht der Fall ist, existiert für das Deliktsrecht nicht.

Ungeachtet dessen wird sich auch dann kein grundsätzlicher Anspruchsausschluss feststellen lassen, wenn der Kläger von der Manipulation beispielsweise durch Wahrnehmung des Hinweises im Kaufvertrag in Kenntnis gesetzt wurde. Denn hierbei sind auch alle weiteren von der Volkswagen AG oder ihren Händlern getroffenen Aussagen zu berücksichtigen.

---

337 Vgl. Anlage zur Dissertation, I.51 .
338 LG Bochum I-6 O 88/17 – juris

A. Reaktionen der Versicherer auf gestellte Deckungsanfragen

Insbesondere hat der Volkswagenkonzern mehrfach öffentlich in Aussicht gestellt, die Manipulation folgenlos und effektiv zu beseitigen. So hieß es etwa:

> *„Die Volkswagen AG sichert Ihnen ferner zu, dass mit der Umsetzung der Maßnahme hinsichtlich Kraftstoffverbrauch, CO2-Emissionen, Motorleistung und Drehmoment sowie Geräuschemissionen keine Verschlechterungen verbunden sind und alle typgenehmigungsrelevanten Fahrzeugwerte unverändert Bestand haben"*[339].

Auch die einzelnen Hinweise in den entsprechenden Kaufverträgen lassen entsprechenden Schluss zu, beispielhaft genannt sind Formulierungen wie:

> *„Wir möchten Sie darüber informieren, dass der in diesem Fahrzeug eingebaute Dieselmotor vom Typ EA189 von einer Software betroffen ist, die Stickoxidwerte (NOx) im Prüfstandlauf (NEFZ) optimiert. Die technischen Folgen betreffen ausschließlich den Schadstoffausstoß. Das Fahrzeug ist technisch sicher und fahrbereit. Audi arbeitet mit Hochdruck an einer Reparaturmaßnahme, damit dieses Fahrzeug die aktuellen gesetzlichen Vorgaben wieder vollumfänglich erfüllt. Audi übernimmt selbstverständlich die Kosten für alle Maßnahmen"*[340]

Oder:

> *"Wir informieren Sie hiermit darüber, dass der in dem Fahrzeug eingebaute Dieselmotor vom Typ EA 189 von einer Software betroffen ist, die Stickoxide (NOx) im Prüfstandlauf (NEFZ) optimiert. Das Fahrzeug fällt unter eine kostenfreie Rückrufaktion, die der Hersteller im Jahr 2016 durchführt."*[341]

Überdies existieren Hinweise, die inhaltliche nur sehr beschränkt über Umfang, Reichweite und Lösungsmöglichkeiten der Manipulation aufklären, z. B.:

> *"Das Fahrzeug ist von einer VW Rückrufaktion betroffen."*[342]

---

339 Vgl. Pressemitteilung der Volkswagen AG vom 02. Februar 2016
340 Vgl. Anlage zur Dissertation, II.11.
341 Vgl. Anlage zur Dissertation, II.12.
342 Vgl. Anlage zur Dissertation, II.13., dieser Fall verdeutlicht das massive Ungleichgewicht zwischen Ausgestaltung des Hinweises und der von den Versicherungen daraus gezogenen Rechtsfolge. Denn der „Hinweis" im Kaufvertrag „Das Fahrzeug ist von einer VW Rückrufaktion betroffen" reiht sich hier in selber Schriftart und –größe hinter „Extrastaufächern" und „Ablagenpakete" in eine lange Auflistung von Sonderausstattungen ein. Der größte Betrug der deutschen Autokonzerngeschichte teilt sich einen Platz mit einem „CD-Spieler" und

Für den einzelnen Betroffenen wird so der Eindruck erweckt, bei der Manipulation handle es sich um einen behebbaren und – unter das Gewährleistungsrecht subsumiert – unerheblichen Mangel i.S.d. § 323 Abs. 5 S. 2 BGB. Ein Käufer, der ein bereits mit Software-Update ausgestattetes Fahrzeug erwirbt, geht also davon aus, dass sein Fahrzeug folgenlos und makelunbehaftet mittels einer unkomplizierten und tauglichen Art der Nacherfüllung in einen beanstandslosen Zustand versetzt worden ist. Derjenige, der ein noch nicht geupdatedes Fahrzeug kauft, muss damit rechnen dürfen, dass sich dieser Zustand ohne weiteren Kosten- und Zeitaufwand wieder herstellen lässt.

Gegenteiliges ist indes der Fall. Wie auch mehrfach oberlandesgerichtlich bestätigt[343], ist eine Versetzung in den gewünschten Stand durch das angebotene Update nicht zweifelsfrei effektiv und folgenlos möglich. Neben den zu befürchtenden Folgemängeln sind viele Fahrzeuge auch nach dem Update noch nicht im Stande, die versprochenen Grenzwerte einzuhalten[344]. Die Aussagen der Volkswagen AG sind darüber hinaus weder zu dem Zeitpunkt, in dem sie getätigt wurden, noch mit heutigem Wissensstand nachzuweisen und wirken, gerade aufgrund der fehlenden Zusicherung im Einzelfall, als wären sie ‚ins Blaue hinein' erteilt worden. Solche Auskünfte, die ohne ernsthafte und tiefgründige Überprüfung der Sachlage getätigt wurden, aber gleichzeitig für die Entscheidungsfindung des Auskunftsempfängers leitend wirken, werden von der Rechtsprechung bereits eigenständig als sittenwidrig betrachtet[345]. Wenngleich weder der Versicherungsnehmer noch sein Vertreter bestrebt sind, aus diesen Aussagen einen eigenen Anspruch aus den einschlägigen deliktischen Normen zu begründen, so muss dieser Umstand doch in einer Gesamtbetrachtung Berücksichtigung finden.

Die genannten und teilweise grundsätzlich auf das Kaufrecht zu beschränkenden Wertungen des Versicherungsnehmers strahlen auch auf die deliktischen Ansprüche aus. Denn um das hierfür relevante Täuschungsverhalten aus der Welt zu schaffen, bedarf es dessen uneingeschränkter Aufklärung. Dieser Anforderung kommt die Volkswagen AG aber gerade nicht nach, wenn sie über Auswirkung und Behebbarkeit der ans Licht ge-

---

findet sich unter dem Punkt „Sonderausstattung" – nicht der Ort, wo die Aufklärung über eine Betrugssoftware erwartet.
343 OLG Köln MDR 2018, 930 sowie OLG München 8 U 1710/17
344 Vgl. Manager Magazin vom 3. August 2017: „Fahrverbote selbst für neue Diesel nicht ausgeschlossen"
345 Jauernig/*Teichmann* § 826, Rn. 15

tretenen Manipulation weiter täuscht. Viel mehr wäre es notwendig gewesen, jedem potentiellen Käufer mitzuteilen, das Fahrzeug sei manipuliert und die Manipulation darüber hinaus nicht, jedenfalls nicht zweifelsfrei, effektiv und folgenlos durch ein Software-Update zu beheben.

Der Kläger hatte daher allenfalls – für einen Anspruchsausschluss nicht genügende – Teilkenntnis. Die Manipulation war in ihrem gesamten Ausmaß nicht greifbar. Dies wäre indes Voraussetzung für eine Verneinung der Täuschungshandlung, bzw. des auf der Täuschungshandlung kausal beruhenden Irrtums oder aber auch der Annahme eines treuwidrigen Verhaltens gem. § 242 BGB gewesen.

Dies verdeutlicht sich auch, wenn man den Kauf trotz Kenntnis als Einwilligung in den Schaden deuten möchte. Hiernach käme der aus dem Strafrecht (§ 228 StGB) bekannte Ausschlussgrund ‚Volenti non fit iniura' in Betracht, nach dem ‚dem Einwilligendem kein Unrecht geschieht'. In der gesamten Rechtsordnung ist indes anerkannt, dass eine durch Täuschung erlangte Einwilligung unwirksam ist[346]. Eine etwaige Einwilligung erfolgte hier nur unter der vorgestellten zweifelsfreien Wirksamkeit und Effektivität des Software-Updates.

Auch die Kenntnis der Betroffenheit steht demnach dem deliktsrechtlichen Anspruch nicht grundsätzlich entgegen.

Dies führt dazu, dass trotz gegen den Versicherungsnehmer sprechende Indizien, wie ein überdeutlicher Hinweis im Kaufvertrag oder eine Zeugenaussage des Händlers, nach der dieser ihn über die Betroffenheit aufgeklärt haben möchte, eine Erfolgsaussicht des verfolgten Anspruches nicht *zwangsläufig* abzulehnen ist.

3) Fazit

Die Tatsache, dass der Kaufvertrag auf einen Zeitraum nach Bekanntwerden des Skandals datiert, führt mithin nicht per se zu mangelnden Erfolgsaussichten des geltend gemachten Anspruches. Daher ist zunächst festzustellen, dass alle 169 hier ausgesprochenen Deckungsabsagen unbegründet und so nicht zu akzeptieren sind.

---

346 BGH NJW 1962, 682 sowie OLG Stuttgart NJW 1982, 2266

Diesem Ergebnis könnte natürlich entgegengebracht werden, dass die eine vierte Fallgruppe[347] in den obigen Ausführungen keine Berücksichtigung findet. Ein Anspruchsausschluss ist dann anzunehmen, wenn der Versicherungsnehmer Kenntnis der Betroffenheit hatte und **zusätzlich** nicht in die Aussagen des Volkswagenkonzerns bezüglich der Wirksamkeit des Updates vertraute.

Dies würde neben einer möglichen Ablehnung von Täuschungshandlung und Kausalität in jedem Fall ein treuwidriges Verhalten entgegen § 242 BGB begründen. Mit Blick auf die mehrfach skizzierten und streng restriktiv anzuwendenden Anforderungen an die Ablehnung wegen ‚mangelnder Erfolgsaussichten', wird klar, dass eine Ablehnung der Versicherung nur dann gerechtfertigt ist, wenn die vorgetragene Rechtsauffassung abwegig und ein Erfolg daher sehr wahrscheinlich ausgeschlossen ist. Dies wäre allenfalls in der skizzierten vierten Variante anzunehmen. Eine flächendeckende Ablehnung scheint nur dann mit der tatsächlichen Rechtslage konform gehen zu können, wenn den Versicherungsnehmern ein grundsätzlich treuwidriges Verhalten bei der Geltendmachung Ihrer Ansprüche zu unterstellt wird. Betrachtet man die vorliegenden Fälle lebensnah, wird deutlich, dass Gegenteiliges der Fall ist. Dies wurde auch durch die Angaben bestätigt, welche die Versicherungsnehmer auf Abfrage getätigt haben: Von 390 befragten Mandanten hegten nach eigener Aussage lediglich vier (!) dem Update gegenüber Misstrauen. Drei dieser vier teilten allerdings auch noch mit, davon ausgegangen zu sein, dass ihr Fahrzeug nicht manipuliert war[348]. Nur ein Mandant hatte nach eigenen Angaben Kenntnis von der Betroffenheit und kein Vertrauen in das Update.

Der den Versicherungen im Rahmen der Deckungsanfrage mitgeteilte Sachverhalt beinhaltet daher grundsätzlich eine Rechtsansicht, die nicht abwegig ist, mithin ausreichend Aussicht auf Erfolg hat und die Versicherer zur Deckungserteilung verpflichtet.

Sollten die Versicherer ein treuwidriges Verhalten ihrer Versicherten in Betracht ziehen, so würde dies darauf zurückzuführen sein, dass ihnen eine entsprechende Stellungnahme des Versicherungsnehmers über die Kenntnis und/oder Einschätzung des Software-Updates fehlt. Der mitgeteilte Sachvortrag wäre aus Versicherersicht **nicht vollständig**. Ein unvollständiger Sachverhaltsvortrag begründet aber nicht die Annahme der für

---

347 Gemeint sind diejenigen bislang unberücksichtigt Gebliebenen, die in voller Kenntnis über Betroffenheit **sowie** im Bewusstsein der mit dem Update verbundenen Gefahren und Risiken das Fahrzeug erworben haben.
348 Vgl. Anlage zur Dissertation, I.52.

den Versicherungsnehmer nachteiligen Sachverhaltsalternative und einer damit verbundenen Absage. Vielmehr ergibt sich für die Rechtsschutzversicherung dann die Pflicht, Bedenken zu äußern und um eine Vervollständigung zu bitten. Eine Deckungsabsage impliziert stets, dass der mitgeteilte Sachvortrag zur Erteilung einer Leistungsentscheidung ausreichend ist und alle wesentlichen und entscheidungserheblichen Informationen umfasst. Nehmen die Versicherungen also – wie hier offenbar geschehen – einen hinreichenden Vortrag an, so ist die Leistungsentscheidung ‚Deckungsablehnung' auf dieser Grundlage in allen entsprechend gelagerten 169 Fällen unberechtigt.

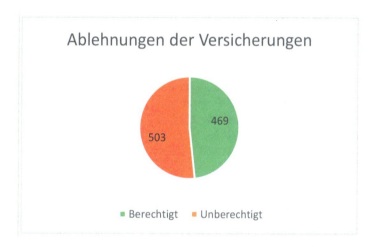

g. Zusage nur für den Klageweg

Schließlich wurden insgesamt 317 außergerichtliche Deckungsanfragen mit dem Hinweis lediglich für den – bislang noch nicht angefragten – gerichtlichen Weg Rechtsschutz zu erteilen, abgelehnt und im Einzelnen wie folgt begründet[349]:

Auszug aus einem Beispielschreiben der Deurag:

*„Bitte beachten Sie, dass sich die Zusage **nicht auf die außergerichtliche Tätigkeit** bezieht. Bei einem Vorgehen gegen den Hersteller sind in der Dieselgate-Abgasaffäre mittlerweile eine Reihe von erstinstanzlichen Entschei-*

---

349 Vgl. Anlage zur Dissertation, I.19.

§ 5 Das Verhalten der Rechtsschutzversicherungen im VW-Abgasskandal

*dungen für den Käufer getroffen worden. Die Entscheidungen beruhen auf der Feststellung, es läge eine vorsätzliche, sittenwidrige Schädigung der Käufer bzw. eine Betrugshandlung seitens des Herstellers zu Lasten der Käufer vor. Die Verfahren sind noch nicht rechtskräftig. Bei dieser Sachlage mussten Sie als Rechtsanwalt davon ausgehen, dass mit dem Hersteller außergerichtlich keine Einigung erzielt werden kann und zur Durchsetzung der Forderung gleich der Klageweg bestritten werden muss. Als Anwalt sind Sie verpflichtet, dem Mandanten den **kostengünstigsten Weg aufzuzeigen; dies ist der unbedingte Klageauftrag**. Die Vorgehensweise steht einer sachgerechten Vertretung der rechtlichen Interessen des Mandanten nicht entgegen. **Wird dies unterlassen, ist von einem Beratungsfehler auszugehen. Außergerichtliche Kosten übernehmen wir daher nicht.*"[350]
(Hervorhebungen durch den Verfasser)

Auszug aus einem Beispielschreiben der NRV:

*„wir haben die von Ihnen angesprochene Angelegenheit überprüft und übernehmen die Kosten für das Klageverfahren erster Instanz. **In Anbetracht des Regulierungsverhaltens der Gegenseite in anderen Fällen, bitten wir auf eine außergerichtliche Tätigkeit zu verzichten und gleich Klage einzureichen.**[351]"*
(Hervorhebungen durch den Verfasser)

Auszug aus einem Beispielschreiben der Auxilia:

*„Sie begehren Rechtsschutz für die außergerichtliche Tätigkeit im sog. VW-Abgasskandal gegenüber der Volkswagen AG. Uns liegen bereits zahlreiche Anfragen hierzu vor. **Daher ist uns bekannt, dass die Volkswagen AG auch trotz klagestattgebender Urteile in keinster Weise Vergleichsbereitschaft zeigt und nicht bereit ist, irgendwelche Ansprüche anzuerkennen bzw. zu erfüllen.** Daher sehen wir ein außergerichtliches Tätigwerden gegenüber der Volkswagen AG hinsichtlich der deliktischen Ansprüche derzeit **nicht als erfolgsversprechend** an.
Ansprüche werden von dieser formularmäßig ohne inhaltliche Auseinandersetzung mit dem konkreten Fall kategorisch abgelehnt.
Der Rechtsschutzversicherer hat gemäß § 1 ARB sowie der ARB BASI-Si2O16 die für die Wahrnehmung der rechtlichen Interessen des Versicherungsnehmers **erforderlichen Leistungen zu erbringen**. Erforderlich sind die Leistungen (Kosten) nur, wenn sie sich auf eine **objektiv notwendige***

---

350 Vgl. Anlage zur Dissertation, II.14.
351 Vgl. Anlage zur Dissertation, II.15.

Interessenwahrnehmung beziehen. *Eine Beauftragung (zunächst) lediglich für die außergerichtliche Tätigkeit ist in der vorliegenden Angelegenheit aus den zuvor genannten Gründen nicht erforderlich. Der Versicherungsnehmer hat nach § 82 Versicherungsvertragsgesetz (VVG) für die Minderung des Schadens zu sorgen. Dies bedeutet, dass Sie zur **Vermeidung unnötiger anfallender Kosten und Gebühren verpflichtet** sind. Die Rechtsverfolgungskosten sollen so gering wie möglich gehalten werden. Aus diesem Grund ist bzgl. der Geltendmachung deliktischer Ansprüche gegenüber der Volkswagen AG sofort unbedingter Klageauftrag zu erteilen. Ein unbedingter Klageauftrag bedeutet, dass Ihr Rechtsanwalt selbstverständlich versuchen kann, eine außergerichtliche Lösung herbeizuführen. Sollte dies aber nicht gelingen, so fallen für diese außergerichtliche Tätigkeit keine gesonderten Gebühren an. Die Tätigkeit ist mit den dann folgenden gerichtlichen Gebühren abgegolten.*"352
(Hervorhebung durch den Verfasser)

Die Argumentationen der hier stellvertretend aufgeführten vier Rechtsschutzversicherungen gleichen sich ihrem Inhalt nach.

Ausgangspunkt der Versicherungsargumentation ist die fehlende (außergerichtliche) Einigungsbereitschaft der Volkswagen Aktiengesellschaft. Aus Sicht der Versicherungsgesellschaften sei eine außergerichtliche Auseinandersetzung nicht notwendig, da der Versicherungsvertrag nur eine Übernahmepflicht erforderlicher, also notwendiger Kosten begründe. Das außergerichtliche Verfahren sei aus diesem Grund ‚nicht erfolgsversprechend', daher deshalb nicht durchzuführen. Diese Gedanken entsprechen auch der von der Auxilia angeführte Schadensminderungsobliegenheit des Versicherten (vgl. § 82 VVG).

1) Zweck außergerichtlicher Anspruchsschreiben

Die Reduktion der anwaltlichen Tätigkeit im Rahmen einer Forderungsgeltendmachung auf die reine Forderungsdurchsetzung übersieht wesentliche Aspekte der anwaltlichen Mandatsbetreuung. Schon die Tatsache, dass eine außergerichtliche Geltendmachung nie unter den Versicherungsschutz fallen würde, wenn die Gegenseite bekanntermaßen die Forderung bereits letztmalig und ernsthaft nicht anerkannt hat, unterstreicht diesen Umstand. Da insbesondere bei klagenden Verbrauchern die letztmalige

---

352 Vgl. Anlage zur Dissertation, II.16.

§ 5 Das Verhalten der Rechtsschutzversicherungen im VW-Abgasskandal

Ablehnung häufig erst mit dem Zeitpunkt der Rechtsberatungskonsultierung zusammentrifft, beträfe dies eine erhebliche Zahl an Fällen.

Die anwaltliche außergerichtliche Tätigkeit im VW-Abgasskandal umfasst ein anwaltliches Aufforderungsschreiben an den Hersteller, in dem diesem alle relevanten Sachverhaltsdaten mitgeteilt und er unter Setzung einer angemessenen Frist zur Rückzahlung des Kaufpreises Zug-um-Zug gegen Übergabe und Übereignung des streitgegenständlichen Fahrzeuges aufgefordert wird. Hierbei wird das Fahrzeug ausdrücklich wörtlich angeboten. Mit fruchtlosem Ablauf der gesetzten Frist befindet sich die Volkswagen AG im Annahmeverzug, §§ 293ff. BGB[353]. Der durchschnittliche juristisch laienhaft agierende Mandant wird weder die Notwendigkeit noch die Voraussetzungen des Annahmeverzuges überblicken können, weshalb hierfür die Konsultierung eines Anwaltes notwendig ist. Dies gilt insbesondere vor dem Hintergrund, dass aufgrund der weigerlichen Haltung der Gegenseite und des Vorliegens einer Zug-um-Zug-Verpflichtung die Sonderregeln der §§ 295, 298 BGB greifen. Durch die Rechtsfolge des Annahmeverzuges kommt es sodann unter anderem zu einer Verlagerung der anzusetzenden Haftungsmaßstäbe: Gem. § 300 Abs. 1 BGB haftet der Gläubiger ab Annahmeverzug für den (zufälligen) Untergang der streitgegenständlichen Sache lediglich noch für Vorsatz und grobe Fahrlässigkeit. Die Gefahr für einen durch den Mandanten fahrlässig verursachten Untergang des Leistungsgegenstandes trägt hingegen die sich im Annahmeverzug befindliche Volkswagen AG. Selbige trägt ebenfalls das Insolvenzrisiko eines Dritten, sollte dieser die Sache schuldhaft zerstört haben sowie das Risiko für Zufall oder einen nicht auffindbaren Schuldner. Auch besteht mit § 304 BGB eine weitere Anspruchsgrundlage, die dem Mandanten zunächst die außergerichtlichen anwaltlich verursachten Mehrkosten zuspricht[354] und damit auch die Rechtsschutzversicherer um diese entlasten kann. Weiterhin kann über selbe Norm der Ersatz aller zur Erhaltung des Fahrzeuges notwendigen Mehraufwendungen verlangt werden. Hierzu zählen insbesondere Lagergelder[355], oder KfZ-Versicherungsprämien[356], ebenso wie Werkstattbesuche und Ausgaben, die dem Erhalt des Wagend dienen und zwar ganz unabhängig davon, ob dem Schuldner dadurch ein Vorteil zugesprochen wird, oder nicht.

---

353 BeckOK BGB/*Lorenz* § 293, Rn. 10
354 BeckOK BGB/*Lorenz* § 304, Rn. 2 f.
355 BGH NJW 1996, 1464
356 MünchKomm/*Ernst* § 304, Rn. 2

Darüber hinaus stellt die spätere gerichtliche Feststellung des Annahmeverzuges einen Vorteil bei der Vollstreckung der Zug-um-Zug-Leistung dar, da die unterlegene Volkswagen AG trotz tituliertem Zug-um-Zug-Verurteilung kein Zurückbehaltungsrecht mehr zusteht, §§ 756 Abs. 1, 765 ZPO[357].

Für die Herbeiführung des Annahmeverzuges ist der Versicherungsnehmer auch nicht auf den Klageweg zu verweisen. Der Kläger bietet die geschuldete Leistung zwar auch durch Klageerhebung wörtlich an, § 295 BGB. Somit ist er in die Lage gesetzt, im Verhandlungstermin die schriftlich angekündigten Anträge um den Antrag auf Feststellung des Annahmeverzuges, dessen Voraussetzungen nun vorliegen, zu erweitern. Dennoch stellt dieser Weg eine erhebliche nachteilige Abweichung zum außergerichtlichen Vorgehen dar:

So ist es bereits das Gericht und nicht der Kläger, oder dessen Vertreter, der die Klageschrift (das wörtliche Angebot) der Gegenseite zustellt. Das korrekte Leistungsanbieten liegt mithin nicht mehr im Einflussbereich des Klägers. Für ihn nicht zu verhindernde Redaktionsfehler des Gerichtes gehen zu seinen Lasten. Insbesondere ist aber die deutlich vergrößerte Zeitspanne zwischen Klageeinreichung und Annahmeverzug auslösender Leistungsverweigerung unzumutbar. Das außergerichtliche Anspruchsschreiben enthält regelmäßig eine für die Annahme angemessene gesetzte Frist von zwei Wochen. Der Kläger kann also rechtssicher davon ausgehen, dass mit Ablauf von vierzehn Tagen nach versandtem Anspruchsschreiben der Annahmeverzug mit all seinen vorteilhaften Rechtsfolgen ausgelöst ist. Auf dem alternativ aufgezeigten Klageweg tritt diese Rechtsfolge mitunter erst nach mehreren Monaten ein. Die zur Begründung des Annahmeverzuges erforderliche verweigernde Haltung des Anspruchsgegners erfolgt auf dem prozessualen Weg zu dem Zeitpunkt, an dem ein Anerkenntnis nicht mehr „sofort" i.S.d. § 93 ZPO erfolgen kann. Dieser Umstand tritt frühestens mit im Rahmen der Klageerwiderung angekündigten klageabweisenden Anträgen ein[358], wobei in besonders gelagerten Fällen auch ein Anerkenntnis nach beantragten klageabweisenden Anträgen in entsprechender Anwendung des § 93 ZPO noch als „sofort" anzusehen ist[359].

Bereits die Anforderung der Gerichtskostenrechnung als Voraussetzung für die Klagezustellung kann je nach Auslastung der Gerichte mehrere Wochen bis Monate dauern. Die sodann binnen einer Notfrist von zwei

---

357 BGH NJW 2000, 2663
358 OLG Brandenburg FamRZ 2002, 253
359 KG NJW-RR 2007, 647

Wochen anzuzeigende Verteidigung berührt den Annahmeverzug nicht. Die weiter gesetzte Frist von wiederum zwei Wochen zur dann ausschlaggebenden Klageerwiderung wird von der Gegenseite häufig einmal, mit Zustimmung der Klägerseite sogar ein zweites oder drittes Mal verlängert. In einigen Fällen, in denen sich die Volkswagen AG von einer kleinen Wolfsburger Kanzlei mit lediglich fünf Anwälten in mehreren tausend Fällen deutschlandweit vertreten ließ, wurden sogar erste Fristverlängerungsanträge von bis zu drei Monaten (!) als angemessen erachtet und bewilligt[360]. So ergeben sich ‚Schwebezeiten', in denen sich der Eintritt der klägerfreundlichen Rechtsfolgen des Annahmeverzuges monatelang verzögert. Bereits aus diesem Grund verbietet sich eine Verweisung auf den Klageweg.

Auch ist die außergerichtliche Geltendmachung und Inverzugsetzung nicht nur die schnellere, sondern auch die kostengünstigere Variante. Hierfür fallen lediglich außergerichtliche Anwaltskosten an, während bei Klageeinreichung bereits Gerichtskosten und die Verfahrensgebühr bei insgesamt ungleich höherem Risiko im Verlustfall vorzustrecken ist. Hierbei darf auch nicht darauf abgestellt werden, dass dem Mandanten bis auf eine eventuell vereinbarte Selbstbeteiligung durch die Eintrittspflicht der Versicherung ohnehin keine (Mehr-)Kosten entstehen. Ebenso wie bei der Entscheidung, ob ein Prozess geführt wird, ist auf die Entscheidung eines unversicherten vernünftigen Mandanten, der bei diesem Entscheid nicht auf weitere wirtschaftliche Erwägungen Rücksicht zu nehmen braucht, abzustellen. In Anbetracht dessen, dass die außergerichtliche Tätigkeit die schnellere, effektivere und kosten(-risiko-)ärmere Variante darstellt, darf das außergerichtliche Verfahren dem Versichertem im VW-Abgasskandal nicht verwehrt bleiben.

Darüber hinaus stützen die Versicherer ihre Argumentation hauptsächlich auf eine spekulative Verhaltensweise des Konzerns. Denn selbst, wenn zwei Jahre nach den ersten Anspruchsschreiben noch keine außergerichtliche Einigungsbereitschaft zu erkennen war, schließt das eine zukünftige Verhaltensänderung nicht aus. Dies gilt insbesondere bei Berücksichtigung der steigenden Mandatszahlen einzelner Kanzleien, die eine auch außergerichtliche Gesamtlösung mit wachsender Zahl taktisch und finanziell attraktiver werden lässt. Der Kläger hat ebenso wie die Versicherer keinerlei Einblick in innergesellschaftliche Entscheidungen und taktische Ausrichtungen der Volkswagen AG. Es besteht daher immer das Risiko eines sofortigen Anerkenntnisses mit den Rechtsfolgen des § 93 ZPO. Den Man-

---

360 Vgl. Anlage zur Dissertation, II.17.

danten davor zu schützen ist Teil der anwaltlichen Sorgfaltspflicht. Daran ändert weder eine auf Mutmaßungen basierende Prognose etwas noch die Zusicherung der Versicherer, diese Kosten dann zu übernehmen. Der i.R.d. § 93 ZPO ergehende vollstreckbare Kostenbeschluss geht zuallererst zu Lasten des Klägers, den dieser in seiner Person zu begleichen hat. Unabhängig von der Eintrittspflicht eines Dritten besteht darin schon eine Belastung, der der Kläger nicht ohne weiteres und lediglich zur finanziellen Besserstellung der Versicherer ausgesetzt werden darf.

Auch sind die Aussagen und Prognosen der Versicherer, ihnen sei kein vorgerichtlicher Vergleich ihrer Versicherungsnehmer mit der Volkswagen AG bekannt, inhaltlich wertlos. Die Volkswagen AG strebt ab Klageerhebung stets den <u>außergerichtlichen</u> Vergleich an[361]. Ein gerichtlicher Vergleich gestaltet sich als unattraktiv, da dieser keine Verschwiegenheit gewährleistet und die ihn beinhaltenden öffentlichen Akten bei bestehendem Interesse durch Dritte eingesehen werden dürfen. Ein geschlossener außergerichtlicher Vergleich enthält grundsätzlich eine mit empfindlicher Strafzahlung bewehrte Verschwiegenheitsklausel zwischen Versicherungsnehmer und der Volkswagen AG[362]. Die Verschwiegenheitsverpflichtung des Klägers wird im Verhältnis zur Versicherung regelmäßig aufgehoben, da diese aufgrund des Vergleiches Kosten zu zahlen oder einzufordern hat. Aus dem Versicherungsvertrag ergibt sich dann aber wiederum unmittelbar die Pflicht für den Versicherungsgeber, über Existenz und Inhalt eines Vergleiches ebenfalls nach außen Stillschweigen zu bewahren.

Die so getroffene Aussage, es gäbe keine bekannten vor- und außergerichtlichen Vergleiche, **müssen** die Versicherer also selbst bei entgegenstehender Sachlage mit diesem Inhalt treffen. Es kann nicht davon ausgegangen werden, dass bundesweit im Laufe des gesamten Skandals tatsächlich keinerlei vorgerichtliche Einigungsbereitschaft zu verzeichnen war.

2) Fazit

Auch die Ablehnung der angefragten Deckung in 317 Fällen für die außergerichtliche Geltendmachung der deliktischen Ansprüche gegen die Volkswagen AG begründet mit dessen mangelnder Notwendigkeit und Verweis auf den direkten Klageweg ist unberechtigt.

---

361 Vgl. Tagesspiegel vom 21. April 2018: „Worauf man sich bei einem Vergleich mit VW einlässt"
362 Ebd.

Die Versicherer suchen offenbar eine Möglichkeit, den durch § 93 ZPO vorgezeichneten üblichen Verfahrensgang und damit verbundene Kostenrisiken und -vorschüsse zu reduzieren. Sie scheinen dabei im Grundsatz von dem Bestehen der Forderungen gegen die Volkswagen AG auszugehen und das Gerichtsverfahren decken zu wollen. Dies erstaunt, da ein gerichtlicher Erfolg in der Regel mit einer Verurteilung von VW zur Zahlung der außergerichtlichen Anwaltskosten einhergeht, die Versicherer ihren geleisteten Vorschuss also zurückerlangen. Nichtsdestoweniger wurde vielfach ein Weg gesucht, der eigenen Verpflichtung zu entkommen und entgegen dem Leistungsversprechen zu Lasten der Versicherungsnehmer Deckung zu verweigern. Die Übernahmepflicht außergerichtlicher Anwaltskosten gegen die Volkswagen AG fand auch mehrfache gerichtliche Bestätigung[363].

Vor diesem Hintergrund fällt es schwer, in diesen Fällen von einem lauteren Regulierungsverhalten zu sprechen.

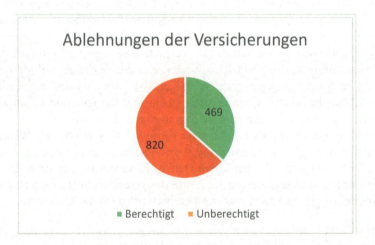

3. Anfragen ‚gerichtlich Hersteller'[364]

Ein deutlich geringeres, wenngleich bestehendes Konfliktpotential eröffnet sich im Rahmen der gerichtlichen Deckungszusagen. Von 3.144 Anfra-

---

363 Vgl. u.a. OLG Karlsruhe NJW 2017, 277; LG Essen 18 O 68/16 – juris; LG Freiburg 14 O 61/16 – IWW; LG Karlsruhe 8 O 53/16 – IWW
364 Vorgehen gegen die Volkswagen AG im (erstinstanzlichen) Gerichtsverfahren.

A. Reaktionen der Versicherer auf gestellte Deckungsanfragen

gen[365] waren zum Stichtag 2.322 positiv entschieden (73,9 %)[366], 745 bislang noch ohne Reaktion (23,7 %)[367]. In 40 Fällen (1,3 %)[368] gab es noch offene Nachfragen und lediglich 38 Anfragen (1,2 %)[369] standen auf ‚Absage'. Von den 2.323 Zusagen ergingen 2.207 unmittelbar (95 %)[370], also ohne, dass weitere Nachfragen beantwortet werden mussten, oder eine anfängliche Ablehnung erst in eine Zusage umgewandelt werden musste.

4. Ablehnungsgründe im Einzelnen

Von diese Zahlen auf einen plötzlichen Wandel in der taktischen Ausrichtung der Versicherer zu schließen, wäre verfehlt. Vielmehr sind sie (die Zahlen) dem Umstand geschuldet, dass in der Regel grundlegende Fragen und Streitstände bereits im Rahmen der außergerichtlichen Deckungseinholung geklärt werden konnten. Ein Vorbringen derselben Ablehnungsgründe wäre ganz offenbar präkludiert. Es bleiben entsprechend wenige noch weiter zu untersuchende Argumentationen, die zur Versagung der Deckung herangezogen wurden:

a. Verweis auf Musterverfahren

In insgesamt 20 Fällen[371] versuchte der ADAC[372], Einfluss auf das Verfahren zu nehmen, in dem mit der Klageerhebung bis zur Entscheidung in einem parallel anhängigen OLG-Verfahren gewartet werden sollte:
„Deliktische Ansprüche gegen die Volkswagen AG als Herstellerin des inkriminierte Motors EA 189 auf Rückabwicklung unter Anrechnung der Gebrauchsvorteile werden von uns entsprechend der aktuellen Entwicklung in der Rechtsprechung grundsätzlich unterstützt. Dazu wurde daher Kostenschutz außergerichtlich erteilt. Inzwischen laufen mehrere Tausend solcher Deliktsklagen gegen die Volkswagen AG. Da es an obergerichtlichen Leitentscheidungen fehlt und zudem

---

365 Vgl. Anlage zur Dissertation, I.20.
366 Ebd.
367 Ebd.
368 Ebd.
369 Ebd.
370 Vgl. Anlage zur Dissertation, I.21.
371 Vgl. Anlage zur Dissertation, I.22.
372 Diese Ablehnungsbegründung wurde ausschließlich durch den ADAC-Rechtsschutz hervorgebracht.

§ 5 Das Verhalten der Rechtsschutzversicherungen im VW-Abgasskandal

einige Fragen obergerichtlich nicht hinreichend geklärt sind, entscheiden die Landgerichte völlig uneinheitlich. Die Entscheidung eines Obergerichts zu diesem Thema steht noch aus. Die Ansprüche verjähren zum 31.12.2018. Unter diesen Umständen besteht derzeit keine Erforderlichkeit für zusätzliche Klageverfahren. Es ist zunächst die weitere Entwicklung der Rechtsprechung abzuwarten. Nachteile entstehen dem Versicherten dadurch nicht. Es ist in den nächsten Wochen und Monaten mit Entscheidungen der Oberlandesgerichte zu rechnen. Derzeit liegen den Oberlandesgerichten ca. 800 Verfahren zur Entscheidung vor. Wir verweisen dazu auf die sogen. Pilotverfahren des LG Dresden und der entsprechende Erklärung des Landgerichts (Landgericht Dresden, Urteil vom 08.11.2017 - 7 O 1047/16, Urteile vom 21.11.2017 - 7 O 1727/16 und 7 O 2359/16). Das Landgericht gab dazu folgende Erklärung ab:
"Angesichts des erheblichen Aufwandes und der beträchtlichen Kosten, die entstünden, wenn in allen Verfahren parallel durch die Instanzen hindurch prozessiert wurde, halten wir den von uns beabsichtigten Weg der Entscheidung von Musterverfahren für den einzig vertretbaren. Durch eine Zurückstellung der Entscheidung in den anderen Verfahren entstehen auch niemandem Nachteile. Was die Kosten betrifft weiß heute noch niemand, wen am Ende die erheblichen Verfahrenskosten treffen werden, denn dies hängt davon ab, wer am Ende gewinnt. Und das ist offen. Vor dem Hintergrund der diesbezüglichen Unsicherheit macht es Sinn, die Kosten zu begrenzen. Das gilt auch für Fälle, in denen eine Rechtsschutzversicherung besteht, denn hohe Ausgaben der Rechtsschutzversicherung schlagen sich über kurz oder lang in einer Erhöhung der Beitrage nieder, die die Versicherten treffen."
(LG Dresden, Medieninformation 12/17 vom 20.11.2017)
Wir schlagen daher – auch unter dem Gesichtspunkt der allgemeinen Schadenminderungspflicht – vor mit einer Klageerhebung noch bis Ende Mai diesen Jahres abzuwarten, in welcher Richtung sich die Beweislage bzw. die Rechtsprechung entwickelt. Ein Abwarten in Bezug auf das Klageverfahren versteht sich aus dem wesentlich höheren Kostenrisiko und der aktuellen Sachlage der bereits laufenden Klageverfahren."[373]

Diese Art von Verfahrenseingriff korrespondiert nur schwer mit dem Kompetenz- und Verfügungsbereich der Versicherungen:

Zum einen erscheint die Aussage, dass durch eine spätere Klageerhebung keine Nachteile des Versicherungsnehmers entstehen, bereits unter dem Gesichtspunkt eines sodann höher zu entrichtenden Nutzungsersatzes hinterfragwürdig. Auch hat der hier klagewillige Versicherungsnehmer, dessen Ziel die Rückgabe des manipulierten Fahrzeuges ist, nach den

---

[373] Vgl. Anlage zur Dissertation, II.18.

versicherungsbekannten Vorträgen keinerlei Interesse mehr an Selbigem und empfindet es als persönliche Belastung, ein umweltunfreundliches und manipuliertes Fahrzeug zu nutzen. In der Regel sind die Versicherungsnehmer finanziell nicht in der Lage, ein Ersatzfahrzeug zu organisieren und ihren ‚Stinkediesel' in der Garage zwischenzuparken. Die gezogenen ‚Nutzungen', für die dann Wertersatz zu leisten ist, scheinen daher eher einer aufgedrängten Bereicherung zu gleichen, die aufgrund der Vermögenssaldierung hier die Begrifflichkeit einer ‚aufgedrängten Vermögensumwandlung' verdient hätte. Der im Bereicherungsrecht bekannte Schutz vor Abschöpfung des aufgedrängten Vermögensüberschusses[374] sollte sich doch dann erst recht auf diese aufgedrängte Vermögensumwandlung übertragen lassen[375]. Wenngleich die Gerichte erster und zweiter Instanz dieser Argumentation bislang nicht gefolgt sind und einen Nutzungsersatz für die gefahrenen Kilometer in Abzug gebracht haben[376], so darf hieraus nicht gefolgert werden, dass das Nutzen des manipulierten Fahrzeuges, welches der Versicherungsnehmer prioritär loszuwerden versucht, auch im Übrigen keine (persönlichen) Nachteile für den Versicherungsnehmer bringt[377].

Die Vorgabe des ADAC, die individuelle Klage bis zu einer obergerichtlichen Entscheidung als Art ‚Musterverfahren' zu führen greift aber auch unabhängig davon in einer unzulässigen Art und Weise in die Rechte des Versicherungsnehmers ein. Denn diesem steht ein uneingeschränktes Recht zur <u>unverzüglichen</u> Durchsetzung seiner behaupteten Ansprüche im Wege der Individualklage zu. Hierbei ist es dem Versicherungsgeber u. a.

---

374 MünchKomm/*Schwab* § 818, Rn. 217 ff.
375 Wenn aber schon der aufgedrängte und ohne Gegenleistung erhaltene Überschuss unter dem Aspekt, das Erlangte wirke sich gerade für sein Vermögen nicht, oder jedenfalls nicht in Höhe des Wertes positiv aus, der nach § 818 Abs. 2 BGB zu ersetzen wäre, so muss dieses Argument erst Recht für denjenigen gelten, der für den aufgedrängten Vermögenszuschuss eine Gegenleistung (hier in Form einer Kaufpreiszahlung) erbracht hat.
376 Vgl. u.a. LG Ulm 3 O 153/17; LG Würzburg 71 O 862/16, anders LG Augsburg 021 O 4310/16, das als erstes Gericht im Rahmen des Abgasskandals einen Nutzungsersatz unter Verweis auf EuGH NJW 08, 1433 ablehnte, da ein solcher „*dem Gedanken des Schadensersatzes nach sittenwidriger Schädigung*" widerspräche. Eine Wende ließ sich hiernach in der Rechtsprechung der Instanz- und Berufungsgerichte allerdings nicht beobachten.
377 Dies deckt sich auch mit der Definition des Ausschlussgrundes ‚Mutwilligkeit'. Erst ein krasses finanzielles Missverhältnis zwischen Anspruchsziel und zur Verfolgung benötigter Aufwendung führt zu einer Leistungsbefreiung der Versicherer. Persönliche Motive sind mit zu berücksichtigen, vgl. Kapitel § 3, B., III., 1., b..

verwehrt, unter dem Deckmantel der Schadenminderungspflicht in Massenschadensfällen den Zusammenschluss zu einer Streitgenossenschaft (,Sammelklage') zu verlangen, die umfangreicher und daher regelmäßig mit einem längeren Zeitraum bis zur Entscheidungsreife verbunden ist[378]. Ebenso verbietet sich eine solche zeitliche Vorgabe zur Klageeinreichung. Dies gilt umso mehr, als dass durch öffentliche Berichterstattung weitgehend bekannt war, dass die Volkswagen AG oberlandesgerichtliche Urteile, insbesondere solche, die sich schon vor Urteilsverkündung klägergünstig positionierten, durch einen im Stillen abgeschlossenen außergerichtlichen Vergleich zu verhindern wusste[379].

Ein Wissensvorsprung oder gewichtige Erkenntnisse sind darüber hinaus auch nicht zu erwarten gewesen, da sich an die oberlandesgerichtliche Entscheidung unabhängig von dessen Fallrichtung aller Voraussicht nach ein Revisionsverfahren angeschlossen hätte. Auch im Übrigen erschließt sich aus dem Vortrag der Versicherung nicht, welchen konkreten Vorteil – insbesondere unter Bezugnahme auf eine Schadenminderungspflicht – sich der ADAC von dieser Vorgehensweise erhoffte. Es ist nämlich nicht davon auszugehen, dass ein klagewilliger Versicherungsnehmer wegen eines obergerichtlichen klageabweisenden Urteils von seiner Klagemotivation Abstand nehmen wird. Auch ändert ein einziges abweisendes obergerichtliches Urteil die Rechtslage nicht derart, dass sich die Erfolgsaussichten in einem die Versicherer von ihrer Leistungsverpflichtung befreiendem Ausmaß verringern.

Die 20 Verweise auf das oberlandesgerichtliche Musterverfahren wurden daher unberechtigterweise erteilt.

---

378 OLG Düsseldorf 4 U 222/12 – juris sowie LG Münster VersR 2010, 106
379 Artikel des Handelsblatt vom 30. August 2018: „Anwalt wirft VW im Dieselskandal Behinderungsstrategie durch Vergleiche vor"

A. Reaktionen der Versicherer auf gestellte Deckungsanfragen

b. Mangelnde Erfolgsaussichten

Weiteren 26 Fällen tragen die Versicherer auf Anfrage der gerichtlichen Deckungszusage vor, den Deckungsschutz wegen mangelnder Erfolgsaussichten ablehnen zu müssen[380]. Die einzelnen Gründe gleichen denen, die bereits in anderen Fällen außergerichtlich vorgetragen wurden, in etwa eine Ablehnung der Erfolgsaussichten bei Gebrauchtwagenfällen (sog. ‚Käuferkette', s. o.), oder weil das Kaufdatum nach dem öffentlichen Bekanntwerden im September 2015 liegt.
Inhaltlich wird daher auf obige Ausführungen verwiesen[381].
Zusätzlich zu den inhaltlichen Verfehlungen ist das Vorbringen jener Ablehnungsgründe zu diesem Zeitpunkt auch noch präkludiert. Denn außergerichtlich hatte die Versicherung für den Fall bereits Deckung zugesagt. Die Deckungszusage stellt dabei ein deklaratorisches Schuldanerkenntnis dar, mit der sich der Versicherer spätere Einwendungen und Einreden abschneidet, die ihm zum Zeitpunkt der Abgabe seiner Deckungszusage bekannt waren oder mit denen er zumindest rechnete[382]. Mit erteilter (außergerichtlicher) Deckungszusage bestätigt der Versicherer den Rechtsschutzfall. Er teilt seine Rechtsansicht mit, nach der der Vortrag des Versicherungsnehmers eine Eintrittspflicht begründet. Das Vorbringen von Ein-

---

[380] Vgl. Anlage zur Dissertation, I.23.
[381] Vgl. Kapitel § 5, A., I., 2.
[382] OLG Braunschweig 3 U 89/12 – juris

wendungen und Einreden zur mangelnden Erfolgsaussicht ist dann später, also auch im Rahmen eines gerichtlichen Deckungsentscheides nicht mehr möglich, solange dieselben Einwendungen – wie vorliegend der Fall – bereits Einfluss auf einen zuvor ergangenen Leistungsentscheid gehabt hätten.

Mithin sind auch die auf diese Weise mitgeteilten 26 Deckungsablehnungen unberechtigt.

5. Anfragen bei Anspruchsgeltendmachung gegen die Fahrzeughändler

Neben den geltend zu machenden Ansprüchen gegen die Volkswagen AG wurde auch Deckung für die Ansprüche aus Gewährleistungs- und Bereicherungsrecht gegen einzelne Händler in insgesamt 3.233 Fällen angefragt[383]. Die Zahl liegt hinter den angefragten Hersteller-Deckungszusagen. Dies begründet sich zum Teil darin, dass Mandanten ein Vorgehen gegen ihren Händler ausdrücklich nicht wünschen, oder die Durchsetzung von Ansprüchen aus wirtschaftlichen Gesichtspunkten nicht aussichtsreich

---

383 Vgl. Anlage zur Dissertation, I.24.; Aus an dieser Stelle nicht weiter darzulegenden internen Gründen wurde sich bezüglich der **gerichtlichen** Deckungsanfragen (zunächst bis zum Stichtag) auf die Herstelleransprüche fokussiert. Entsprechend wenig Anfragen für die gerichtliche Geltendmachung von Händleransprüchen wurden herausgeschickt. Diesbezüglich sind keine weiteren Erkenntnisse zu erlangen gewesen. Daher werden lediglich die Ablehnungen für das außergerichtliche Verfahren gegen die Händler beleuchtet.

erscheint, weil der entsprechende Händler mittlerweile in Insolvenz verfallen ist.

Zum Stichtag ergab sich folgende Verteilung der Reaktionen der Versicherer:

Für 991 Anfragen (30,7 %) stand die Reaktion bis dato noch aus[384]. Es gab 93 offene Nachfragen (2,9 %)[385] und 1.742 erteilte Zusagen (53,9 %)[386], von denen in 253 Fällen (14,5 %) zunächst Nachfragen gestellt oder Absagen ausgesprochen worden waren[387]. Diesen stehen 406 beständige Absagen (12,6 %) gegenüber[388].

Zu beachten ist, dass von den 1.742 Deckungszusagen 1.524 (87,5%) unter der Prämisse erteilt worden sind, als „eine gebührenrechtliche Angelegenheit" mit der Geltendmachung deliktischer Ansprüche gegen die Volkswagen AG verstanden zu werden[389]. Eine solche Reaktion ist als Zusage zu werten. Die Anspruchsgeltendmachung aus den vorgetragenen Anspruchsgrundlagen gegen den genannten Anspruchsgegner wird vom Deckungsschutz umfasst. Die Frage nach der gebührenrechtlichen Auswertung ist hingegen im Rahmen des Regulierungsverhaltens auf gestellte Kostenrechnungen zu klären[390].

Das positive Verhältnis zwischen Deckungszusagen und Deckungsabsagen (53,9 % zu 12,6 %) begründet sich im Übrigen darin, dass in der Regel die Deckungsanfrage für die Händleransprüche nach der Deckungsanfrage für das Vorgehen gegen den Hersteller gestellt wurde[391]. Beide Ansprüche entspringen zwar verschiedenen Haftungssystemen und sind im Grunde nach auch auf Grundlage gänzlich unterschiedlicher Tatsachenfragen zu beurteilen, allerdings gleicht sich eine Vielzahl der Ablehnungsgründe für beide angefragten Anspruchsverhältnisse (z. B. die bislang nicht eingeräumte Manipulation beim streitgegenständlichen Fahrzeug oder der direkte Verweis auf den Klageweg). Entsprechende Streitigkeiten wurden häufig im Rahmen der Deckungsanfrage für das Vorgehen gegen die

---

384 Vgl. Anlage zur Dissertation, I.24.
385 Vgl. Ebd.
386 Vgl. Ebd.
387 Vgl. Anlage zur Dissertation, I.25.
388 Vgl. Anlage zur Dissertation, I.24.
389 Vgl. Anlage zur Dissertation, I.26.
390 Vgl. hierfür später Kapitel § 5, B.
391 Die Deckungsanfrage für das Vorgehen gegen die Volkswagen AG wurde stets unmittelbar nach Mandatierung gestellt. Die Anfragen für die Händleransprüche waren von Faktoren abhängig (u.a. wurde häufig kein Vorgehen gegen den Händler gewünscht) und unterlagen daher einer nachgelagerten Prüfung.

Volkswagen AG geklärt, während auf die separat gestellte Händleranfrage dann ohne weiteren gegenläufigen Meinungsaustausch Deckung erteilt werden konnte.

Um auch in dieser Arbeit unnötige Wiederholungen zu vermeiden, wird in den entsprechenden Konstellationen nach oben verwiesen. Es werden nur die Ablehnungsgründe vertieft behandelt, denen eine andere, eigenständige, rechtliche Bewertung, oder ein anderer Tatsachenkern zugrunde liegt.

6. Ablehnungsgründe Händler

Es bietet sich daher an, bereits behandelte Ablehnungsgründe vorab darzustellen:

Berechtigt waren 151 auf Vorvertraglichkeit (70 Fälle[392]) bzw. fehlendem Versicherungsschutz (67 Fälle[393]) oder eingetretenem Schadensfall nach Vertragsende (14 Fälle[394]) begründete Deckungsabsagen.

Dem gegenüber stehen 37 unberechtigte Ablehnungen wegen des Verweises auf den direkten Klageweg (31[395]) bzw. fehlender Betroffenheitsangaben (6[396])[397].

---

392 Vgl. Anlage zur Dissertation, I.27.
393 Vgl. Anlage zur Dissertation, I.28.
394 Vgl. Anlage zur Dissertation, I.29.
395 Vgl. Anlage zur Dissertation, I.30.
396 Vgl. Anlage zur Dissertation, I.31.
397 Die auch hier vergleichsweise geringe Zahl rührt daher, dass sich die Streitigkeiten über die hier selben Punkte wie bei Anfragen für das Herstellerverfahren in der Regel auf dem dortigen Platz ausgetragen wurden und es daher nur zu wenig gesonderten Absagen für das Händlerverfahren kam. Der Vollständigkeit halber finden Sie aber dennoch Erwähnung.

A. Reaktionen der Versicherer auf gestellte Deckungsanfragen

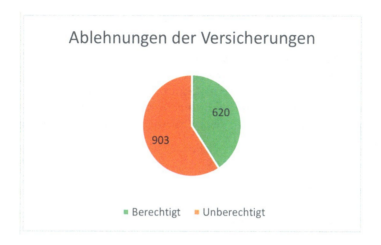

Den übrigen 285 Ablehnungen liegen eigenständig zu beurteilende Argumentationslinien zugrunde:

a. Verjährte Ansprüche – Mangelnde Erfolgsaussichten

Der Großteil dieser 285 Ablehnungen, 226 an der Zahl[398], nimmt – wie beispielhaft aus dem Ablehnungsschreiben des ADAC vom 08. April 2018 hervorgeht – die Rechtsansicht ein, das Vorgehen gegen den Händler sei aufgrund eingetretener Verjährung nicht mehr erfolgsversprechend:

„Gewährleistungsansprüche sind nach den vorliegenden Informationen verjährt. Eine etwaige Arglist des Herstellers muss sich der Verkäufer nicht zurechnen lassen. Der Hersteller ist kein Erfüllungsgehilfe des Verkäufers. Dies ist herrschende Meinung und wird entsprechend von allen bisher zur VW-Abgas-Problematik ergangenen Entscheidungen nicht in Frage gestellt. Insbesondere auch nicht in Bezug auf Vertragshändler. Im Übrigen liegen inzwischen zahlreiche Entscheidungen von Oberlandesgerichten vor nach denen eine Zurechnung einer Herstellerarglist an den Vertragshändler unter keinem rechtlichen Aspekt in Betracht kommt. Wir verweisen auf OLG Koblenz Urteil v. 28.09.2017 - 1 U 302/17; OLG Hamm Beschluss v. 05.01.2017 - 28 U 201/16; OLG Hamm Beschlüsse v. 18.05.2017 u. 19.06.2017 - 2 U 39-17; OLG Karlsruhe Beschluss v. 18.05.2017 - 19 U

---

398 Vgl. Anlage zur Dissertation, I.32.

5/17; OLG München Urteil v. 03.07.2017 - 21 U 4818/16, Brandenburgisches OLG Beschluss v. 31.01.2016-2 U 39/16."[399]

Alle Fälle haben gemeinsam, dass die Händler als ‚Vertragshändler' einzuordnen sind, welche sich durch direkte Eingliederung in die Verkaufsorganisation des Volkswagenkonzerns kennzeichnen[400]. Der Typus des Vertragshändler-Vertrages ist im BGB ungeregelt. Es handelt sich um einen Vertrag sui generis, wobei die geschäftsbesorgungsrechtliche Komponente vorherrschend ist[401].

1) Keine Verjährung

Ausgangsüberlegung ist die Rechtsauffassung, nach der auch Ansprüche gegen Vertragshändler nicht im Rahmen der zweijährigen Gewährleistungsfrist gem. § 438 Abs. 1 Nr. 3 BGB verjähren, sondern sich gem. § 438 Abs. 3 BGB ebenfalls nach der (dreijährigen) Regelverjährung richten, §§ 195, 199 BGB. Diese Ansicht ist nach Meinung der zitierten Versicherungen erfolgsaussichtslos. Hiergegen sprechen wiederum folgende Überlegungen:

Zwar hatten die (Vertrags-)Händler selbst keinerlei Kenntnis von der Softwaremanipulation. Sie haben sich die Arglist indes zurechnen zu lassen. Demnach verjähren auch alle Gewährleistungsrechte – unabhängig vom Kaufdatum – frühestens[402] mit Ablauf des 31. Dezember 2018.

Eine notwendige Zurechnung der arglistigen Täuschungshandlung der Volkswagen AG erfolgt gem. § 278 BGB. Denn der Volkswagenkonzern tritt als Erfüllungsgehilfin der Händler auf und hat in dieser Funktion getäuscht. Erfüllungsgehilfe ist, wer mit Wissen und Wollen des Geschäftsherrn in dessen Pflichtenkreis als seine Hilfsperson tätig wird[403]. Die Volkswagen AG ist nicht selbst Vertragspartner des Klägers geworden. Allerdings muss sich der einzelne Händler bei VW mit dem Software-Update bedienen, um der Obliegenheit der kaufrechtlichen Nacherfüllung nachzukommen. Auch die Eigenschaft, sogenannter ‚Vertragshändler' zu sein, spricht für eine Zurechnung des Verschuldens. Unterstützend tritt der

---

399 Vgl. Anlage zur Dissertation, II.19.
400 Vgl. BGH NJW 1971, 29
401 BGH NJW 1979, 1782
402 Vgl. den Gedankengang zu einem späteren Verjährungsbeginn Fn. 178 In Kapitel § 4, A.
403 BGH NJW 2011, 139

Umstand hinzu, dass der Vertragshändler für die Autohersteller die wichtigste Vertriebsmethode in der Autoindustrie darstellt (51% der verkauften Neuwagen 2015[404]). Daraus erwächst auch die Hauptpflicht des Händlers, den Absatz zu fördern und zugleich unter enger vertraglicher Bindung die Interessen des Herstellers zu wahren. VW und die Vertragshändler gehen dabei arbeitsteilig vor: VW stellt das Fahrzeug her und betreibt die Werbung, während der Händler das Fahrzeug verkauft und die Daten des Käufers an den Hersteller weitergibt.

Vertragshändler zeichnen sich dadurch aus, ausschließlich Modelle des Volkswagenkonzerns und seiner Marken Audi, VW, Seat, etc. zu vertreiben; hierbei hat die Volkswagen AG gegenüber den Händlern regelmäßig ein umfangreiches Weisungsrecht und schult die Mitarbeiter in wiederholenden Abständen. Informationsobliegenheiten – insbesondere solche, die nach § 3 PKW EnVKV auch die Händler verpflichtend sind – werden nach Vorgaben des Herstellers erfüllt. Zwischen Vertragshändler und der Volkswagen AG besteht auch eine enge wirtschaftliche und personelle Verbindung. Die Weisungsrechte der VW AG reichen von der Vertriebsorganisation zur Einhaltung bestimmter Standards, in etwa Größe und Gestaltung des Verkaufsraums, Vorgaben bzgl. auszustellender Vorführwagen und Schulung der Angestellten.

Diese Ansicht teilt auch das Landgericht Ingolstadt. Es führt aus, dass

„der Verweis [der Beklagten] auf die formalrechtliche Selbstständigkeit des Vertragshändler angesichts der starken wirtschaftlichen Abhängigkeit, die ein freies Agieren des Vertragshändlers nicht ermöglicht, demgegenüber keine Bedeutung [entfaltet]."[405]

Zusätzlich gilt: Nach § 433 Abs. 1 BGB schuldet der Händler Übergabe und Übereignung des bei ihm erworbenen Pkw. Selbst diese kaufrechtliche Primärpflicht wird in vielen Fällen von VW wahrgenommen. Die Volkswagen AG bietet regelmäßig an, das Fahrzeug direkt in der ‚VW-Erlebniswelt' in Wolfsburg abzuholen. Hier verdeutlicht sich die Stellung von VW als Erfüllungsgehilfe des Vertragshändlers in besonderem Maße.

Eine Zurechnung der Arglist bejahte auch das Landgericht Stuttgart:

„Die Beklagte Ziff. 1 wird darauf hingewiesen, dass man im Hinblick auf den Vertragshändlervertrag und das daraus resultierende Näheverhältnis

---

[404] Vgl. die Gemeinschaftsstudie von KPMG und CAR: „Entwicklungen und Erfolgsfaktoren im Automobilvertrieb", S. 8
[405] LG Ingolstadt 33 O 1571/16

durchaus an eine Zurechnung der bei VW vorhandenen Kenntnis denken kann und folglich der Kaufvertrag wegen arglistiger Täuschung angefochten werden konnte."[406]

Die vom LG Stuttgart zur Wirksamkeit eines ausgeübten Anfechtungsrechts angestellten Überlegungen lassen sich auf die hier gegenständliche Zurechnung nach §§ 438 Abs. 3, 278 BGB übertragen. Der Begriff der Arglist wird bei § 438 Abs. 3 und § 123 BGB identisch ausgelegt[407]. Dies überzeugt, denn wenn schon die zur Anfechtung berechtigende Arglistzurechnung, die das Recht eines Verkäufers zur zweiten Andienung gänzlich verwehrt, zu bejahen ist, dann muss dies erst recht für eine, lediglich die Verjährung betreffende Zurechnung im Rahmen der §§ 438, 278 BGB gelten. Anzuwenden ist daher die regelmäßige Verjährungsfrist, § 438 Abs. 3 BGB. Diese Rechtsansicht findet mit den oben genannten Argumenten auch obergerichtlichen Anklang[408].

Bereits deshalb sind Erfolgsaussichten in ausreichendem Umfang zu bejahen. Zwar stehen dieser Rechtsansicht auch einige vom ADAC-Rechtsschutz zitierten obergerichtliche Urteile gegenüber. Dieser Umstand führt aber, insbesondere vor dem Hintergrund, dass mit dem OLG München ein Gericht selben Stellenwertes eine andere Ansicht vertritt, nicht dazu, dass die Rechtsansicht als ‚aussichtslos' einzustufen ist. Sie ist auch insbesondere deshalb zumindest vertretbar, weil es bislang keine höchstrichterliche Entscheidung zu dieser streitigen Rechtsfrage gibt. Nur bei Vorliegen einer solchen wäre mit hinreichender Wahrscheinlichkeit von einem Unterliegen auszugehen. Die Ansicht des ADAC, durch die Aneinanderreihung verschiedener OLG-Urteile würde sich bereits eine herrschende Meinung gebildet haben, geht demnach zu weit. Hat sich eine solche allerdings noch nicht kristallisieren können, so ist – für den Versicherungsnehmer vorteilhaft – großzügig zu entscheiden[409].

2) Im Übrigen: Keine mangelnde Erfolgsaussicht wegen bereicherungsrechtlichen Ansprüchen

Ungeachtet dieser Ausführungen ist zur Beurteilung der Erfolgsaussichten nicht bloß auf die Verjährung der Gewährleistungsrechte zu blicken. Wie

---

406 Sitzungsprotokoll des LG Stuttgart 29 O 74/17
407 Palandt/*Weidenkaff* § 438, Rn. 12
408 Vgl. z. B. OLG München 3 U 4316/16
409 BGH VersR 1994, 1061

oben dargestellt, bestehen neben den gewährleistungsrechtlichen Ansprüchen auch noch solche aus dem Bereicherungsrecht. Diese hatte das Landgericht Augsburg bundesweit als erstes Gericht zugesprochen[410]. Ein Urteil, welches diese Anspruchsbegründung ablehnt, gab es bis dato nicht. Der bereicherungsrechtliche Anspruch richtet sich unstreitig nach der Regelverjährung, sodass die vorgebrachten Ablehnungsgründe bereits aus diesem Gesichtspunkt nicht greifen.

Dieser neue versicherungsnehmerfreundliche Aspekt führte – auch in dem beispielhaft aufgeführten ADAC-Fall – aber nicht zu einem Umdenken oder Einlenken der Versicherungsgeber. Auf das Urteil und die zusätzliche rechtliche Begründung zur Erreichung der Ziele des Versicherungsnehmers antwortete der ADAC in angeführtem Beispielsfall[411], die Erfolgsaussichten hätten sich hierdurch nicht verändert, denn:

- Bei der Entscheidung des LG Augsburg handele es sich um eine Einzelfallentscheidung; ähnliche Entscheidungen sind nicht bekannt, auch anwaltlich wurde diese Auffassung nicht vorgetragen.
- Alle übrigen LG- und OLG-Entscheidungen beinhalten diese Rechtsauffassung nicht im Ansatz.
- Die Entscheidung weise im Übrigen *„gravierende Fehler"* auf, die auf über einer Seite dezidiert dargelegt werden und die die einzelnen rechtlichen Schlüsse des Landgerichts als *„nicht nachvollziehbar"*, *„nicht ersichtlich, warum"*, *„unzutreffend"*, *„offensichtlich nicht gegeben"* oder *„schon deshalb abwegig"* deklarieren.

Dass demgegenüber ausreichende Erfolgsaussichten bestehen, ergibt sich bereits aus dem weiter oben dezidiert dargelegten Anspruch aus § 812 Abs. 1 Alt. 1 BGB. Wenn schon das Vertreten einer Literaturmeinung, die sich in der Rechtsprechung noch nicht durchgesetzt hat, gleichzeitig aber auch nicht höchstrichterlich widerlegt wurde, zur Begründung hinreichender Erfolgsaussichten ausreicht[412], so muss das erst recht für ein erstinstanzlich ergangenes Urteil gelten – unabhängig davon, ob Rechtskraft bereits eingetreten ist, oder (noch) nicht. Eine andere Beurteilung

---

410 LG Augsburg 082 O 4497/16
411 Vgl. Anlage zur Dissertation, II.20
412 Dazu treten muss nach ständiger Rechtsprechung auch noch eine gewisse Wahrscheinlichkeit, dass das Verfahren gewonnen wird, vgl. OLG Düsseldorf NJW-RR 1991, 31. Wird die unklare Rechtslage und divergierende Rechtsprechung im VW-Abgasskandal berücksichtigt, begründet sich eine solche in der Regel bereits alleine durch die vertretene Meinung in Literatur oder Rechtsprechung.

kann nur unter der Prämisse vorgenommen werden, dass das Urteil so offensichtliche Rechtsfehler beinhaltet, dass ein Überstehen der Folgeinstanz ausgeschlossen ist. Auch, wenn der ADAC solche wohl suggerieren möchte, sind evidente Fehlsubsumtionen im Urteil nicht ersichtlich[413].

Bemerkenswert ist an dieser Stelle, dass der ADAC nach Übermittlung des Urteils des LG Augsburg seine Deckungsablehnung exklusiv aufrechterhielt, während die übrigen Versicherungen (spätestens jetzt) die Erfolgsaussichten bejahten und Kostendeckung erteilten.

Aus den erläuterten Gründen kann von einer berechtigten Deckungsablehnung in den hier untersuchten 226 Fällen unter dem Deckmantel der eingetretenen Verjährung daher gleich aus zwei Gründen nicht gesprochen werden.

b. Kauf nach Bekanntwerden des VW-Abgasskandals – Mangelnde Erfolgsaussichten

Auch der Durchsetzung von Ansprüchen gegen Händler wurde in insgesamt 59 Fällen[414] eine hinreichende Erfolgsaussicht abgesprochen, da das Kaufdatum auf nach September 2015 datiert war. So schrieb beispielsweise die WGV:

---

413 Vgl. hierfür nochmals die schlüssige Anspruchsbegründung des Landgericht Augsburg aaO.
414 Vgl. Anlage zur Dissertation, I.33.

*"Das Fahrzeug wurde mit Kaufvertrag vom 5.9.2016 erworben und am 7.9.2016 auf Ihre Mandantschaft zugelassen.
Der sog. "VW-Abgasskandal" wurde im September 2015 bekannt. Seitdem wird in allen Medien hierüber berichtet, so dass diese Thematik in der Öffentlichkeit vollständig bekannt ist. Ihre Mandantschaft erwarb von einem VW-Händler das betroffene Dieselfahrzeug also zu einem Zeitpunkt, in dem diese Thematik hinreichend bekannt war. Ihre Mandantschaft hätte also wissen müssen, dass dieses Fahrzeug vom sog. "VW-Abgasskandal" betroffen ist bzw. war. Ihre rechtliche Interessenwahrnehmung hat daher keine Aussicht auf Erfolg und ist mutwillig, so dass wir – unter Verweis auf die Anlage – Ihre Deckungszusage ablehnen.
(…)
Nach § 442 BGB sind die Rechte des Käufers wegen eines Mangels aber ausgeschlossen, wenn er bei Vertragsschluss den Mangel kennt. Ist dem Käufer ein Mangel infolge grober Fahrlässigkeit unbekannt geblieben, kann der Käufer Rechte wegen dieses Mangels nur geltend machen, wenn der Verkäufer den Mangel arglistig verschwiegen hat. Sofern hier überhaupt noch ein Mangel vorliegen sollte, ist dieser "Mangel" Ihrer Mandantschaft zumindest infolge grober Fahrlässigkeit unbekannt geblieben, da er mit einer einfachen Recherche der FIN hätte herausfinden können, ob das Fahrzeug mit dem Motor EA189 ausgestattet ist."* [415]

Dieser Ablehnungsgrund gleicht wortgenau dem auf die deliktsrechtlichen Voraussetzungen ausgerichteten Vortrag. Allerdings unterliegt die jeweilige rechtliche Bewertung grundverschiedenen Haftungssystemen, weshalb eine eigenständige Beurteilung vorzunehmen ist. Denn wo bei Ansprüchen aus § 826 BGB, bzw. § 823 Abs. 2 BGB i. V. m. Schutzgesetz in der Regel nur die tatsächlichen Umstände für einen eventuellen Anspruchsausschluss Ausschlag geben, so führt im Rahmen der Mängelgewährleistung auch eine auf grober Fahrlässigkeit beruhende Unkenntnis zu selbigem, § 442 S. 2 BGB.

Im Einzelnen ist zunächst festzuhalten, dass – entgegen der zitierten Annahme der WGV – nicht der Versicherungsnehmer für seine Unkenntnis beweisbelastet ist. Dies muss die Gegenseite darlegen. Er muss auch nicht die begründenden Tatsachen für den von der WGV angeführten ‚Ausschluss des Ausschlusses' des § 442 BGB vorbringen[416]. Es reicht also

---

415 Vgl. Anlage zur Dissertation, II.21
416 grob fahrlässige Unkenntnis führt dann wiederum nicht zum Ausschluss des Anspruches, wenn der Verkäufer den Mangel arglistig verschwiegen hat.

bereits aus, dass dem Versicherungsnehmer keine grobe Fahrlässigkeit zur Last gelegt werden kann.

Es ist auch hier zu beachten, dass die Versicherungen durch die Erteilung einer ablehnenden Entscheidung konkludent zum Ausdruck bringen, aus ihrer Sicht über alle entscheidungserheblichen Tatsachen in Kenntnis gesetzt worden zu sein. Es ist daher auch aus Versicherersicht lebensnah davon auszugehen, dass sich der Versicherungsnehmer im Regelfall redlich verhält, weshalb die grundsätzliche Annahme einer tatsächlichen Kenntnis beim Versicherten neben der Sache ist[417].

Auch Ansatzpunkte, die auf eine (generelle) grob fahrlässige Unkenntnis schließen lassen, ergeben sich vorliegend nicht.

1) Keine grobe Fahrlässigkeit wegen öffentlicher Berichterstattung

Der Ausschluss des § 442 BGB erfordert, dass das Verkennen des Mangels auf einer groben Fahrlässigkeit des Versicherungsnehmers beruht. Grob fahrlässig handelt der Käufer, wenn er die verkehrserforderliche Sorgfalt in einem ungewöhnlich hohen Maß verletzt und dasjenige unbeachtet lässt, was im gegebenen Fall jedem hätte einleuchten müssen[418]. Eine solch gravierende Unachtsamkeit lässt sich nicht bereits dadurch begründen, dass der Versicherungsnehmer die öffentliche Berichterstattung nicht oder nicht so wahrgenommen hat, dass er aus dieser auf die Betroffenheit seines Fahrzeuges schließen konnte.

Die reine Berichterstattung begründet bei deren unterstellter Wahrnehmung schon keine gesteigerte Nachforschungsobliegenheit des Käufers. Vielmehr kann ein objektiver und verständiger Dritter, der von der Manipulation durch die Volkswagen AG generelle Kenntnis besitzt, dann erst recht darauf vertrauen, dass das ins Auge gefasste Fahrzeug bei nicht erfolgter proaktiver Aufklärung durch den sachkundigen und über seine Waren informierten Autohändler unmanipuliert ist. Dass auch der Händler von der Betroffenheit im Zeitpunkt des Kaufvertrages keine Kenntnis haben sollte, erscheint abwegig, würde an dieser Bewertung allerdings auch nichts ändern. Eine Kenntnis des Autokäufers begründet für diesen jedenfalls Aufklärungspflichten, vergleichbar dem Vorliegen eines Unfallwagens. In dem Nichtnachkommen selbiger ist eine eigenständige arglistige

---

417 Insofern gleichen sich die bezüglich deliktsrechtlichen Ansprüche gefassten Aussagen in Kapitel § 5, A., I., 2., f..
418 BGH NJW 1980, 777

Täuschungshandlung (durch Unterlassen) zu sehen, die wiederum zu einem Anfechtungsgrund des Klägers führen würde. Im Umkehrschluss verbietet sich hierdurch die Annahme, der Kläger hätte durch Unterlassen der Nachfrage seine Sorgfaltspflicht in einem ungewöhnlich hohen Grad außer Acht gelassen. Denn eine Täuschung kann nicht sein, wenn der Getäuschte seinerseits zur Nachforschung verpflichtet ist.

2) Keine grobe Fahrlässigkeit wg. Nichtbeachtung des Hinweises im Kaufvertrag

In 10,5 % der zu überprüfenden Fälle, findet sich in den Kaufverträgen ein entsprechender Hinweis auf die ‚Betroffenheit' des Fahrzeuges[419]. Auch die Nichtbeachtung dieser Hinweise lässt nicht auf ein grob fahrlässiges Verhalten schließen.

Denn der vernünftige Autokäufer fasst seinen Kaufentschluss in der Regel im Rahmen und während des Verkaufsgespräches. Die Unterzeichnung des schriftlichen Kaufvertrages erfolgt sodann ‚pro forma' und zum formellen Vollzug desselbigen. Keinesfalls soll damit ‚ins Blaue hinein' auf Gewährleistungsrechte verzichtet werden. Entsprechende Klauseln sind daher für den Käufer überraschend und nachteilig. Dies wird auch durch eine Entscheidung des Bundesgerichtshofes[420] in einem Kapitalanlagebetrugsfall unterstrichen. In dem dazugehörigen Leitsatz heißt es:

„Allein der Umstand, dass ein Anleger, dem nach Abschluss der Beratung zum (formalen) Vollzug der bereits getroffenen Anlageentscheidung kurz der Zeichnungsschein zur Unterschrift vorgelegt wird, den Text des Scheins vor der Unterzeichnung nicht durchliest und deshalb nicht den Widerspruch zwischen der erfolgten Beratung und im Schein enthaltenen Angaben zur Anlage bemerkt, rechtfertigt für sich nicht den Vorwurf grob fahrlässiger Unkenntnis im Sinne des § 199 Abs. 1 Nr. 2 BGB."

Der Sachverhalt ist hier ähnlich gelagert. Hinzu kommt, dass die Wahrnehmung des Hinweises den Käufer nicht einmal zwangsläufig auf einen Widerspruch gestoßen hätte, da der Verkäufer im Verkaufsgespräch in der Regel nicht behauptet, das Fahrzeug sei frei von einer Manipulationssoftware. Wenn also aber das ‚Überlesen' evidenter Widersprüche schon nicht

---

419 Vgl. Anlage zur Dissertation, I.51. und für die einzelnen Formulierungen Kapitel § 5, A., I., 2., f., (2)
420 BGH NJW 2017, 2187

grob fahrlässig ist, so kann für die fehlende Wahrnehmung einer reinen Zusatzinformation, die nicht im Widerspruch zu sonstigen Hinweisen steht, nichts anderes gelten. Eine ausnahmsweise abweichende Bewertung findet nach der zitierten BGH-Entscheidung nur dann ihre Berechtigung, wenn ein gesonderter mündlicher ausdrücklicher Hinweis auf die zusätzlichen Tatsachen erfolgte, oder der Hinweis separat unterschrieben, bzw. graphisch deutlich hervorgehoben abgedruckt wurde.

3) Keine grobe Fahrlässigkeit auch bei Wahrnehmung des Hinweises

Und selbst da, wo der Käufer den entsprechenden Hinweis wahrgenommen hat, lässt dies nicht auf mangelnde Erfolgsaussichten wegen eines (sehr wahrscheinlich) zu erwartenden Anspruchsausschlusses gem. § 442 BGB schließen.

„Kenntnis" i.S.d. § 442 BGB erfordert nicht nur Wissen über den Mangel an sich, sondern insbesondere vollumfängliche Gewissheit über Umfang und Tragweite desselben[421]. Die beispielhaft zitierten Hinweise[422] in Kaufverträgen sprechen lediglich davon, dass das Fahrzeug von einer Rückrufaktion betroffen ist, bzw. in Folge selbiger mit einem Update ausgestattet wurde. Die Volkswagen AG preiste das Software-Update derart an, dass der Eindruck erweckt wurde, dieses sei in der Lage, den Mangel folgenfrei, effektiv und ohne nennenswerten Aufwand zu beheben[423]. Insofern wird auf im Rahmen der deliktischen Ansprüche bereits getätigten Ausführungen verwiesen.

Es ist daher allenfalls von einer – für einen Anspruchsausschluss nicht genügende – Teilkenntnis auszugehen. Der Mangel war durch die bekannten Vertragszusätze nicht in seinem tatsächlichen gesamten Ausmaß greifbar. Dies wäre aber zwingende Voraussetzung für eine wirksame Abbedingung gewesen. Die Gewährleistungsrechte sind durch Auslegung des Hinweises im Vertrag maximal insoweit ausgeschlossen, als dass es sich um einen unerheblichen und folgenlos behebbaren, bzw. bereits behobenen Mangel handelt oder handelte. Aufgrund der zu befürchtenden Ineffektivi-

---

421 Palandt/*Weidenkaff* § 442, Rn. 7, ebenso BGH NJW 1991, 2700
422 Vgl. wiederum die unter Kapitel § 5, A., I., 2., f., (2) aufgeführten beispielhaften Formulierungen im Kaufvertrag.
423 Vgl. stellvertretend hierfür die Pressemitteilungen der Volkswagen AG vom 15. Oktober 2015, 25. November 2015 und 16. Dezember 2015, wenngleich keine Garantie für die Folgen abgegeben wurden.

tät, Unzumutbarkeit und Mangelfolgegefahr des Updates ist Gegenteiliges der Fall[424].

Es ergibt sich kein Gewährleistungsausschluss gem. § 442 BGB.

4) Fazit

Selbstverständlich gibt es auch von diesen Grundsätzen abweichende Fälle, in denen der Käufer neben der Kenntnis auch das Software-Update anzweifelt, sodass von einem vollumfänglich und anspruchsausschließendem Wissen auszugehen ist. Dies ist allerdings nicht die Regel (s. o.). Insofern gilt das gerade Gesagte: Wenn die Versicherung aufgrund der mitgeteilten Sachlage nicht in der Lage sind, eine positive Kenntnis auszuschließen, diese aber nicht im Grundsatz gegeben sein wird, so ist es ihr erlaubt, Nachfragen anzustellen.

Hieraus aber die Begründetheit einer auf mangelnde Erfolgsaussicht gestützte Deckungsabsage zu ziehen, lässt sich weder mit den Vertragsbedingungen noch mit gesetzlichen Vorschriften in Einklang bringen. Die Deckungsabsagen sind daher unberechtigt.

---

424 Vgl. u.a. Kapitel § 5, A., I., 2., f., (2)

7. Reaktionsmöglichkeiten i.Ü.: Nachfragen und Zusagen für Erstberatungen

Neben der Entscheidung über die Gewährung oder Ablehnung der angefragten Deckung des Rechtsschutzfalles sind ebenfalls gestellte Nachfragen und Zusagen für ‚Erstberatungen' zu untersuchen:

a. Nachfragen der Versicherer

Auf alle gestellten Anfragen folgten insgesamt 1.328 Rückfragen der Versicherungen[425], die sich wie folgt zusammensetzen:

382 Mal wurde sich nach der persönlichen Beziehung des Versicherungsnehmers zu dem Mandanten erkundigt[426]. Diese Nachfrage ist den Versicherern zuzugestehen, da in solchen Fällen der Mandant nicht mit dem Versicherungsnehmer übereinstimmte und die ersuchte Information zur Beurteilung der Deckungsverpflichtung notwendig war.

Weniger nachvollziehbar ist daneben die Anforderung weiterer Unterlagen in insgesamt 773 Fällen[427]. Jeder Deckungsanfrage lag der Kauf-, bzw. Finanzierungsvertrag zugrunde. Dieser ist als Nachweis der Anspruchsinhaberschaft gegen VW, bzw. den Händler ausreichend. Die angefragten Unterlagen (Fahrzeugschein, Zulassungsbescheinigungen, Bescheinigung über das Update) sind weder Bestandteil des Anspruchsschreibens noch der später einzureichenden Klage. Sie sind ebenso wenig für die Begründung wie für die Erfolgseinschätzung der geltend zu machenden Ansprüche erforderlich. Lediglich in 22 Fällen wurde aufgrund schlechter Übersendungsqualität der Kaufvertrag nochmals (und dann berechtigt) angefordert.

Als ebenso unbegründet ist die Nachfrage, ob das Software-Update bereits aufgespielt worden ist (87 Mal[428]), einzuschätzen. Wie in der rechtlichen Würdigung ausführlich ausgeführt, ist dieser Umstand – gerichtlich anerkannt – weder für die Bewertung der gewährleistungsrechtlichen[429] noch für die deliktischen Ansprüche[430] entscheidend. Die Leistungsent-

---

425 Vgl. Anlage zur Dissertation, I.34.
426 Vgl. Anlage zur Dissertation, I.35.
427 Vgl. Anlage zur Dissertation, I.36.
428 Vgl. Anlage zur Dissertation, I.37.
429 Vgl. u.a. LG Hamburg 329 O 105/17 – juris; LG Köln 16 O 532/16; LG Aachen 10 O 146/16
430 Vgl. u.a. LG Frankfurt am Main 2-3 O 104/17

scheidung kann schlussendlich nicht von dieser Information abhängig gemacht werden.

Als ebenso unbegründet sind Anfragen gerichtet auf die vorzeitige Übersendung der Klageanträge (56[431]) oder der grundsätzlichen Frage, welche Ansprüche denn geltend zu machen sind (30[432]), anzusehen. Die zuzusagende Deckung erfolgt zunächst dem Grunde nach und dient der Bestätigung des Rechtsschutzfalls. Dieser ist nicht davon abhängig, welche Ansprüche nun mittels welcher Klageanträge schlussendlich verfolgt werden. Die Wahl und Ausgestaltung der Rechtsverfolgungsmaßnahmen für die rechtliche Interessenwahrnehmung kann aufgrund der notwendigen Fachkenntnisse nur durch den Rechtsanwalt bestimmt werden. Für diese Wahl der Maßnahmen hat er auch einzustehen, da ihm aus dem Anwaltsvertrag die Pflicht auferlegt ist, den sichersten und kostengünstigsten Weg der Rechtsdurchsetzung zu wählen[433]. Als unabhängiges Organ der Rechtspflege handelt der Anwalt frei[434]. Er ist in seiner Berufsausübung an Recht und Gesetz sowie an die staatliche Rechtsordnung gebunden und unterliegt einer Reihe von besonderen Berufspflichten, sodass eine erhöhte Gewähr dafür besteht, dass der Rechtsanwalt ein Berufsethos entwickelt und sich rechtstreu verhält[435]. Die Rechtsschutzversicherungen sind ihm deshalb und im Übrigen mangels vertraglicher Bindung nicht weisungsbefugt. Entsprechend stellen Vorgaben der Versicherungen hinsichtlich des Klageantrages oder der Anspruchsgeltendmachung einen Eingriff in die Berufsfreiheit des Anwalts dar. Dieser ist nicht, auch nicht mit einer Schadenminderungsobliegenheit des Versicherungsnehmers, zu rechtfertigen. Eine Richtigstellung der Anträge (zum Beispiel zur Verhinderung eines befürchteten Teilunterliegens) kann auf diese Weise nicht erzwungen werden. Sollten anwaltliche Fehler vorliegen, so befreit dies unter Umständen den Mandanten von der gegen ihn geltend zu machenden Forderung und kann darüber hinaus einen haftungsrechtlichen Anspruch auslösen. Etwaige anwaltlich zu vertretende ‚Fehler' – so es denn tatsächlich welche wären – sind mithin im Nachgang eines Verfahrens auszufechten, dürfen aber nicht zu einer Verfahrensbehinderung oder -verzögerung führen.

Von allen Nachfragen waren mithin lediglich 382 (28,6 %) begründet. In den übrigen 71,4 % haben unbegründete Anfragen dazu geführt, dass

---

431 Vgl. Anlage zur Dissertation, I.38.
432 Vgl. Anlage zur Dissertation, I.39.
433 *Cornelius-Winkler* R+S 2010, 89
434 Vgl. § 1 BRAO
435 Feuerich/Weyland/*Brüggemann* § 1, Rn. 13 ff.

die Versicherungen ihrer Obliegenheit, ‚unverzüglich' über die Deckungsanfrage zu entscheiden, nicht nachgekommen sind.

b. Erstberatung

Gerade in der Anfangszeit kam es verhäuft zu als ‚Deckungszusagen getarnten' Erstberatungen, wie etwa hier von der Advocard, welche auf eine Deckungsanfrage mitteilte:

> „...*wir helfen Ihnen gern und übernehmen folgende Kosten für eine anwaltliche Beratung.*
> *Kostenschutz besteht vorerst nur für die Beratung, da noch nicht klar ist, welche Ansprüche konkret in Betracht kommen.*"[436]

Zum Stichtag hatten noch 21 solcher Zusagen bestand[437].

Auch dieses Verhalten kann nicht als vertragsgemäß angesehen werden, denn: Angefragt wurde stets eine unbedingte Deckungszusage für das außergerichtliche Vorgehen und die Übernahme aller daraus entstehenden Kosten. Die Zusage über die Erstberatung umfasst dies nicht. Die Gebühr für eine Erstberatung ist auf EUR 190,00 gekappt und umfasst lediglich eine telefonische oder mündliche Aufklärung des Sachverhaltes und der sich daraus ergebenden rechtlichen Möglichkeiten. Eine solche Aufklärung ist im VW-Abgasskandal allerdings weder angezeigt noch gewollt. Die Rechtsschutzversicherung erbringt ein nicht angefragtes Leistungsangebot. Sie kommt damit ihren Pflichten zur Erteilung der Deckungszusage nicht nach. Sie hat nicht ‚unverzüglich' über die Anfrage in Form einer Zu- oder Absage entschieden und befindet sich dadurch in Verzug.

---

436 Vgl. Anlage zur Dissertation, II.22.
437 Vgl. Anlage zur Dissertation, I.40.; da der Wert „Erstberatung" mit Änderung auf (vollumfängliche) „außergerichtliche Zusage" unwiderruflich und nicht weiter nachvollziehbar überschrieben wird, ist es nicht möglich, exakt zu ermitteln, in wie vielen Fällen insgesamt eine Zusage für eine Erstberatung erteilt worden ist.

II. Zwischenfazit und eine Frage nach der Motivation der Versicherungen

Die qualitative Auswertung der verschiedenen nicht aus Deckungszusagen bestehenden Reaktionen ergibt eine überwiegend als unberechtigt und somit fehlerhaft zu qualifizierendes Regulierungsverhalten der Versicherer.

Von Kanzleiseite aus wurden insgesamt 10.672 Deckungsanfragen[438] versandt. Davon sind ganze 2.213 (20,7 %) bislang unbeantwortet geblieben[439]. Zum Stichtag bestanden noch 300 Nachfragen[440], 6.892 Zusagen hatten Bestand[441]. Denen standen 1.267 Absagen gegenüber (11,9 %)[442]. Insgesamt versagten die Versicherungen mit 1.808 Begründungen (zumindest zunächst) die Deckung[443]. Hierbei entfiel der Großteil (1.283, entspricht 71,0 %[444]) auf Anfragen für das Verfahren ‚Hersteller außergerichtlich'. Diese Fallgruppe wurde von den Versicherern als ‚Hauptschlachtfeld' genutzt, um ihre absagebegründenden Argumentationen vorzubringen. Händleranfragen wurden regelmäßig solange nicht behandelt, wie noch Streit um die Herstellerzusage bestand. Entsprechend brachte eine erfolgreich geführte Argumentation gegen die Versicherung um die Frage, ob der Fall außergerichtlich zu decken sei, häufig dreifachen Ertrag in Form der damit oftmals einhergehenden Deckungszusagen für das Gerichtsverfahren gegen VW und das Verfahren gegen den Händler.

Für ein erstes Zwischenfazit lohnt sich daher der isolierte Blick auf das Deckungsverhalten bezüglich außergerichtlicher Anspruchsgeltendmachung gegen die Volkswagen AG:

Hierfür wurden insgesamt 4.296 Deckungsanfragen gestellt. Die Deckung wurde 987 Mal zu Unrecht verweigert. Nach Zuzählung der nicht berechtigten Nachfragen (603[445]) und abzüglich aller noch unbeantworteten Anfragen (474) ist festzuhalten, dass die Versicherer bei 3.822 beantworteten Anfragen 1.590 Mal die Deckung entgegen Ihres Vertragsversprechens unlauter hinauszögerten oder verweigerten, bzw. immer noch verweigern. Unter zugrunde gelegter Annahme, dass in jeder Akte nur ein unberechtigtes Vorbringen zu verzeichnen ist, ergibt das eine Quote von 41,6 % an Versicherungsmandaten, in denen Vertragspflichten versicherer-

---

438 Vgl. Anlage zur Dissertation, I.41.
439 Vgl. Anlage zur Dissertation, I.42.
440 Vgl. Anlage zur Dissertation, I.43.
441 Vgl. Anlage zur Dissertation, I.44.
442 Vgl. Anlage zur Dissertation, I.45.
443 Vgl. Anlage zur Dissertation, I.46.
444 Vgl. Anlage zur Dissertation, I.47.
445 Vgl. Anlage zur Dissertation, I.34.

seitig verletzt wurden. Der Umstand, dass diese Quote gerade am Anfang des Verfahrens noch höher ausfiel, da die Versicherungen einzelne Ablehnungsgründe erst nach und nach nicht weiter vorbrachten, bleibt hierbei sogar noch unberücksichtigt.

Insgesamt lässt sich eine Tendenz im Regulierungsverhalten der Versicherer feststellen:
- Statt einer berechtigten Nachfrage nach weiteren Sachverhaltsinformationen wird eine endgültige Deckungsabsage erteilt.
- Statt einer alternativlosen Deckungszusage werden unbegründete Nachfragen gestellt[446].

Die hieraus resultierende Verfahrensverzögerung ist aus zweierlei Gesichtspunkten kritisch zu bewerten:

Zum einen wirkt sie sich negativ für den Mandanten aus. Wenn die außergerichtliche Deckung nicht erteilt wird, kann kein anwaltliches Anspruchsschreiben auf den Weg gebracht werden. Dem Mandanten bleibt eine unverzügliche Inverzugsetzung der Gegenseite mit allen daraus resultierenden Vorteilen (Haftungsverlagerung, Verzugszinsen) solange verwehrt[447].

Daneben tritt der Verdacht nach einer weiteren Motivation der Versicherer, gerichtet auf die eigene finanzielle Bevorteilung:

Je länger sich das Hauptverfahren des Versicherten hinauszögert, desto mehr Kilometer wird der durchschnittliche Versicherungsnehmer, der sich den Luxus des ‚Zwischenparkens' nicht leisten kann, fahren. Dadurch erhöht sich nach bundesweit konformer – wenn auch zu hinterfragender[448] – Rechtsprechung der Nutzungswertersatz. Dieser wird am Ende von der Hauptforderung in Abzug gebracht werden. Derzeit ist in der Rechtsprechung noch umstritten, ob als Streitwert der gesamte Bruttokaufpreis[449], oder der Bruttokaufpreis abzgl. Des Nutzungsersatz[450] anzunehmen ist.

Richtigerweise und der Rechtsprechung des BGH folgend kann nur der Bruttokaufpreis ohne abzuziehende Nutzungsentschädigung als Streitwert

---

446 Von allen Nachfragen sind mit 924 knapp ⅔ ohne nachvollziehbare Notwendigkeit gestellt worden. Statt dieser Nachforschungsanstrengung wäre vielmehr unverzüglich Deckung zu erteilen gewesen.
447 Vgl. zu den Vorteilen eines ausgelösten Annahmeverzuges ausführlich Kapitel § 5, A., I., 2., g., 1).
448 Vgl. zu dessen Kritik wiederum Kapitel § 5, A., I., 4., a.
449 Vgl. u.a. LG Limburg 1 O 48/18; LG Köln 15 O 249/17; LG Trier 5 O 59/18
450 u.a. LG Mainz Az.: 3 O 112/17

angenommen werden. Der BGH hatte in zwei Beschlüssen[451] über die Streitwerthöhe eines Antrages, gerichtet auf die Feststellung eines wirksamen Widerrufes von Darlehensverträgen, zu entscheiden. Für die Berechnung des Streitwertes wurde hierbei das wirtschaftliche Interesse des klagenden Verbrauchers als maßgeblich angesehen. Dieses läge in der begehrten Feststellung, der Darlehensvertrag sei beendet, bzw. habe sich in ein Rückgewährschuldverhältnis umgewandelt. Es richtet sich im Ergebnis nach der zu beziffernden Hauptforderung, die der Kläger gem. § 346 Abs. 1 BGB beanspruchen kann bzw. meint beanspruchen zu können. Dieser Hauptforderung liegen alle auf Grundlage des Darlehensvertrages erbrachten Leistungen des Darlehensnehmers zugrunde, die es über das sodann ausgelöste Rückgewährschuldverhältnis zurückzuerstatten gilt.

Hierbei ist nach den Senaten auch der herrschenden Literatur zu folgen, nach der eine automatische Saldierung wechselseitiger Ansprüche aus dem Rückgewährschuldverhältnis nicht erfolgt[452]. Die Berücksichtigung dieser bedingt einer Aufrechnungserklärung.

Ein der Hauptforderung in Abzug zu bringender Anspruch auf Nutzungsersatz der Beklagten bleibt hierbei ausdrücklich außer Betracht.

Der vorliegende Fall ist gleichgelagert. Auch hier begehrt der Kläger die Rückabwicklung eines Vertrages gem. § 346 Abs. 1 BGB, ausgelöst durch den Rücktritt als Gestaltungsrecht, ähnlich dem Widerruf. Dies gilt ebenso für die deliktischen Ansprüche gegen die Volkswagen AG als Hersteller. Diese sind in der Rechtsfolge auf eine ‚faktische' Rückabwicklung gerichtet, welche sich sowohl bezüglich der zu beanspruchenden Hauptforderung als auch im Hinblick auf einen zu gewährenden Nutzungsersatz wiederum nach §§ 346ff. BGB analog ausrichtet[453]. Eine andere Beurteilung verbietet sich schon deshalb, da die Gegenseite sonst einem Vollstreckungsrisiko ausgesetzt wäre, wenn sie keinen eigenen einklagbaren Anspruch auf Herausgabe des Fahrzeuges und des Nutzungswertsatzes hätte. Denn so wäre bei festgestelltem Annahmeverzug die Vollstreckung der Kaufpreisrückzahlung durch den Geschädigten gegenüber der Volkswagen AG möglich, ohne, dass diese ihrerseits die Herausgabe des Fahrzeuges erzwingen könnte. Die herauszugebenden Nutzungen – und zwar solche beider Parteien – sind stets als streitwertneutrale Nebenforderungen i.S.d. § 4 Abs. 1 ZPO zu bewerten. Anderenfalls wären sämtliche Nutzungsersatzansprüche in die Streitwertberechnung einzubeziehen; demzufolge

---

451 BGH NJW 2016, 2428
452 Nobbe/*Maihold* § 357 BGB, Rn. 11
453 Vgl. u.a. LG Paderborn 2 O 118/16 – Jurion

auch die den Streitwert dann erhöhenden nach dem Deliktsrecht geschuldeten Zinsen gem. §§ 849, 249 BGB in Höhe von 4 % auf den Kaufpreis des Fahrzeug seit Zahlung (i.d.R. mehrere tausend Euro). Dieser Gedanke wurde indes in keinem bekannten Urteil gezogen.

Dieser rechtlichen Bewertung sind allerdings nicht alle Instanzgerichte gefolgt. Darauf spekulieren auch offenbar die Versicherer. Da der Streitwert für die Höhe der durch die Versicherung zu zahlenden (Vorschuss-)Rechnung schlussendlich ausschlaggebend ist, liegt die Vermutung nahe, hierbei handle es sich um Kalkül zur eigenen Kosteneinsparung.

Bekräftigt wird dies durch den Auftritt einiger Versicherungen, die sich stets neue und teilweise sogar gerichtsunbekannte Argumente einfallen lassen, um die Deckung des Rechtsschutzfalles zunächst zu versagen und das Verfahren so jedenfalls hinauszögern zu können. Die Schriftsätze einiger Versicherungen verschwimmen von ihrer Didaktik her teils sogar mit denen der Rechtsabteilung der Gegenseite. Sie bringen eine Reihe an Rechtsauffassungen vor, die inhaltlich sogar über den von der Volkswagen AG angeführten Vortrag hinausgehen. Die eigenen Interessen der Deckungsversagung und Einsparung von Gebühren scheinen das Interesse der eigenen Vertragspartner auf ein zügiges Verfahren zu überragen. Dieser Umstand spricht für eine offene Interessenkollision. Es fällt schwer, genutzte Werbeslogans, beispielsweise ÖRAG: *„Der beste Service, seit es Rechtsschutz gibt.",* Auxilia: *„Kompetenz in Sachen Rechtsschutz",* ADAC: *„Endlich voll im Recht",* oder *„Allianz Rechtsschutzversicherung – wir verhelfen Ihnen zu Ihrem Recht",* mit diesem Verhalten in Einklang zu bringen. Dies wird insbesondere in Fallkonstellationen, bei denen das Kaufdatum nach dem öffentlichen Bekanntwerden des Abgasskandals liegt, deutlich: Hierbei handelt es sich um einen der wenigen Fälle, der nach obigem Vortrag eine *Nachfrage* der Versicherung über die konkreten Kaufumstände als verständlich und durchaus angebracht erscheinen lässt[454]. Die Versicherungen wählten allerdings flächendeckend den Weg der kollektiven Deckungsversagung.

Die Vorgehensweise der Versicherungen bei der grundsätzlichen Entscheidung der Deckungszu- oder absage in Massenverfahren scheint von der eigenen wirtschaftlichen Interessenlage geprägt zu sein. Überdies bleiben berechtigte Interessen des Versicherungsnehmers auf eine Deckungszusage aber auch auf ein schnelles Verfahrensergebnis auf der Strecke.

Ob die Versicherungen mit der massenweisen Geltendmachung mehrerer zehntausend Fälle pro Versicherung in Deutschland personell oder finanziell überfordert sind, kann nur gemutmaßt werden. Jedenfalls fällt es

---

454 Vgl. Kapitel § 5, A., I., 2., f. sowie Kapitel § 5, A., I., 6., b.

bei dem Vorgehen zur Bewältigung dieser Aufgabe schwer, von einem sachlichen und kundenfreundlichen Vorgehen zu sprechen Es wird auf verschiedenen Wegen versucht, Deckungsschutz zu verwehren, oder aber zumindest unter Zuhilfenahme des Faktors ‚Zeit' so weit hinauszuziehen, dass das Kostenrisiko des Einzelfalles wenigstens der Höhe nach begrenzt werden kann, wenn eine totale Abwendung schon nicht möglich erscheint.

B. Die Reaktionen der Versicherer nach Rechnungsstellung

Ebenso offenbar das Verhalten der Versicherer nach gestellter (Vorschuss-)Rechnung eine Menge über das zu untersuchende Regulierungsverhalten. Ohne ein Ergebnis vorwegzunehmen, kann an dieser Stelle schon angeführt werden, dass es fast ausnahmslos zu Streitigkeiten über die angesetzte Gebührenhöhe kam. Streitpunkte waren hierbei vor allem die Anzahl der Angelegenheiten (I.) und die Erhöhung der Mittelgebühr (II.).

I. Anzahl der Angelegenheiten

Der Streit um die Anzahl der Angelegenheiten wurde in nahezu jedem, nämlich 87,5 % der 1.524 Fälle, in denen eine Deckungszusage gegen den Händler erteilt wurde, geführt[455].

Beispielhaft wird diesbezüglich statt vieler ein Schreiben der ÖRAG-Versicherung zitiert, welches so gut wie alle von den verschiedenen Versicherungen vorgebrachten Argumente vereint:

> *„Wir weisen jedoch auf folgendes hin:*
> *Die Angelegenheit **gegen den Hersteller und den Verkäufer ist eine Angelegenheit im Sinne des § 15 II RVG**. Ob eine oder mehrere Angelegenheiten vorliegen, ist eine Frage des Einzelfalls und richtet sich maßgeblich nach dem Inhalt der vereinbarten Geschäftsbesorgung (§§ 611, 675 BGB), die der Tätigkeit des Rechtsanwaltes den auftragstypischen Rahmen verleiht. Solange sich der Rechtsanwalt innerhalb dieses Rahmens bewegt, betreffen alle seine Tätigkeiten, mögen sie auch vielzählig, vielgestaltig und zeitaufwendig sein und sich auf verschiedene rechtliche Gegenstände (Rechte oder Rechtsverhältnisse) beziehen, dieselbe Angelegenheit (OLG Düsseldorf 29.06.2006 I-24 U 196/04). Der Auftrag hier definiert sich aus dem **einen Gegenstand** der rechtlichen Auseinandersetzung, dem Kraftfahrzeug.*
> *Wir verweisen auch auf die umfassende Judikatur des BGH zu § 15 II RVG: Auftragsgemäß erbrachte anwaltliche Leistungen betreffen in der Regel ein und dieselbe Angelegenheit, wenn zwischen ihnen ein innerer Zusammenhang besteht und sie sowohl inhaltlich als auch in der Zielsetzung so weitgehend übereinstimmen, dass von einem einheitlichen Rahmen der anwaltlichen Tätigkeit gesprochen werden kann. Die Frage, ob von einer oder von mehreren Angelegenheiten auszugehen ist, lässt sich nicht allgemein, sondern nur im Einzelfall unter Berücksichtigung der jeweiligen Lebensverhältnisse beantworten, wobei insbesondere der Inhalt des erteilten Auftrags maßgebend ist. Die Annahme derselben Angelegenheit im gebührenrechtlichen Sinne setzt nicht voraus, dass der Anwalt nur eine Prüfungsaufgabe zu erfüllen hat. Von einem einheitlichen Rahmen der anwaltlichen Tätigkeit kann vielmehr grundsätzlich auch dann noch gesprochen werden, wenn der Anwalt zur Wahrnehmung der Rechte des Geschädigten verschiedene, in ihren Voraussetzungen voneinander abweichende Anspruchsgrundlagen zu prüfen bzw. mehrere getrennte Prüfungsaufgaben zu erfüllen hat. Denn unter derselben Angelegenheit im gebührenrechtlichen Sinne ist das gesamte Geschäft zu verstehen, das der Rechtsanwalt für den Auftraggeber besorgen soll. Ihr Inhalt bestimmt den Rahmen, innerhalb dessen der Rechtsanwalt tätig*

---

455 Vgl. Anlage zur Dissertation, I.26.

*wird. Die Angelegenheit ist von dem **Gegenstand der anwaltlichen Tätigkeit abzugrenzen**, der das konkrete Recht oder Rechtsverhältnis bezeichnet, auf das sich die anwaltliche Tätigkeit bezieht. **Eine Angelegenheit kann mehrere Gegenstände umfassen**. Für die Annahme eines einheitlichen Rahmens der anwaltlichen Tätigkeit ist es grundsätzlich ausreichend, wenn die verschiedenen Gegenstände in dem Sinne einheitlich vom Anwalt bearbeitet werden können, dass sie verfahrensrechtlich zusammengefasst bzw. in einem einheitlichen Vorgehen geltend gemacht werden können. Ein innerer Zusammenhang ist zu bejahen, wenn die verschiedenen Gegenstände bei objektiver Betrachtung und unter Berücksichtigung des mit der anwaltlichen Tätigkeit nach dem Inhalt des Auftrags erstrebten Erfolgs zusammengehören (BGH VI ZR 261/09 sowie Senatsurteile vom 4. Dezember 2007 - VI ZR 277/06; vom 4. März 2008 - VI ZR 176/07 vom 26. Mai 2009 - VI ZR 174/08)*

Sogar die Inanspruchnahme mehrerer Schädiger kann eine Angelegenheit sein. Dies kommt insbesondere dann in Betracht, wenn den Schädigern eine gleichgerichtete Verletzungshandlung vorzuwerfen ist (BGH VI ZR 261/09).

*Das hiesige **LG Düsseldorf** hat jüngst erst mit Urteil vom **05.01.2017** (Aktenzeichen 9 O 289/14) ausgeführt, dass die Streitsache nicht bereits dann zu einer unterschiedlichen Angelegenheit werde, wenn verschiedene Anspruchsgrundlagen in Betracht kommen. Maßgeblich sei allein die Zielrichtung der klagenden Partei. In dem entschiedenen Fall ging es um die Frage, ob eine Angelegenheit iSd § 15 RVG vorliegt, wenn im Rahmen einer Kapitalanlage verschiedene Anspruchsgegner in Anspruch genommen werden („Göttinger Gruppe"). Die Ausführungen aus dem Verfahren sind auf den VW-Skandal übertragbar.*

Im Ergebnis zielt die Inanspruchnahme sowohl des KfZ-Händlers als auch des Herstellers wirtschaftlich auf dasselbe: Der VN wünscht, den PKW zurück zu geben. Angesichts der obigen Ausführungen ändern unterschiedliche Anspruchsgrundlagen nichts daran, dass eine gebührenrechtliche Angelegenheit vorliegt"[456]

(Hervorhebungen aus dem Original übernommen)

Die Argumente vermögen im Ergebnis nicht zu reüssieren. Bei dem Vorgehen gegen den Hersteller, die Volkswagen AG, einerseits und den Händler andererseits handelt sich nicht um dieselbe Angelegenheit, deren Gebühr nach § 15 Abs. 2 RVG nur einmal abzurechnen wäre. Vielmehr stellt jede Anspruchsdurchsetzung eine eigenständige Angelegenheit nach § 14 Abs. 1 RVG dar. Beide Ansprüche weisen weder

---

456 Vgl. Anlage zur Dissertation, II.23.

aus rechtlichen noch aus tatsächlichen Gesichtspunkten eine Verknüpfung auf, die eine Bewertung als einheitliche Angelegenheit rechtfertigen könnte. Beide Ansprüche entstammen zunächst einmal völlig verschiedenen Haftungssystemen. Aus diesem Grund liegen ihnen einige differierende Rechtsfragen zugrunde.

So erfordert die Anspruchsdurchsetzung aus dem kaufrechtlichen Mängelrecht insbesondere eine detaillierte Auseinandersetzung mit der verwendeten Abgasmanipulationssoftware, damit verbunden mit dem Mängelbegriff als solchem (§ 434f. BGB), einer eventuellen Unmöglichkeit der Nacherfüllung aufgrund im Raum stehender Ineffektivität und zu befürchtenden Folgemängeln des Software-Updates, der Entbehrlichkeit einer Fristsetzung gem. §§ 439, 440, 323 Abs. 2 BGB und verjährungsspezifischen Fragestellung wie etwa der Arglistzurechnung gem. §§ 438 Abs. 3, 278 BGB.

Demgegenüber müssen bei deliktischen Ansprüchen gegen die Volkswagen AG gänzlich verschiedene wesentliche Fragestellungen begutachtet werden, insbesondere solche zur sittenwidrigen Schädigung i.S.d. § 826 BGB, zum Verschulden der Volkswagen AG und einer unter anderem dort angesiedelten sekundären Darlegungslast, einer Verschuldenszurechnung in direkter oder analoger Anwendung des § 31 BGB, oder einer Zurechnung gem. § 831 BGB, bzw. über die in der Rechtsprechung entwickelten Grundsätze der Fiktionshaftung. Nicht zuletzt stehen neben einer kartellrechtlichen Bewertung des Ganzen auch die Wertungen verschiedener Normen als Schutzgesetz aus weitestgehend in der breiten Masse unbekannten Rechtsgebieten (bspw. §§ 6 Abs. 1, 27 Abs. 1 EG-FGV).

Die exemplarisch aufgeführten zu untersuchenden Rechtsfragen weisen offenbar keinerlei Gemeinsamkeiten auf. Es liegt auch gerade kein einheitlich erteilter Auftrag durch den Mandanten vor. Diesem kann als Verbraucher und regelmäßig juristischem Laien eine Unterscheidung der jeweiligen Aufträge gar nicht zugemutet werden. Aus seiner Sicht ist einzig und allein ein wirtschaftlich sinnvoller Ausgang des Verfahrens entscheidend. Erst im Laufe des Mandatsverfahrens kann sich der wahre Umfang des Auftrages zeigen. Einige Mandanten äußern darüber hinaus den unzweideutigen Wunsch aufgrund unterschiedlichster Motivlage (in etwa: gute Beziehung zum Verkäufer, Mitgefühl für selbigen oder geplante Geschäftsbeziehung) auf ein Vorgehen gegen den Händler zu verzichten. Schon daraus ergibt sich eine individuelle und unterschiedliche Bewertung einzelner Mandate, was ebenfalls für eine separate Betrachtung spricht. Insbesondere liegt aber keine inhaltlich übereinstimmende Zielsetzung vor, eine solche wird aber gerade höchstrichterlich gefordert[457]. Dies wird insbesondere dadurch deutlich, dass schon aus wirtschaftlichen Gesichtspunkten im Rahmen des Gewährleistungsrechts die Neulieferung anvisiert werden sollte[458], während gegen den Hersteller als deliktischer Schadensersatzanspruch nur die (faktische) Rückabwicklung des Kaufvertrages, oder der kleine Schadensersatz bleibt.

Die Abrechnung beider Anspruchsverhältnisse als Angelegenheit wird dem erheblichen tatsächlichen Aufwand, den die parallele Geltendmachung mit sich bringt, in keiner Weise gerecht. Auch die in einigen Gerichtsverfahren angeordnete Verfahrenstrennung gem. § 145 ZPO verdeutlicht Unterschiedlichkeit und Eigenständigkeit der jeweiligen Angelegenheiten[459]. Die Abtrennung hat zur Folge, dass die Verfahren an örtlich verschiedenen Gerichten verhandelt werden. In solch gelagerten Fällen scheinen auch die Versicherer nicht auf die Idee zu kommen, nur eine Angelegenheit annehmen zu wollen. Jedenfalls gab es keine darauf schließenden Reaktionen. Dass die Frage der gebührenrechtlichen Angelegenheiten indes nicht von der (willkürlichen) Wahl der Gerichtsstände abhängen kann, ist evident.

Diese Rechtsauffassung hat auch durch verschiedene Instanzgerichte Anerkennung gefunden.

So führt das Landgericht Baden-Baden – Bezug nehmend auf den eigenständigen Freistellungsanspruch des Klägers jeweils gegen den Fahrzeughändler und gegen die Volkswagen AG – hierzu wörtlich wie folgt aus:

*„Der Kläger hat **gegenüber beiden Beklagten einen eigenständigen Anspruch** auf Freistellung von vorgerichtlichen Anwaltskosten in Höhe von je 958,19 € nebst Zinsen in Höhe von 5 Prozentpunkten über dem Basiszinssatz aus Vertragsverletzung bzw. unerlaubter Handlung. (...)."*[460]
(Hervorhebungen durch den Verfasser)

---

457 BGH MDR 2011, 949, der diese Anforderungen im Rahmen einer Entscheidung aufstelle. Hierbei ging es um ein und dieselbe medienrechtliche Fragestellung der Betroffenen aufgrund einer Zeitungsberichterstattung.
458 In diesem Falle muss sich der Verbraucher keinen Nutzungsersatz für die gefahrenen km anrechnen lassen, vgl. § 475 Abs. 3 BGB.
459 LG Arnsberg, 3-01300/17
460 LG Baden-Baden 3 O 387/16 – juris

Dem schließt sich das LG Hildesheim an:

*"Dabei ist zu berücksichtigen, dass es sich bei der vorgerichtlichen Tätigkeit bezüglich der beiden Beklagten **um gesonderte Angelegenheiten** gehandelt hat."*[461]
(Hervorhebungen durch den Verfasser)

Bemerkenswert ausführlich und deutlich führt das OLG Nürnberg beschlussweise aus, dass Ansprüche gegen den Händler und den Hersteller keine engen tatsächlichen oder rechtlichen Verknüpfungen aufweisen und demzufolge keine gleichgelagerten Rechtsfragen zu entscheiden waren. Wörtlich heißt es:

*"Der Anspruch auf Rückabwicklung des Kaufvertrages und die deliktsrechtlichen Ansprüche weisen jedoch **weder eine tatsächliche noch eine rechtlich enge Verknüpfung** auf und führen auch nicht dazu, dass im Prozess über gleichgelagerte Fragen zu entscheiden ist. Bei dem Anspruch auf Rückabwicklung spielt es keine Rolle, ob auf Seiten des Autohändlers ein Verschulden vorliegt, sondern es geht im Schwerpunkt um die Frage, ob vor dem Rücktritt eine Frist zur Nacherfüllung hätte gesetzt werden müssen und ob der behauptete Mangel ohne Folgen beseitigt werden kann. Bei den deliktsrechtlichen Ansprüchen geht es hingegen im Wesentlichen darum, ob ein Verschulden vorliegt. Da die Beklagte zu 2 eine juristische Person ist, kommt es entscheidend darauf an, ob die Voraussetzungen der Zurechnungsnorm des § 31 BGB erfüllt sind, so dass auf interne Vorgänge bei der Beklagten zu 2 und auf das Wissen deren Repräsentanten abzustellen ist. Da die Beklagten zu 1 und 2 keine Streitgenossen sind, kann eine Bestimmung des zuständigen Gerichts nach § 36 Abs. 1 Nr. 3 ZPO nicht erfolgen."*[462]
(Hervorhebungen durch den Verfasser)

An diesem Ergebnis ändert auch der Umstand nichts, dass es auf den ersten Blick Parallelen zwischen den im Deliktsrecht und im Gewährleistungsrecht zu entscheidenden Sachverhaltsfragen zu geben scheint, weshalb auch für die Bewertung der Ablehnungsgründe der Versicherer bei Händlerdeckungsanfragen auf die Ausführungen im deliktischen Teil verwiesen werden konnte. Diese Überschneidungen stellen nur einen geringen Teil aller zu beantwortenden – häufig aber nicht von der Versicherung streitig gestellten – Fragen dar. Zu beachten ist, dass für die deliktischen Ansprüche das Verhalten der Volkswagen AG **bis** zum Kauf entscheidend

---

461 LG Hildesheim 3 O 297/16
462 OLG Nürnberg 1 AR 749/17 – Jurion

B. Die Reaktionen der Versicherer nach Rechnungsstellung

ist. Die hierbei entscheidende Täuschungshandlung inkludiert das gesamte Geschehen der Jahre 2009 – 2015 ebenso wie ein kartellrechtlich relevantes Vorgehen. Sie führt erst kausal zum Irrtum und zur Kaufentscheidung und ist der Vertragsunterzeichnung vorgelagert. Nicht entscheidend sind dagegen etwaige Vorgänge nach dem Kauf. Diese sind wiederum ausschlaggebend für die Gewährleistungsrechte: Mangelerscheinung, Mängelbeseitigung, Wirksamkeit des Software-Updates und Ähnliches spielen sich alle dem deliktsrechtlichen Verhalten zeitlich nachgelagert ab und sind gesondert von diesem zu bewerten.

Das parallele Vorgehen gegen Hersteller und Händler ist mithin als jeweils gesonderte Angelegenheit zu betrachten.

II. Erhöhter Gebührenfaktor

Der zweite Streitpunkt liegt in der Erhöhung der 1,3 Mittelgebühr, welche durch die hiesige Kanzlei in den einzelnen Fällen angesetzt wurde. Von 3.177 Fällen, in denen die Versicherer vorher Deckung zugesagt hatten, wurden 2.897 Vorschussrechnungen mit einem die Mittelgebühr übersteigenden Gebührenfaktor von mind. 1,5 übersandt[463].

415 dieser Rechnungen wurden bislang noch nicht gezahlt, im Übrigen wurde die in Ansatz gebrachte Gebühr 1.345 Mal der Höhe nach nicht akzeptiert[464]. Auch hier werden zur Nachvollziehbarkeit der Auswertung beispielhafte Begründungen der Versicherer angeführt. So legt die ÖRAG auf Grundlage folgender Argumentation lediglich eine Geschäftsgebühr i. H. v. 1,3 an:

„Wir haben der Gebührenberechnung eine 1,3 Geschäftsgebühr zugrunde gelegt. Besondere Umstände, die eine höhere Geschäftsgebühr rechtfertigen können, werden nicht vorgetragen. Wir verweisen auf die Entscheidung des BGH vom 28.05.2013 BGH XI ZR 420/10. „Vertritt ein Rechtsanwalt vorgerichtlich eine Vielzahl von Anlegern in Parallelverfahren und schickt er an die Beklagte dasselbe standardisierte Schreiben, so ist die durch die Parallelität der Sachverhalte bedingte ganz erhebliche Verringerung des zeitlichen Aufwands für das konkrete Mandat im Rahmen der Gesamtwürdigung maßgeblich zu berücksichtigen. Der Erstattungsberechtigte hat hierbei beson-

---

463 Vgl. Anlage zur Dissertation, I.48.
464 Vgl. Anlage zur Dissertation, I.49.

dere Umstände, die dennoch eine höhere Geschäftsgebühr rechtfertigen können, vorzutragen."[465]

Die Argumente der Versicherer greifen auch vorliegend nicht durch. Der angesetzte Gebührenfaktor i. H. v. mind. 1,5 ist angemessen, rechtmäßig und durch den in § 14 Abs. 1 S. 1 RVG gesetzlich ausdrücklich eingeräumten Ermessensspielraum unter Berücksichtigung der dort benannten Faktoren, insbesondere der ‚Schwierigkeit' und des ‚Umfangs' der anwaltlichen Tätigkeit sowie der ‚Bedeutung' für den Auftraggeber, angezeigt:

1. Überdurchschnittliche Schwierigkeit

Die Schwierigkeit der anwaltlichen Tätigkeit umschreibt die Intensität losgelöst vom eigentlichen Umfang. Hierbei fließen sowohl rechtliche als auch tatsächliche Aspekte in die Bewertung ein, die dann als ‚schwierig' zu bewerten ist, wenn in diesen Bereiche überdurchschnittliche Probleme auftreten[466]. Spezialwissen des konkret bearbeitenden Rechtsanwaltes bleibt hierbei außer Betracht – den Vergleichsmaßstab bildet ein Rechtsanwalt mit durchschnittlichen Fähigkeiten und Kenntnissen[467]. Hierbei bleiben insbesondere Kenntnisse eines Fachanwaltes eines bestimmten Rechtsgebietes außen vor[468].

Die im Rahmen des VW-Abgasskandals zu betreuenden Einzelfälle weisen sowohl in tatsächlicher als auch in rechtlicher Hinsicht eine Vielzahl von Problemen und Fragestellungen auf, die weit über die Beratungskomplexität in einem durchschnittlichen Fall hinausgehen. Der Fall ist in der deutschen Rechtsgeschichte einzigartig. Es kann nicht auf einen ‚Mustertypus' des BGH oder eines Obergerichtes zurückgegriffen werden. Jeder Fall ist insgesamt einzigartig und erfordert die Prüfung und Anwendung der bisherigen, stark divergierenden Rechtsprechung sowie Literatur in Abwandlung und Ansehung der vorliegenden Besonderheiten. Jeder einzelnen im VW-Abgasskandal ergehenden gerichtlichen Entscheidung ist besondere Aufmerksamkeit zu widmen, da – wie das skizzierte Beispiel des LG Augsburg[469] beeindruckend zu zeigen vermag – stets mit neuen Rechtsauffassungen und Ansätzen zu rechnen ist. Dies führt zu einer insge-

---

465 Vgl. Anlage zur Dissertation, II.24.
466 Mayer/Kroiß/*Winkler* § 14 Rn. 20-23
467 LG Freiburg AnwBl.65, 184; LG Karlsruhe AnwBl.73, 367
468 BeckOK RVG/*Seltmann* § 14, Rn. 34
469 Landgericht Augsburg aaO

samt als außergewöhnlich und außerordentlich zu beschreibenden Dynamik in der Rechtsprechung zum Abgasskandal. Selbst in ein und demselben Gerichtsbezirk am selben Landgericht vertreten die einzelnen Kammern divergierende Rechtsauffassungen[470]. Dies führt dazu, dass jedes neue instanzgerichtliche Urteil in Ermangelung einer gefestigten oberen Rechtsprechung richtungsweisenden Charakter hat und zur Gewährleistung einer adäquaten Beratungspraxis genau recherchiert werden muss. Beispielhaft hierzu sind die Urteile des LG Berlin vom 15. November 2017[471], LG Hamburg vom 07. März 2018[472] und des Bundesverwaltungsgerichts[473] zu nennen. Dieser Umstand rechtfertigt schon die Annahme einer überdurchschnittlichen und komplexen Mandatsbearbeitung. Er schlägt sich insbesondere in einer hohen Intensität der Mandatsbearbeitung und einer langen Bearbeitungszeit nieder. Es ist notwendig, eine Vielzahl von Quellen auszuwerten und auf Verwertbarkeit hin zu untersuchen. Argumentationsmuster müssen stetig entwickelt und bestehende Argumente überarbeitet werden. Juristische Ansätze und Prozessstrategien sind ebenso zu prüfen und neu zu gestalten. All dies ist nur aus der sich täglich aktualisierenden Rechtsprechung extrahierbar.

Des Weiteren beinhaltet der Umfang eines jeden rechtsschutzversicherten Mandates auch die Auseinandersetzung mit den Versicherungen. Diese ist, wie durch vorliegende Arbeit aufzuzeigen war, durchaus umfangreich. Schon der Umstand, dass eine Ablehnung wegen Mutwilligkeit oder mangelnder Erfolgsaussichten den Anwalt dazu verpflichtet, diesen Ablehnungsgrund inhaltlich zu überprüfen, unterstreicht dies. Hierbei ist eine

---

470 Vgl. Entscheidungen des LG Aachen, die konstant sowohl klagestattgebend (12 O 109/17; 4 O 139/17; 4 O 223/17; 11 O 337/17; 11 O 318/17) als auch klageabweisend (8 O 234/17; 10 O 440/17; 10 O 427/17; 9 0 392/17) urteilten.
471 Vgl. LG Berlin 9 O 103/17: das Landgericht erkannte erstmalig eine vorsätzlich sittenwidrige Schädigung der Volkswagen AG an und bestätigte zu Gunsten des Klägers, dass die Nacherfüllung in Gestalt des Software-Updates dem Käufer nicht zuzumuten ist; darüber hinaus wurde festgestellt, dass den vom VW-Abgasskandal betroffenen Fahrzeugen ein merkantiler Minderwert entsprechend einem Fahrzeug nach einem Verkehrsunfall anhaftet.
472 LG Hamburg 329 O 105/17 – juris: das Landgericht sprach dem Kläger erstmals einen mangelfreien Neuwagen aus der aktuellen Serienproduktion zu, obwohl der Kunde das Software-Update bereits aufgespielt hatte und das Fahrzeug aus einer früheren, nicht mehr produzierten Serie stammte.
473 BVerwG NJW 2018, 2074 und NJW 2018, 2067: das BVerwG ebnete hiermit den Weg für städtische Fahrverbote für Dieselfahrzeuge im Allgemeinen. Das Urteil fand sowohl in der rechtlichen Bewertung des VW-Abgasskandals als auch in der wirtschaftlichen Beratung der einzelnen Mandanten über mögliche Anspruchsziele Eingang.

Einarbeitung in die einschlägigen Normen und den ARB unabdingbar. Der Vollständigkeit halber sei gesagt, dass entgegen des Fehlschlusses der Versicherer die höchstrichterliche Rechtsprechung[474] eine Gebührenerhöhung auch bei sogenannten Großschadensfällen gerade nicht schon von vornherein ausschließt. In seinen beiden Entscheidungen hielt der BGH eine 1,3 Geschäftsgebühr selbst bei nicht individualisierten Serienschreiben für angemessen. Die Urteile betrafen einzig die Frage der Erhöhung der Rahmengebühr wegen des zeitlichen Umfangs. Bezüglich einer möglichen Anhebung aufgrund der Schwierigkeit des Falles führte der BGH aus, dass hierzu lediglich der klägerische Vortrag nicht ausreiche, in dem Urteil heißt es wörtlich:

„Die Beklagte hat unbestritten vorgetragen, dass der Klägervertreter vorgerichtlich in den zahlreichen Parallelverfahren sämtlich (und ausschließlich) dasselbe standardisierte Anschreiben an die Beklagte versandt hat.....Besondere Umstände, etwa rechtliche oder tatsächliche Schwierigkeiten, die dennoch eine höhere Gebühr rechtfertigen könnten, hat die Klägerin nicht vorgetragen,....".

Eine erhöhte Gebühr lässt sich somit explizit durch eine gesteigerte Schwierigkeit des Falles rechtfertigen, auch wenn ausschließlich das gleiche Anschreiben verwendet wurde und dahingehend der Umfang der Tätigkeit überschaubar bleibt.

Es ist mit dem BGH also immer mindestens von einer 1,3 Geschäftsgebühr auszugehen. Dies hat auch dann Bestand, wenn ausschließlich dasselbe Standardschreiben versandt wird und der Rechtsanwalt hierdurch Zeit spart.

Eine Erhöhung wegen komplexerer Anforderungen bleibt ausdrücklich zugelassen, was auch der herrschenden Literatur entspricht[475].

Die besondere rechtliche und tatsächliche Schwierigkeit wird auch durch die Vielzahl von Fristverlängerungsanträgen der Gegenseite[476] unterstrichen, welche teils monatelange Fristverschiebungen ersuchen, da

---

474 Vgl. insbesondere die Urteile des BGH XI ZR 421/10 – juris und XI ZR 420/10 – juris, inhaltlich weitestgehend deckungsgleich, werden hierbei häufig fehlinterpretiert.
475 Gerold/Schmidt/*Mayer* § 14, Rn. 16: „Wird der RA in mehreren gleichgelagerten Angelegenheiten von höchstem Schwierigkeitsgrad tätig, hat er in jeder Sache Anspruch auf die Höchstgebühr (nicht nur in einer)."
476 Vgl. Anlage zur Dissertation, I.50.

eine entsprechend lange Einarbeitungszeit in die *„komplizierte und umfangreiche Angelegenheit*[477]" als notwendig angesehen wird.
Konkret bedeutet das für die hiesigen untersuchten Fälle:

a. Rechtliche Schwierigkeiten i. R. d. Vorgehens gegen den Fahrzeughändler

Besondere rechtliche Schwierigkeiten hinsichtlich der einschlägigen Rechtsgebiete beim Vorgehen gegen den Händler begründen sich zunächst in der Aufklärung technischer Zusammenhänge auf Sachverhaltsebene zur Bestimmung der Mangelhaftigkeit eines jeden streitgegenständlichen Fahrzeuges. Diese bedingen häufig die Übersetzung amerikanischer Dokumente zur Wirkungsweise der Motorsteuerung ins Deutsche. Zur Beurteilung sind vertiefte Kenntnisse des Mängelgewährleistungsrechts, Fragen zum Mangelverdacht sowie zur Prospekthaftung notwendig. Ebenso muss über die Möglichkeit und Zumutbarkeit einer Nachbesserung durch das Software-Update Klarheit geschaffen werden. Hierbei ist auch entlegene Rechtsprechung zur Frage der Erheblichkeit der Pflichtverletzung zu berücksichtigen. Verjährungsrechtliche Problemstellungen ergeben sich insbesondere bezüglich des Eintrittes oder der Hemmung derselben. Auf eine etwaige Arglistzurechnung zur Begründung der Annahme der Regelverjährung gemäß § 438 Abs. 3 BGB ist besonderer Fokus zu richten. Aus wirtschaftlicher Sicht sind die Neulieferungsbedingungen und Ersetzungsklausel eines jeden Kaufvertrages zu begutachten und bei wirtschaftlich fehlender Sinnhaltigkeit unter Umständen das Gestaltungsrecht der Minderung i. S. d. § 441 BGB vorzugsweise auszuüben. Schließlich erklären sich gerade Händler vermehrt bereit, in vorgerichtliche Vergleichsverhandlungen einzutreten[478]. Der daraus resultierende erhöhte Schriftsatzumfang ist ebenso gebührenerhöhend zu berücksichtigen[479]. Die außergerichtliche Korrespondenz mit dem Fahrzeughändler ist von besonderem Umfang gekennzeichnet. Insbesondere in Fällen, die vergleichsweise beigelegt werden können, kommt es zu einer weiteren individuellen Abstimmung mit

---

477 Ebd.
478 Vgl. Anlage zur Dissertation, II.25.1. und II.25.2.
479 Gerold/Schmidt/*Mayer* § 14, Rn. 15: „Ebenso muss sich z. B. bei Vertragsverhandlungen auf den Gebührensatz (VV 2300) auswirken, wenn die Verhandlungen an einem Tag zum Ziele führen oder wenn sie sich über Monate oder Jahre hinziehen bzw. wenn ein langandauernder und umfangreicher Schriftwechsel geführt wird."

dem Mandanten über das anvisierte Verhandlungsergebnis. Hierbei ist stets das Einzelfallmandat zu beachten. Selbst bei einer Vielzahl von Vergleichsverhandlungen mit verschiedenen Fahrzeughändlern bilden sich nur wenig bis keine Synergieeffekte.

b. Rechtliche Schwierigkeiten im Rahmen des Vorgehens gegen den Hersteller

Bereits die umfangreichen und schwierigen Rechtsfragen im Zusammenhang mit dem Deliktsrecht als eigenständiges Haftungssystem mit in den vorliegenden Fällen europa-[480] und kartellrechtlichem[481] Einschlag führt per se zu einer Erhöhung der Mittelgebühr. Um die Täuschung nachzuvollziehen, muss sich zunächst mit dem komplizierten Typgenehmigungsverfahren auseinandergesetzt werden. Dazu kommt es wiederholend zu Implikationen aus dem öffentlichen Zulassungsrecht, insbesondere vor dem Hintergrund jüngst zulässiger Fahrverbote in Großstädten. Im Mittelpunkt stehen immer wieder komplexe Zurechnungsfragen innerhalb eines Großkonzerns sowie innerhalb eines Unternehmens gem. §§ 31, 831 BGB – inklusive Auseinandersetzung mit einer widersprüchlichen BGH-Rechtsprechung zur Fiktionshaftung[482]. Es ist notwendig, Verantwortungsträgern eines Großkonzerns, im Zweifel unter Zuhilfenahme der innerhalb der Rechtsprechung unterschiedlich beurteilten[483] sekundären Darlegungslast, ein Verschulden nachzuweisen. Die grundsätzlich im Deliktsrecht anzusiedelnden Fragen werden mithin weiter von den Gebieten des Handels-, Gesellschafts- und Konzernrechts, aber auch des Wettbewerbsrechts – insbesondere bezüglich irreführender Werbung – und des Wirtschaftsstrafrechts flankiert.

---

480 Vgl. insb. Art. 4 Abs. 2 VO (EU) 715/2007
481 Vgl. insb. Art. 101 AEUV
482 So hat der BGH NJW 1980, 2810 eine Fiktionshaftung begründet und angenommen, während er diese Rechtsfigur in NJW 2017, 250 eher – wenngleich nicht zwingend generell – ablehnte.
483 So wurde eine sekundäre Darlegungslast unter anderem in folgenden Entscheidungen angenommen: LG Wuppertal 17 O 119/17 – juris, LG Berlin 13 O 108; LG München II 12 O 1482/16 – juris; unter anderem folgende Gerichtsentscheidungen sahen die Voraussetzungen hierfür indes nicht als erfüllt an: LG Braunschweig 3 O 1915/17 – juris; LG Braunschweig 11 O 4153/16 – juris

c. Tatsächliche Schwierigkeiten

Neben den vorangestellten rechtlichen Schwierigkeiten ergeben sich auch solche tatsächlicher Art. Diese sind bei der Bemessung des angemessenen Gebührenrahmens erhöhend zu berücksichtigen[484]. Begründet werden die tatsächlichen Schwierigkeiten im Abgasskandal unter anderem min der Informationskomplexität und den Stellungnahmen der Gegenseite. Zu beachten ist, dass sich die Recherchetätigkeit nicht allein auf die Sichtung von Unterlagen beschränkt, wie es beispielhaft in durchschnittlichen Angelegenheiten der Fall ist, für die wiederum eine 1,3 Geschäftsgebühr angemessen erscheint. Neben der oben dargelegten häufig schwankenden Instanzenrechtsprechung sind für die tatsächlichen Fragen die großen medialen Präsenzen und die sich daraus ergebende Masse an Information aus Presse und Rundfunk zu berücksichtigen. Diese fordern ständige und tiefgreifende Recherche. Sie müssen strukturiert aufbereitet werden. Für die Justiziabilität wichtige Informationen sind zu extrahieren und in die Schriftsätze einzuarbeiten. Um dies gewährleisten zu können, beschäftigt die Kanzlei Gansel Rechtsanwälte eine ausgebildete Journalistin und mehrere Personen, die ihr unterstützend zuarbeiten. Solche Personalien finden sich aber regelmäßig gerade nicht in üblich ‚ausgestatteten' Kanzleien und sind für die Bearbeitung durchschnittlicher Fälle auch nicht notwendig. In Sachen Abgasskandal ist eine solche Personalressource indes unabdingbar, um mit der Gegenseite, die als Hersteller der manipulierten Abgassoftware der Natur der Sache nach einen erheblichen Informationsvorsprung hat, auf Augenhöhe agieren zu können. Die hier zu Tage gebrachten Informationen finden schlussendlich zwar auch über den Einzelfall hinaus in einer skalierten Mandatsbearbeitungsstrecke Verwendung, die ständige und stetige Recherche laufender und neuer Entwicklungen in tatsächlicher und rechtlicher Hinsicht ist allerdings ein dauerhafter Bestandteil der Wertschöpfungskette der Beratungspraxis. Der Vorwurf einer manipulierten Motorsteuerung weitete sich beispielsweise erst im Laufe der Monate um neue Modelle und Hersteller aus. Es kam zu Razzien bei dem Tochterunternehmen der VW AG Audi[485]. Anfang 2018 wurde bekannt, dass VW Abgastestversuche mit Affen durchführte[486]. Diese investigative Aufklä-

---

484 Gerold/Schmidt/*Mayer* § 14, Rn. 16
485 Vgl. Süddeutsche Zeitung vom 6. Februar 2018: „Staatsanwälte durchsuchen Audi-Zentrale"
486 Vgl. Focus Online vom 31. Januar 2018: „Umstrittene Diesel-Abgastests – Das passierte mit den Affen im Labor"

rungstätigkeit ist daher ein nicht zu vernachlässigender und sich auf das Einzelmandat auswirkender Tätigkeitsschwerpunkt, der im Rahmen der Einzelfallabrechnung Berücksichtigung finden muss. Diese Tatsachen werden bei der rechtlichen Bewertung der einzelnen Ansprüche, beispielhaft bei der Begründung einer Unzumutbarkeit des Einlassens auf das Nacherfüllungsbegehren der Volkswagen AG im Rahmen des Software-Updates und dem erlittenen erheblichen Vertrauensverlust gegen den Konzern, Rechnung getragen. Vor dem Hintergrund drohender städtischer Fahrverbote sind die regionalen politischen Tendenzen zu berücksichtigen und die taktische Ausrichtung des Einzelfalles aufgrund der erlangten Informationen in der Masse auf dessen Wohn- und Bezugsort anzupassen.

Um ganz grundsätzlich eine qualitativ hochwertige juristische Beratung gewährleisten zu können – und nur eine solche kann dem großen Konzern auf der Gegenseite gerecht werden – ist detailliertes fachliches Wissen über die Funktionsweise der manipulierten Software sowie eines Dieselverbrennungsmotors unabdingbar. Einem auf dem Themengebiet des Zivilrechts verständigen aber nicht weiter vorgebildeten Anwalt muss gewährleistet werden, sich in die technischen Zusammenhänge entsprechend intensiv einarbeiten zu können, ohne unter Gebühr abrechnen und so auf den eigenen Kosten sitzen bleiben zu müssen. Bis zum Stichtag – also knapp drei Jahre nach Bekanntwerden des Skandals und bereits mehrere tausend verlorene Gerichtsverfahren im Rücken – bestritt die Volkswagen AG weiterhin den Einbau einer *rechtswidrigen* Abschalteinrichtung. Dieser muss erst einmal nachvollzogen werden, um eine ansatzweise vernünftige juristische Argumentationskette aufbauen zu können. Auch die genaue Funktionsmöglichkeit der Software war zu ergründen, mit etwaigen Folgemängel musste sich, ebenso wie mit innerkonzernlichen Kenntnis- und Zurechnungsfragen, auseinandergesetzt werden.

Diese Umstände werden auch in unzähligen instanzgerichtlichen Entscheidungen, die einen erhöhten Gebührenfaktor angenommen haben, gewichtet. So führt das LG Potsdam etwa aus:

„Der Ansatz von 2,0 RVG-Gebühren ist nicht zu beanstanden, da, wie sich nicht zuletzt aus der Einlassung der Beklagten ergibt, die Auseinandersetzung schwierige und höchstrichterlich noch nicht entschiedene Tatsachen- und Rechtsfragen betrifft."[487]

---

487 LG Potsdam 6 O 211/1 – IWW

B. Die Reaktionen der Versicherer nach Rechnungsstellung

Auch das Landgericht Trier erachtete eine 2,0 Gebühr für angemessen[488], ebenso das Landgericht München II, welches in seinem Urteil anführte:

"Berechtigt ist eine 2,0 Gebühr (nebst Kommunikationspauschale und Umsatzsteuer). Die Höhe rechtfertigt sich aus dem Umfang, der Komplexität und der rechtlichen Ungeklärtheit wesentlicher Einzelpunkte"[489].

Die Landgerichte Essen[490] und Ingolstadt[491] rechtfertigten eine 2,0 Geschäftsgebühr unter den Gesichtspunkten der fehlenden höchstrichterlichen Vorgaben, bzw. des umfangreichenden Sachverhaltes und der notwendigen vertieften Recherche. Ebenso deutlich äußerte sich das Landgericht Detmold, welches wenigstens eine 1,7 Gebühr pro Angelegenheit für angemessen hält:

"Unter Würdigung aller Umstände, insbesondere des Umfangs und der Schwierigkeit der anwaltlichen Tätigkeit und der Bedeutung der Angelegenheit (§ 14 Abs. 1 RVG) erachtet das Gericht hier jedoch lediglich eine Geschäftsgebühr von 1,7 nach Nr. 2300 VV RVG für angemessen. Dabei verkennt das Gericht nicht die Komplexität der im Rahmen des vorliegenden Sachverhaltes zu würdigenden tatsächlichen und rechtlichen Gesichtspunkt, die zudem aufgrund der Aktualität eine ständige Verfolgung neuer Erkenntnisse und aktueller Entwicklungen erfordern(...)."[492]

2. Umfang und erheblicher Vorbereitungs- sowie Betreuungsaufwand

Neben der Schwierigkeit ist auch der Umfang der Tätigkeit ein weiteres Indiz für die Komplexität des Falles[493]. Der überdurchschnittliche Umfang ergibt sich hierbei bereits aus der gesteigerten Schwierigkeit, der umfangreichen Recherche und der notwendigen Aneignung und dem Einsatz fachlichen Wissens (s. o.). Im Einzelfall erfordert die drohende Mobilitätseinschränkung aufgrund einer möglichen Zulassungsentziehung bei fortwährend weigerlicher Haltung, das Software-Update nicht aufspielen zu wollen, ein hohes und zeitintensives Beratungsbedürfnis. Die Mandanten

---

488 LG Trier 5 O 298/16 – juris
489 München II 12 O 1482/16 – juris
490 LG Essen 9 O 33/17 – juris
491 LG Ingolstadt 33 O 1571/16
492 LG Detmold 7 O 967/16 – juris und 7 O 1649/16 – juris
493 Gerold/Schmidt/*Mayer* § 14, Rn. 15: „Bei dem Umfang ist der zeitliche Aufwand zu berücksichtigen, den der RA auf die Sache verwenden muss."

zeigen sich aus diesen und weiteren Gründen[494] stark verunsichert, was sich in einem hohen Nachfrageaufkommen bezüglich Verboten und drohender Wertminderungen der streitgegenständlichen Fahrzeuge niederschlägt. Auch die Einordnung des Kraftfahrzeuges als Gebrauchsgegenstand, welches naturgemäß permanent verschiedensten äußeren Einflüssen ausgesetzt ist und in der Regel nicht bis zum Ausgang des Verfahrens ungebraucht bleiben kann, führt schlussendlich zu erhöhten Nachfragen und Beratungen bei Unfall(-total-)schäden, Weiterverkauf, Hauptuntersuchungen oder der drohenden Zulassungsentziehung. Die Preisintensität und die Bedeutung, die der Mandant seinem Fahrzeug regelmäßig zukommen lässt, führt gepaart mit dem großflächig begangenen Betrug durch die Volkswagen AG zu einer starken emotionalen Aufladung. Viele Geschädigte fühlen sich alleine durch die tagtägliche Nutzung des Fahrzeuges ständig daran erinnert, in großem Stile getäuscht worden zu sein und empfinden dies als persönlich unerträglichen Zustand. Das Vertrauen in den Großkonzern ist in immensem Umfang gebrochen. Auch dadurch kommt es immer wieder zu vorschnellen Sachstandsanfragen, weshalb in der Kanzlei ein eigener mehrköpfiger Customer-Care-Service mit 50-stündiger telefonischer Erreichbarkeit zusätzlich zu den zu beantwortenden Email-Anfragen eingerichtet wurde. Zwar ist es aufgrund der Skalierbarkeit der Fälle möglich, Argumente wiederholt vorzubringen. Dies führt aber nicht dazu, dass – wie von der Versichererseite häufig angeführt – eine gebührenmindernde Zeitersparnis aufgrund der Verwendung individualisierter Standardschreiben erfolgt. Zum einen war für eine effektive Mandatsbearbeitung eine arbeits- und zeitintensive Vorbereitung aller Schreibung sowie Planung und Investition in Wissen, fallspezifischer Software und IT notwendig. Eine zu verzeichnende Zeitersparnis wird bereits durch den Personal- und Kostenaufwand zur Erstellung der Software-Lösung (Legal-Tech) kompensiert, die eine individualisierte Bearbeitung einer solchen Anzahl von Fällen überhaupt erst ermöglicht. Eine Verringerung der angesetzten Geschäftsgebühr würde diesen Umstand außenvorlassen.

3. Besondere Bedeutung für den Mandanten

Maßgeblich ist nicht zuletzt die subjektive Bedeutung der Angelegenheit für den Auftraggeber[495]. Hierzu gehört auch dessen wirtschaftliches Inter-

---

494 Z. B. drohende städtische Fahrverbote
495 Gerold/Schmidt/*Mayer* § 14 RVG, Rn. 16

esse[496]. Der im VW-Abgasskandal ausschlaggebende Autokauf des streitgegenständlichen Fahrzeuges hat bereits wegen seines intensiven Preises eine gesteigerte wirtschaftliche Bedeutung für den einzelnen Mandanten. Er stellt nach dem Immobilienerwerb regelmäßig die intensivste Belastung dar und ist nicht zuletzt deshalb wohlüberlegt und von individuellen Abwägungskriterien, insbesondere Marke, Kraftstoffart und Verbrauch, sehr bewusst getätigt. Entsprechend hoch ist die Täuschungsauswirkung auf das Empfinden des Einzelnen. Nicht nur, weil er eine solch erhebliche Summe investiert hat, sondern auch, weil das Vertrauen in die Kaufsache, den Verkäufer und die Integrität des Fahrzeugherstellers verloren gegangen ist.

Neben dem subjektiven Empfinden sind auch objektive Gesichtspunkte gebührenerhöhend zu berücksichtigen, etwa das öffentliche Interesse an der Angelegenheit, oder deren Bedeutung[497]. Im VW-Betrugsfall unterstreichen die zahlreichen unabhängigen Medienberichte das öffentliche Interesse am Abgasskandal im Allgemeinen und der juristischen Aufarbeitung des größten Industrieskandals der Nachkriegszeit im Besonderen. Neben den zivilrechtlichen Ansprüchen der Einzelfallgeschädigten stehen insbesondere auch haftungsrechtliche Gesamtzusammenhänge, beispielsweise die Art der Täuschung einzelner Mitarbeiter, der Volkswagen AG selbst und damit verbundene, an obiger Stelle bereits dargelegten rechtlichen Fragestellungen. Konkret stand das deutsche Wirtschaftsgut ‚Volkswagen-Automobil' – des ‚Deutschen liebstes Kind' – auf der Kippe. Durch weitere Aspekte, etwa drohende Dieselfahrverbote aufgrund der Entscheidung des Bundesverwaltungsgerichts, wurden Dieselfahrzeuge regelrecht stigmatisiert. Diese sämtlichen Aspekte sind in der gebührenrechtlichen Einordnung zu berücksichtigen.

4. Sukzessives Anwachsen der Geschäftsgebühr

Überdies sei darauf verwiesen, dass die Geschäftsgebühr nicht von vornherein festzusetzen ist, sondern im Laufe des Verfahrens erst sukzessiv entsteht. Ein nachträgliches Anwachsen des Gebührensatzes bis zur oberen Grenze des Gebührenrahmens (2,5) ist möglich[498]. Hierbei ist auch maßgeblich, wie oft ein jeweiliger Gebührentatbestand erfüllt worden ist. So kann mehrmalige Korrespondenz oder auch ein erst im Nachgang ersicht-

---

496 BeckOK RVG/*Seltmann* § 14, Rn. 37-40
497 Gerold/Schmidt/*Mayer* § 14, Rn. 17
498 So BGH NJW 2017, 3527

§ 5 Das Verhalten der Rechtsschutzversicherungen im VW-Abgasskandal

licher Beratungs- und Betreuungsaufwand, ebenso wie erst im Laufe der Mandatsbearbeitung entstehende Personalkosten – beispielsweise wie hier zur Gewährleistung einer leistungsfähigen IT-Infrastruktur – zu einem Anwachsen des ursprünglich geltend gemachten Faktors führen.

III. Zusammenfassung

Aus den vorgenannten Erwägungen ergibt sich auch unter Bezugnahme auf die einschlägige Judikatur, dass unter Berücksichtigung der nicht abschließenden Kriterien des § 14 RVG das in Ansatzbringen zweier separater Angelegenheiten zu einer Geschäftsgebühr von jeweils mind. 1,5 gerechtfertigt ist. Dies gilt insbesondere unter Berücksichtigung einer Vielzahl von Instanzgerichten, die – ebenfalls überwiegend auf Grundlage der hier angeführten Argumente – gar eine Geschäftsgebühr von 2,0 für angemessen erachtet haben[499]. Der vielfache Versuch der Rechtsschutzversicherungen diesen zu drücken geht an der materiellen Rechtslage vorbei, ist weder hinnehmbar noch lässt er sich rechtfertigen

---

499 Vgl. folgende Gerichtsentscheidungen, die eine 2,0 Geschäftsgebühr angenommen haben: LG Ravensburg 1 O 34/18; LG München II 12 O 1482/16 – juris, LG Regensburg 61 O 1340/17; LG Potsdam 4 O 34/17; LG Limburg 1 O 48/18; LG Bochum 1 O 60/18 I-4 O 320/17; LG Köln 12 O 15/18

§ 6 Rechtsschutzversicherungen in Massenschadensfällen – kein Partner der Versicherungsnehmer

Die vorliegende Arbeit hat das Regulierungsverhalten der Versicherungen im VW-Abgasskandal, dem größten Individual-Massenverfahren in der Geschichte der Bundesrepublik Deutschland, untersucht. Es war zu erforschen, ob die bereits seit 2004 immer wieder geäußerte Kritik an dem Vorgehen deutscher Rechtsschutzversicherungen durch rechtstatsächliche Befunde untermauert werden kann, oder zu verwerfen ist.

Als Forschungsmaterial konnte umfangreicher Schriftverkehr in 4.296 Fällen[500] genutzt werden. Ausgangspunkt war hierbei die Versendung von gesamt 10.672 Schreiben[501] an Versicherungen, in denen um Erteilung der Zusage für die Übernahme des Kostenrisikos eines Rechtsstreites, bzw. eines einzelnen Verfahrensschrittes, gebeten wurde. Fokussiert betrachtet wurden die 8.459 Fälle (79,3 %), in denen zum Forschungsstichtag ein Ergebnis in Form einer Reaktion vorlag. Hierbei wurden wiederum insbesondere die (zunächst) erteilten Ablehnungen (insg. 1.808) sowie auf eine Erstberatung beschränkte Zusagen (21) und aufgrund weiterer Nachfragen verzögerte Leistungsentscheidung (1.328) ins Auge gefasst.

---

500 Ein „Fall" im Sinne dieser Arbeit beschreibt die Reaktion der Versicherer auf eine einzelne Deckungsanfrage, nicht nur beschränkt auf die grundsätzliche Frage nach dem Rechtsschutzfall. Da das außergerichtliche und erstinstanzliche Vorgehen gegen den einzelnen Händler und die Volkswagen AG als Hersteller untersucht wurde, kann ein einzelner Mandant bei seiner Versicherung insgesamt Reaktion in 4 Fällen hervorgerufen haben: ‚außergerichtlich Hersteller', ‚gerichtlich Hersteller' ‚außergerichtlich Händler', ‚gerichtlich Händler'.
501 Mit „Schreiben" ist hierbei lediglich die Anfrage zu verstehen, welche die zu untersuchende Reaktion der Versicherer auslöst. Weiterer Schriftwechsel bleibt unberücksichtigt. Jedem „Fall" geht entsprechend ein – aber auch nur ein – „Schreiben" voraus.

§ 6 Rechtsschutzversicherungen in Massenschadensfällen

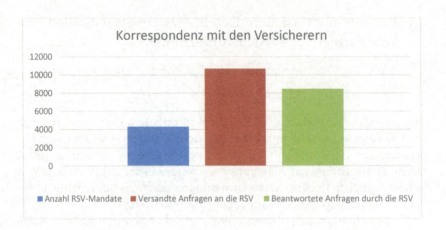

Es lässt sich abschließend Folgendes festzustellen:

Von 1.808 erteilten Ablehnungen sind mit 65,7 % knapp zwei Drittel (1.188) als ‚unberechtigt' einzustufen. Von weiteren 1.349 Nachfragen und Zusagen für Erstberatungen sind 967 (71,6 %) als vertragsbrüchig und verfahrensverzögernd anzusehen.

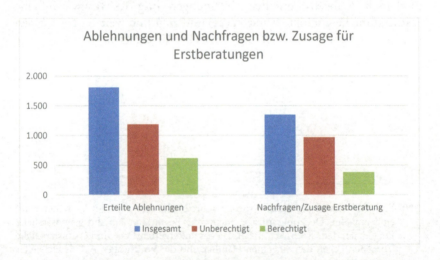

Die Versicherungen kamen insgesamt 3.157 Mal dem Wunsch des Versicherungsnehmers auf unmittelbare Erteilung einer Zusage nicht nach, sondern schoben dem ungestörten Verfahrensfortgang eine notwendige weitere Auseinandersetzung zwischen Anwalt und Versicherer vor. Hierbei kann ihnen in nicht einmal einem Drittel der Fälle (31,7 %) ein rechtlich nachvollziehbares und die Vertragspflichten wahrendes Verhalten attestiert werden. In der ganz überwiegenden Anzahl ist das Verhalten der Versicherungen bereits bei der Leistungsentscheidung dem Grunde nach zu rügen.

Dass diese Zahlen schlussendlich so deutlich ausfallen, verwundert schon deshalb, weil der Versendung der Deckungsanfrage an die Versicherungen durch die Kanzlei eine Vorprüfung vorgeschaltet war, mit der die wesentlichen Parameter des Falles überprüft wurden und so bereits intern eine Vorsortierung erfolgsaussichtsloser Fälle stattfand.

Die isolierte Betrachtung vorgenannter Zahlen führt zu dem Schluss, dass die Versicherungen ihrer Leistungserbringungspflicht nicht vertragsgemäß nachkommen und zwar in einem Ausmaß, das auf ein bewusstes Kalkül zur Leistungsvermeidung schließen lässt. Die Belange der Versicherungsnehmer werden dem Streben nach eigenem wirtschaftlichem Gewinn untergeordnet. Dies wird durch vorliegende Auswertung empirisch bestätigt. Die langjährige Kritik an dem Vorgehen der Rechtsschutzversicherungen findet rechtstatsächlichen Rückhalt.

Dieser Schluss setzt sich auch in der gebührenrechtlichen Auseinandersetzung fort:

Festgestellt wurde, dass das Kostenrisiko bei einem Vorgehen gegen zwei unterschiedliche zu beklagende Parteien in 87,5 % der Fälle auf ‚eine Angelegenheit' beschränkt und die Erhöhung der gebührenrechtlichen

Mittelgebühr von 1,3 in knapp der Hälfte aller Fälle (1.345 von 2.897) nicht akzeptiert wurde.

Der Anwalt wird über diesen Weg durch die Versicherungen dazu gezwungen, den eigenen Mandanten zu verklagen[502], um den ihm zustehenden Gebührenanspruch auch der Höhe nach zu erhalten. Vor diesem Hintergrund lässt sich nur noch schwer davon sprechen, dass Rechtsschutzversicherungen prinzipiell als ‚Freund' oder ‚Partner' des Versicherten oder des Anwaltes auftreten. Viel mehr verursachen sie nicht unerheblichen Mehraufwand sowie Unverständnis, was unter Umständen zu Zwietracht zwischen zwei Parteien, deren Verhältnis von uneingeschränktem Vertrauen lebt, führt.

Im Gesamtbild des VW-Abgasskandals schafft es die Versicherungsgemeinschaft nicht, sich von bestehenden Vorwürfen und Kritik zu befreien. Das hier festgehaltene Ergebnis spiegelt sich auch in einer Untersuchung der Stiftung Warentest wieder, nach der die Rechtsschutzversicherungen in allen untersuchten Verfahren, in denen Gerichte über die (verwehrte) Deckungsverpflichtung bzgl. einer Klage gegen die Volkswagen AG zu entscheiden hatten, unterlagen[503]. Während mit einschlägigen Werbeversprechungen um neue Versicherungsnehmer gebuhlt wird, bleiben die tatsächlichen Belange der Bestandskunden auf der Strecke. Verschiedene taktische Mittel zur Senkung des Ausgabevolumens, beispielsweise durch die Einführung günstiger arbeitender Vertragsanwälte, waren schon Jahre vor der Aufarbeitung des Dieselskandals bekannt. Abreden solcher und ähnlicher Art scheinen für die Versicherungen überlebensnotwendig zu sein. Jedenfalls fehlt es wohl an Alternativen, das ‚Wettangebot'[504] Versicherungsvertrag gewinnbringend zu gestalten.

Auf Grund der festgestellten Tatsachen muss die Frage gestellt werden, ob das derzeit bestehende Konzept ‚Rechtsschutzversicherung' überhaupt fähig ist, die <u>individuelle</u> Geltendmachung von Massenschadensfällen zu ermöglichen und zu betreuen. Die Versicherungsbranche wirkt in ihrer Rolle im VW-Abgasskandal mit seinen 3 Millionen Betroffenen[505], von denen viele mit einer Verkehrsrechtsschutzversicherung ausgestattet sind, und einem überdurchschnittlich hohen Mittelstreitwert von etwa

---

502 Vgl. hierzu Kapitel § 3, C.
503 Vgl. Finanztest, 08/2018, „Rechtsschutzversicherung im Test: 14 von 56 Tarifen sind gut", S. 21
504 Die Spekulation, dass durch den einzelnen Versicherungsnehmer im Mittel über die Versicherungszeit hinweg mehr Prämien eingenommen, als an ihn ausgezahlt werden.
505 Zahl tendenziell steigend.

EUR 25.000,00 überfordert. Bereits das Volumen anwaltlicher Vorschusskosten scheint die Ressourcen der Versicherer zu übersteigen. Anders lässt sich die Tatsache, dass selbst äußerst aussichtsreiche Fälle nicht – jedenfalls nicht außergerichtlich – durch einen Vorschuss gedeckt werden sollen, den die Versicherungen im wahrscheinlichen Erfolgsfall von der Volkswagen AG oder dem unterliegenden Händler zurückerstattet bekommen, kaum erklären. Dabei sollten diese im Sachverhalt klaren, rechtlich im Übrigen ‚unproblematisch' und positiv zu prognostizierenden Fälle ursprünglich gar keinen allzu großen Stellenwert innerhalb dieser Arbeit erhalten. Es wurde davon ausgegangen, dass alleine die im Raum stehende und fast sichere Rückvereinnahmung zu einer unverzüglichen Deckungserteilung führen sollte. Hier wurde der Verfasser eines Besseren belehrt.

Daneben stehen all die Mandatsverhältnisse, die kleinere rechtliche oder tatsächliche Hürden aufwiesen. Die in diesen Fällen abzugebende Prognose über den Verfahrensausgang war nicht zweifelsfrei als positiv einzuschätzen. Die hier dargestellte und zugrunde gelegte Rechtsauffassung ist zwar in jedem Fall vertretbar, aber – wie es in der Juristerei Tagesordnung ist – keine Garantie für einen 100%ig erfolgreichen Ausgang und einer damit verbundenen abschlaglosen Rückerstattung der geleisteten Vorschusszahlung. Diese Ungewissheit führte zu einer konsequenten Deckungsversagung, an die sich ein umfangreicher Schriftverkehr schloss. Hierbei gaben sich einzelne Versicherungen, als stünden sie auf Seiten der Volkswagen AG oder einzelner Händler: Zweifelhafte Sachverhalte wurden konsequent zu Lasten der Versicherungsnehmer ausgelegt. Stichhaltige Argumentationslinien wurden unter Zuhilfenahme eher unbekannter Literatur und jahrzehntelang zurückliegender Rechtsprechung aufwendig versucht zu widerlegen. Klare, in sich schlüssige und ausnahmslos versicherungsnehmerfreundliche Urteile wurden als grobe rechtliche Verfehlung deklariert, um an bekannten Ablehnungsgründen festhalten zu können. Teilweise wurden Urteile zur Untermauerung der eigenen Meinung zitiert, die sich bei Überprüfung als inhaltlich konträr herausstellten. Ob dies als Versehen zu werten ist, oder doch berechnende Taktik war, kann nur gemutmaßt werden, wenngleich sich in dem Gesamtbild des Versicherungsverhaltens eine Tendenz abzuzeichnen vermag. Die Versicherungen sind zwar auch als regulierende Kontrollinstanz vor übermäßiger und aussichtsloser Klagebegehren zu verstehen. Dieser Boden der Objektivität wurde vorliegend allerdings allzu oft verlassen. Von einer vernünftigen Kontrolle zur Eindämmung unvernünftiger Verfahren kann nicht mehr gesprochen werden.

§ 6 Rechtsschutzversicherungen in Massenschadensfällen

Dabei dient der Abschluss eines Rechtsschutzversicherungsvertrags gerade der Risikoabsicherung und nicht nur der Verauslagung und Übernahme eines (sehr) wahrscheinlich zurückzuerlangenden Kostenvorschusses[506]. Genau hierauf reduzierte sich aber in einer Vielzahl von Fällen die Leistungsbereitschaft der Versicherer. Es schien nicht möglich – oder gewollt –, die Mehrbelastung ‚Risikofälle' zusätzlich zu den Vorschussleistungen abzubilden. Die Schlechterstellung der eigenen Versicherungsnehmer und Vertragspartner wurde der Erfüllung gesellschaftlicher und vertraglicher Verpflichtung gegenüber prioritär gestellt. Damit ermöglichen die Versicherer an dieser Stelle gerade nicht den eingangs erwähnten „Access to law"[507].

Und auch in Fällen, in denen Deckung dem Grunde nach erteilt wurde, war in der Folge häufig der Versuch zu beobachten, die anwaltlichen Gebühren zu reduzieren. Auch dieses Verhalten gereicht schlussendlich dem Versicherungsnehmer zum Nachteil. Soweit die Versicherungen die Gebührenkürzung mit einem Verweis auf standardisierte Vorgänge und Zeitersparnis begründen, wird dies dem aufwendig errichteten Untergrund, auf dem eine solch skalierte aktenübergreifende Fallbearbeitung steht, nicht gerecht. Dieser wurde lange vor dem ersten juristischen Spatenstich in Sachen Abgasskandal durch eine vorstrukturierte, finanziell und arbeitstechnisch intensiv zu Buche schlagende Prozess- und IT-Struktur notwendigerweise verdichtet. Nur dieser kräftige Unterbau ermöglichte und ermöglicht es, durch qualitativ hochwertige Einzelfallbetreuung einen fairen juristischen Wettkampf gegen einen großen Gegenspieler wie den Volkswagenkonzern führen zu können. Eine solche (notwendige) Struktur kann allerdings nur dann auch für zukünftige vergleichbare (Massen-)Verfahren gewährleistet werden, wenn diese Faktoren in der Gebührenrechnung angemessen Berücksichtigung finden. Ansonsten bleibt die Verringerung des Arbeitsaufwandes pro Mandat die logische und alternativlose Folge. Denn eine ständige Aufarbeitung tagesaktueller Gerichtsentscheidungen und

---

506 Der Schritt, sein Recht geltend zu machen, wird nämlich nicht durch eine lediglich Kosten**verauslagung** gehemmt. Es ist das Kosten**verlust**risiko, was dem Betroffenen Steine in den Weg legt.
507 Durch die entgegenstehende Argumentation, die einer Vielzahl eigentlich erfolgsversprechender Fälle ihre Erfolgsaussicht abspricht, wird der rechtsunkundige und daher beeinflussbare Versicherungsnehmer in seinem Entschluss, sein Recht geltend zu machen, viel mehr verunsichert. Das Ziel des Vorhabens, den Geschädigten ihren „Access to law" zu ermöglichen – dem sich prinzipiell auch die Versicherer verschrieben haben – wird so nicht nur nicht begünstigt, sondern gar erschwert.

Medienberichte, insbesondere die Einarbeitung dieser neuen Erkenntnisse in die bereits laufenden Verfahren, ließe sich mit geringeren Gebühren nicht abbilden.

Trotz der Klassifizierung des VW-Abgasskandals als ‚Massenverfahren' handelt es sich immer noch um einzelne und individuell durchzusetzende Ansprüche – zu deren Risikoabsicherung haben sich die Versicherungen vertraglich verpflichtet. Auch der Anwalt ist angehalten, Bearbeitung des Einzelfalls weiterhin individuell und gewissenhaft zu gestalten: Wie stets im deutschen Zivilrecht gilt auch für diese Fälle die Dispositionsmaxime. Selbst, wenn der Abgasskandal gerichtsbekannt sein sollte, liegt es an dem Inhalt einer jeden einzelnen Klage, einzelne Umstände – beispielsweise für die sekundäre Darlegungslast, oder die genauen Vorgänge bei einem Verkaufsgespräch – vorzubringen, zu werten und Beweis anzubieten. Eine Klage geringerer Qualität läuft Gefahr, auch dann als unschlüssig abgewiesen zu werden, wenn der mit der Sache befasste Richter dem Grunde nach von den Voraussetzungen des geltend gemachten Anspruches überzeugt ist. Fehler im (vor-)gerichtlichen Verfahren können den verfolgten Anspruch verlustig machen.

Gerade der Umstand, dass oftmals mit ähnlichen Textbausteinen in ähnlich gelagerten Fällen gearbeitet werden kann, begründet durch den damit verbundenen starken Hang zur ‚einfachen' Unsorgfältigkeit eine gesteigerte Sorgfaltsanforderung bei der Bearbeitung des einzelnen Mandats. Trotz oftmals großflächig übereinstimmender Sachverhalte ergibt sich eine Vielzahl unterschiedlicher Fallgruppierungen. Diese unterscheiden sich im Einzelnen etwa bezüglich des aufgespielten Updates, dem Kaufdatum, der möglichen Erlangung der Aktivlegitimation durch Schenkung, Erbe und weiteren Faktoren. Bereits die fehlerhafte Zuordnung führt zu einem so gut wie sicheren Unterliegen vor den Instanzgerichten. Die durch eine niedrigere Gebühr bedingte Qualitätsminderung hätte mithin potentiell immense Auswirkungen auf den Ausgang des individuellen Verfahrens.

Hierauf wurden die Rechtsschutzversicherungen auch immer wieder hingewiesen. Ein nennenswertes Einlenken konnte dennoch nicht beobachtet werden. Möglich, dass die Versicherungen Nachteile für den Versicherungsnehmer billigend in Kauf nehmen. Mit den vertraglichen Obliegenheiten der Versicherungen lässt sich eine solche Vorgehensweise jedenfalls nur schwer in Einklang bringen.

Die Ergebnisse der rechtsempirischen Untersuchung des Regulierungsverhaltens deutscher Versicherungen im VW-Abgasskandal zeigen Unrechtmäßigkeiten und Verstöße gegen die Vertragspflichten durch die einzelnen Versicherungsgeber auf. Diese führen in der Regel unmittelbar zu einer Kostensenkung und -einsparung auf Versicherungsseite. Demgegenüber erfährt das Interesse des Versicherungsnehmers auf eine erfolgreiche und qualitativ angemessene Verfahrensbetreuung jedenfalls mittelbar Nachteile.

Die Gründe bzw. Motivation hierfür ließen sich durch die erhobenen Tatsachen nicht feststellen. Daher kann nur gemutmaßt werden, ob es von Versichererseite aus galt, Personal- oder Liquiditätsprobleme zu kompensieren.

Die ergründeten Rechtstatsachen sprechen jedenfalls dafür, die Funktionsfähigkeit des Modells ‚Rechtsschutzversicherung' in einem solchen Massenfall anzuzweifeln. Aufgrund der gesammelten Erkenntnisse fällt es schwer, optimistisch in die Zukunft zu blicken und sich im Falle eines neuen Massenfalles einer vernünftigen rechtlichen Vertretung sicher zu sein. Auch das mittlerweile eingeführte Musterfeststellungsverfahren wird hierfür keinerlei nennenswerte Abhilfe oder Entlastung schaffen zu können. Das Individualverfahren wird dem Muster(-feststellungs-)verfahren gegenüber stets vorzugswürdig bleiben. Die Berücksichtigung individueller Faktoren und ungehinderte Erhebung einer Leistungsklage ist nicht durch ein mit Feststellungsurteil endendem und auf die Klärung abstrakter Fragen reduziertem Instrument gleichzusetzen. Derjenige, der eine Rechtsschutzversicherung abschließt, begehrt aber gerade all die unbestreitbaren Vorteile des (kostenrisikoträchtigeren) Einzelverfahrens. Darüber hinaus wird auch ein ergangenes positives Musterfeststellungsurteil wohl in einer Reihe von Fällen zu Folgestreitigkeiten führen, die wiederum auf dem Risikorücken der Versicherer auszufechten wären.

Es muss daher die Frage gestellt werden, ob das Modell ‚Versicherung', was seiner Art her nach nur profitabel ist, wenn die vereinnahmten Prämien kostendeckend und gewinnbringend sind, für die rechtsberatende Branche als überholt anzusehen ist. Versicherer sind darauf angewiesen, die Kosten für eintrittspflichtige Versicherungsfälle möglichst gering zu halten. Wenn dies in seiner Konsequenz – wie vorliegend – zur Folge hat, dass den Versicherungsnehmern die Geltendmachung ihrer Rechte erschwert oder vereitelt wird, dann kommen die Versicherungen ihrer gesellschaftlichen Verantwortung, dem ‚Schwächeren' Zugang zum Recht zu verschaffen, nicht nach.

Ob sich die Prozessfinanzierung in Zukunft ändern und wie sie sich dann gestalten wird, bleibt an dieser Stelle offen. Als möglich erscheint durchaus eine Anpassung standesrechtlicher Vorgaben, ausgerichtet auf eine provisionsbasierte Mandatsbearbeitung. Dies würde den Effekt mit sich bringen, dass der einzelne Anwalt die Kraft und Zeit, die er heute noch in die Ausfechtung seines Gebührenanspruches mit den Versicherungen stecken muss, der Fallbearbeitung zuführen kann und mit dem Ausblick auf eine Provision im Erfolgsfall gleichzeitig persönliche Interessen an einem positiven Ausgang des Verfahrens verfolgt.

Daneben ist auch eine seit einigen Jahren existente aber noch wenig verbreitete Art der Prozessfinanzierung durch Drittgesellschaften denkbar[508]. Diese übernehmen die anwaltlichen Gebühren und partizipieren wiederum im Erfolgsfall an dem wirtschaftlichen ‚Plus' des Einzelnen. Aus genannten Gründen (noch) keine tatsächliche Alternative ist die durch den Gesetzgeber in jüngster Vergangenheit eingeführte Musterfeststellungsklage. Auch hierdurch sollten wohl offenbar existente und erkannte Barrieren in Form von Unwissenheit und Risikoscheu überwunden werden. Rechtsempirische Untersuchungen der kommenden Jahre werden zeigen, ob dieser Ansatz gefruchtet hat. Bei Betrachtung aber bspw. der engen Vorgaben der Klagebefugnis, die nur dann gegeben ist, wenn der klagende Verband gemeinnützig und nicht gewerbsmäßig handelt und auch die Musterklage nicht zum Zwecke der Gewinnerzielung erhebt[509], muss befürchtet werden, dass eine waffengleiche Auseinandersetzung mit Vertretern milliardenschwerer Großkonzerne im Rahmen eines Musterfeststellungsverfahrens nicht gegeben sein wird. Der dahinterstehende gesetzgeberische Wille, eine Klageindustrie wie in den USA zu verhindern, mag eine nachvollziehbare Begründung für diese strengen Vorgaben sein. Bei einem Blick auf die im ‚Abgasskandal' in den USA erzielten Erfolge für die Verbraucher sollte allerdings zur Disposition gestellt werden, ob hier – unterstellt, das Musterverfahren führe tatsächlich nicht zu ähnlich effektiven Ergebnissen – ein effektiver Verbraucherrechtsschutz nicht den Preis kommerzieller Massenverfahrungsbetreuungen wert ist. Sodann und unter Anpassung weiterer oben angeführter Kritikpunkte könnte auch die Musterfeststellungsklage als ernst zu nehmende Alternative zum Individualverfahren (ungeachtet derer Finanzierungswege) begriffen werden und helfen, den Zugang zum (Verbraucher)Recht zu vereinfachen.

Bezogen auf die bestehende und mit vorliegender Arbeit erforschte Möglichkeit, sich vor Prozessrisiken zu versichern, bleibt abschließend feststellen:

Die rechtsempirische Untersuchung des Regulierungsverhaltens von Versicherungen im VW-Abgasskandal als beispielhaften Massenfall durch Auswertung mehrerer tausend Schriftstücke hat ergeben, dass der hiesige

---

508 Vgl. vertiefend zur Prozessfinanzierung *Frechen* NJW 2004, 1213 ff.
509 § 606 Abs. 1 ZPO i. V. m. § 3 Abs. 1 S. 1 Nr. 1 UKlaG

‚Geldgeber' – die Versicherungen – mit gesteigertem Interesse versucht, das Verfahren entweder möglichst schlank zu halten, oder gänzlich zu verhindern. Ein solches Modell ist mit der heutigen Zeit und der Notwendigkeit rechtlicher Betreuung in Massenverfahren nicht vereinbar.

Die qualitative und quantitative Auswertung des Forschungsmaterials perpetuiert daher den sich schon vor dem Abgasskandal offen diskutierten Interessenkonflikt zwischen Erfüllung der Vertragspflicht und eigenem wirtschaftlichem Vorteil. Die Rechtsschutzversicherungen konnten diesen Spagat nicht meistern. Sie haben sich nicht als Garant einer risikofreien und hochwertigen Anspruchsverfolgung gezeigt.

Anlage zur Dissertation I

Diese Anlage dient dem Nachweis der in der Dissertation angeführten Zahlen und Statistiken. Der Erhebung eines Großteils der einzelnen Zahlen liegt eine umfangreiche 4.298 Zeilen lange und 165 Spalten breite Excel-Tabelle mit Stand 10.08.2018 zu Grunde ('Master-Tabelle'). Sie enthält umfangreiche Informationen zu allen 4.297 Mandate, die bei der Anmeldung angegeben hatten, rechtsschutzversichert zu sein. Diese Anlage dient als Art Anleitung zur Bedienung der Excel-Tabelle. Sie beschreibt, welche Filter zu setzen sind, um das in der Dissertation angeführte Ergebnis erreichen zu können. Sollten sich Zahlen aus anderen Quellen, erfolgt ein entsprechender Hinweis.

I.1. Relation Anzahl rechtsschutzversicherter zur Gesamtzahl der Mandate

Die relative Zahl der rechtsschutzversicherten Mandate macht in etwa 40-45 Prozent der Gesamtmandate aus. Dies ergab eine Auswertung des Wochenreports. Für die Monate Februar bis einschließlich August 2018 wurde jeweils der erste Wochenreport des Monats untersucht[510]. Hierbei ergeben sich folgende Ergebnisse:

Monat	Anzahl RSV-Mandate	Gesamtzahl Mandate	Relativer Anteil
Februar.2018	2.923	6.844	42,7 %
März.2018	3.043	7.183	42,4 %
April.2018	3.213	7.530	42,7 %
Mai.2018	3.489	7.998	43,6 %
Juni.2018	3.865	8.620	44,8 %
Juli.2018	4.111	9.319	44,1 %
August.2018	4.256	9.760	43,6 %

---

510 *Der Wochenreport wird wöchentlich Montag 0:00 Uhr automatisch durch die Kanzleisoftware generiert und bildet die Gesamt- und Wochenstatistik ab. Die Erhebung der Zahlen bezieht sich entsprechend stets auf den ersten Montag im Monat.*

Anlage zur Dissertation I

I.2. Verhältnis Anzahl Mandate, rechtsschutzversicherte Fälle, gestellte Deckungsanfragen und Deckungszusagen

Auch das Verhältnis Gesamtzahl Mandate/RSV-Mandate/gestellte Deckungsanfragen Hersteller außergerichtlich/Deckungszusagen Hersteller außergerichtlich für die Monate Oktober 2017 bis April 2018 ergibt sich größtenteils durch Auswertung der Wochenreporte. Zur Eruierung dieser Zahlen wurde der jeweils letzte Montag des Monats gewählt. Es ergeben sich folgende Ergebnisse:

Monat	Anzahl RSV-Mandate	Deckungsanfragen	Deckungszusagen
Oktober.2017	1.647	1.561	817
November.2017	2.145	2.011	1.075
Dezember.2017	2.625	2.491	1.403
Januar.2018	2.882	2.836	1.716
Februar.2018	2.977	3.006[511]	1.855
März.2018	3.173	3.232	2.020
April.2018	3.589	3.500	2.224

Die Anzahl der eingegangenen Deckungszusagen ergibt sich nicht aus dem Wochenreport. Hierfür wurde die Excel-Tabelle in Spalte ‚AG' nach den Daten gefiltert, sodass nur die Zeilen angezeigt wurden, die ausweislich des Datumfeldes 'DZ außergerichtlich' in dem angefragten Zeitraum lagen. Miteinbezogen wurden, angelehnt an den Wochenreport, alle Zusagen, die bis zum letzten Montag des jeweiligen Monats erteilt wurden.

---

[511] *Dass die Anzahl der gestellten Deckungsanfragen ab Februar 2018 die der RSV-Mandate zuweilen übersteigt liegt darin, dass nach einer berechtigten Ablehnung durch eine Versicherung in einigen Fällen Anfrage bei einer weiteren bestehenden Versicherung gestellt wurde.*

Anlage zur Dissertation I

I.3. Durchschnittlicher Gegenstandswert

Zu filternde Spalte:	H ('Kaufpreis in EUR'); Formel: =MITTELWERT (H1:H4298)
Ergebnis:	Der Mittelwert aller Kaufpreise beträgt EUR 27.082,43, der Median (nicht berücksichtigt bleiben 171 Fälle, in denen der Bruttokaufpreis den Betrag von EUR 50.000,00 übersteigt) beträgt EUR 25.325,35

I.4. Deckungsanfrage Hersteller außergerichtlich

Zu filternde Spalte:	AD ('Zustand der DA (Status) Hersteller außergerichtlich')
Ergebnis:	Alle Datensätze: 'Ablehnung'/'Abwehrdeckung'/'Angefragt'/'NN'/ 'Zusage'
Conclusio:	In 4.296 Fällen wurde die Deckungsanfrage ‚Hersteller außergerichtlich' gestellt

I.5. Deckungsanfrage Hersteller gerichtlich

Zu filternde Spalte:	BH ('Zustand der DA (Status) Hersteller gerichtlich')
Ergebnis:	3.145 Datensätze: ‚Angefragt'/‚NN'/‚Zusage'/‚Ablehnung'
Conclusio:	In 3.145 Fällen wurde eine Deckungsanfrage für das gerichtliche Vorgehen gegen den Hersteller versandt

I.6. Deckungsanfrage Händler außergerichtlich

Zu filternde Spalte:	CC (‚Zustand der DA (Status) Händler außergerichtlich')
Ergebnis:	3.232 Datensätze: ‚Angefragt'/‚Zusage'/‚Ablehnung'/ ‚NN'/, Abwehrdeckung'

Anlage zur Dissertation I

Conclusio: In 3.232 Fällen wurde eine Deckungsanfrage für das außergerichtliche Vorgehen gegen den Händler versandt

I.7. Deckungsanfrage Händler gerichtlich

Zu filternde Spalte: DD (,Zustand der DA (Status) Händler gerichtlich')
Ergebnis: 402 Datensätze: ,Angefragt'/,Zusage'/,Ablehnung'/,NN'
Conclusio: In 402 Fällen wurde eine Deckungsanfrage für das gerichtliche Vorgehen gegen den Händler versandt

I.8. Reaktionen auf Deckungsanfrage Hersteller außergerichtlich

Zu filternde Spalte: AD (,Zustand der DA (Status) Hersteller außergerichtlich')
Ergebnis: 2.828 Datensätze: ,Zusage'
827 Datensätze: ,Ablehnung' bzw. ,Abwehrdeckung' (entspricht einer ,Ablehnung')
167 Datensätze: ,NN' (Nachfrage)
474 Datensätze: ,Angefragt'

I.9. Direkte Deckungszusage (Hersteller außergerichtlich) und Zusagen, für die Vorarbeit notwendig war

Zu filternde Spalte:	AD (‚Zustand der DA (Status) Hersteller außergerichtlich') AM (‚Vorvertraglichkeit') AO (‚Nicht mehr versichert') AP (‚Fahrzeug nicht betroffen') AQ (‚Mangelnde Erfolgsaussicht bzw. Mutwilligkeit (kein Vorsatz)') AR (‚Hinweis auf Stichentscheid') AS (‚Ansprüche aus abgetretenem Recht') AT (‚Kein Versicherungsschutz') AU (‚Kauf nach Bekanntwerden des Skandals') AV (‚Nur Klagezusage') BA (‚Frage der RSV nach persönlicher Beziehung') BB (‚Frage nach weiteren Unterlagen') BF (‚Frage, ob Softwareupdate erfolgt')
Ergebnis:	AD vorgefiltert auf Datensätze ‚Zusage' Übrige Spalten gefiltert nach ‚leeren' Datensätzen (entfernen aller Datensätze mit ‚0' bzw. ‚1'[512]), um nur die Zusagen zu erhalten, die ohne vorigen Ablehnungsgrund oder Nachfrage erteilt worden sind. Es verbleiben 2.317 Datensätze
Conclusio:	In 511 Fällen ging einer Zusage eine Absage bzw. eine Nachfrage voraus. Im Umkehrschluss verbleiben 2.317 ‚direkte' Deckungszusagen

---

512 ‚1' bedeutet, dass das Feld aktiviert ist, sich die Versicherung sich also entsprechend geäußert hatte. Auf ‚0' steht ein Feld, wenn dieser Grund wieder erlischt. Genau genommen dürfte es keine ‚1' mehr geben, da die Ablehnungsgründe und Nachfragen mit der Zusage obsolet, weil zurückgenommen, werden. Die Felder hätten auf ‚0' umgestellt werden müssen, was wohl aus Flüchtigkeit nicht geschehen ist. Betrachtet man den Gesamtkontext hat dies allerdings keine weitere Auswirkung, da eine ‚1' unproblematisch „wie eine ‚0'" behandelt werden kann und ebenso aussagekräftig ist.

Anlage zur Dissertation I

I.10. Zeit bis zur Deckungsablehnung

Zu filternde Spalte: AJ (‚Zeit bis Deckungsablehnung')
Ergebnis: 713 Deckungsablehnung erfolgten innerhalb von 0 und 60 Tagen

I.11. Zeit bis zur Deckungszusage

Zu filternde Spalte: AI (‚Zeit bis Deckungszusage')
Ergebnis: 2.331 Deckungszusagen erfolgten innerhalb von 0 und 60 Tagen

I.12. Durchschnittliche Dauer Deckungszusage

Zu filternde Spalte: AI (‚Zeit bis Deckungszusage')
Ergebnis: Das Herausfiltern von #WERT (liegt vor, wenn keine Deckungszusage erteilt worden ist) und negativer Tage (offensichtlich manuelle Eingabefehler in 40 Fällen) ergibt einen Mittelwert von 29,77 Tagen

I.13. Durchschnittliche Dauer Deckungsabsage

Zu filternde Spalte: AJ (‚Zeit bis Deckungsablehnung')
Ergebnis: Das Herausfiltern von #WERT (liegt vor, wenn keine Deckungsabsage erteilt worden ist) und negativer Tage (offensichtlich manuelle Eingabefehler in 16 Fällen) ergibt einen Mittelwert von 23,06 Tagen

I.14. Ablehnungsgrund: Vorvertraglichkeit

Zu filternde Spalte: AM (‚Vorvertraglichkeit')
Ergebnis: 217 Datensätze: ‚1'

Anlage zur Dissertation I

Conclusio: 217 Fälle wurden aus dem Grund der Vorvertraglichkeit abgelehnt

I.15. Ablehnungsgrund: Nicht mehr bestehender Versicherungsschutz bzw. nicht vom Deckungsschutz umfasst

Zu filternde Spalte: AO („Nicht mehr versichert')
AS („Ansprüche aus abgetretenem Recht')
AT („Kein Versicherungsschutz,)
Ergebnis: 21 Datensätze AO: ‚1'
70 Datensätze AS: ‚1'
155 Datensätze AT: ‚1'
6 Datensätze BQ: ‚1'
Conclusio: 21 Fälle wurden aufgrund nicht mehr bestehenden Versicherungsschutzes, 161 Fälle mangels abgedecktem Rechtsgebiet im Vertrag abgelehnt

I.16. Ablehnungsgrund: kein Vorsatz der Volkswagen AG und Mutwilligkeit

Zu filternde Spalte: AQ („Mangelnde Erfolgsaussicht bzw. Mutwilligkeit,)
Ergebnis: 139 Datensätze: ‚1' bzw. ‚0'
Zu beachten ist, dass für folgende Akten nicht der Ablehnungsgrund des mangelnden Vorsatzes, sondern der Mutwilligkeit gilt:
#4121, #5421, #6444, #11987, #4138, #12134, #6098, #15707,
#11768, #3388, #3429, #2746, #9651, #5304, #5145, #1332,
#13933, #3534, #13064, #4991
Conclusio: In 119 Fällen wurde (zunächst) Deckung mangels Erfolgsaussichten bzw. Mutwilligkeit abgelehnt, während der Ablehnungsgrund in den weiteren 20 Fällen ‚Mutwilligkeit, lautet

Anlage zur Dissertation I

I.17. Ablehnungsgrund: Fahrzeug nicht betroffen, mangelnde Erfolgsaussicht

Zu filternde Spalte:	AP ('Fahrzeug nicht betroffen,)
Ergebnis:	195 Datensätze: ‚1' bzw. ‚0'
Conclusio:	In 195 Fällen wurde (zunächst) Deckung mangels Erfolgsaussichten abgelehnt, da das Fahrzeug nicht offiziell als betroffen galt

I.18. Ablehnungsgrund: Kauf nach Bekanntwerden, mangelnde Erfolgsaussicht

Zu filternde Spalte:	AU (‚Kauf nach Bekanntwerden des Abgasskandals') Ergebnis: 169 Datensätze: ‚1' bzw. ‚0
Conclusio:	In 169 Fällen wurde (zunächst) Deckung mangels Erfolgsaussichten abgelehnt, da das Fahrzeug nach September 2015 erworben wurde

I.19. Nur Zusage für die direkte Klageerhebung

Zu filternde Spalte:	AV (‚Nur Klagezusage')
Ergebnis:	317 Datensätze: ‚1'
Conclusio:	In 317 Fällen wurde Deckung für ein außergerichtliches Vorgehen unter Verweis auf den direkten Klageweg abgelehnt

I.20. Gestellte Deckungsanfrage Hersteller gerichtlich

Zu filternde Spalte:	BH (‚Zustand der DA (Status) Hersteller gerichtlich')
Ergebnis:	3.144 Datensätze: ungleich ‚leer', hiervon: 745: ‚angefragt' 2.322: ‚Zusage' 38: ‚Ablehnung' 40: ‚NN'

Anlage zur Dissertation I

Conclusio: Es wurden 3.144 Deckungsanfragen für das gerichtliche Vorgehen gegen den Hersteller gestellt

I.21. Direkte Deckungszusage (Hersteller gerichtlich) und Zusagen, für die Vorarbeit notwendig war

Zu filternde Spalte: BH ('Zustand der DA (Status) Hersteller gerichtlich')
BO ('Verweis auf Musterverfahren') BP ('Mangelnde Erfolgsaussichten')
BQ ('Ansprüche nicht von Deckungsschutz umfasst')
BS ('Frage nach weiteren Unterlagen')
BT ('Frage welche Ansprüche geltend gemacht werden sollen')
BU ('Frage nach Klageantrag')

Ergebnis: BH vorgefiltert auf Datensätze 'Zusagen', sodann:
19 Datensätze BO: '0'
13 Datensätze BP: '0'
1 Datensatz BQ: '0'
52 Datensätze BS: '0' bzw. '1'
8 Datensätze BT: '0' bzw. '1'
45 Datensätze BU: '0' bzw. '1'
In insgesamt 22 Zeilen standen zwei Datensätze auf '0' bzw. '1'
(mehrere Ablehnungsgründe bzw. Nachfragen im selben Fall)

Conclusio: In 116 Fällen ging einer Zusage eine Absage bzw. eine Nachfrage voraus

I.22. Ablehnungsgrund: Verweis auf Musterverfahren

Zu filternde Spalte: BO ('Verweis auf Musterverfahren')
Ergebnis: 20 Datensätze: '0' bzw. '1'
Conclusio: In 20 Fällen lehnt(e) die Versicherung die Zusage ab und verwies auf anhängige Musterverfahren

183

Anlage zur Dissertation I

I.23. Ablehnungsgrund: Mangelnde Erfolgsaussichten

Zu filternde Spalte:	BP ('Mangelnde Erfolgsaussichten')
Ergebnis:	26 Datensätze: ‚0' bzw. ‚1'
Conclusio:	In 26 Fällen lehnt(e) die Versicherung die Zusage wegen mangelnder Erfolgsaussichten ab

I.24. Deckungsanfragen Händler außergerichtlich

Zu filternde Spalte:	CC (‚Zustand der DA (Status) Händler außergerichtlich')
Ergebnis:	3.233 Datensätze: ungleich ‚leer', im Übrigen: 991 Datensätze: ‚angefragt' 1.742 Datensätze : ‚Zusage' 406 Datensätze: ‚Ablehnung' 1 Datensatz: ‚Abwehrdeckung' 93 Datensätze: ‚NN'

Anlage zur Dissertation I

I.25. Direkte Deckungszusage (Händler außergerichtlich) und Zusagen, für die Vorarbeit notwendig war

Zu filternde Spalte: CC ('Zustand der DA (Status) Händler außergerichtlich') Sowie Ablehnungsgründe bzw. Nachfragen:
CJ ('Vorvertraglichkeit')
CN ('Fahrzeug nicht betroffen')
CO ('Mangelnde Erfolgsaussichten wg. Verjährung')
CR ('Kein Versicherungsschutz')
CS ('Kauf nach Bekanntwerden') CT ('Nur Klagezusage')
CX ('Frage nach 1. DA'):
CY ('Frage der RSV nach persönlicher Beziehung')
CZ ('Frage nach weiteren Unterlagen')
DA ('Frage welche Ansprüche geltend gemacht werden') DB ('Frage, ob Softwareupdate erfolgt')
DC ('Frage, ob Mängel nach Softwareupdate nachweisbar')

Ergebnis: CC vorgefiltert auf Datensätze ‚Zusagen', sodann:
1 Datensatz: CJ: ‚0'
1 Datensatz CN: ‚0'
11 Datensätze CO: ‚0'
3 Datensätze CR: ‚0'
1 Datensatz CS: ‚0'
4 Datensätze CT: ‚0'
2 Datensätze CX: ‚1'
66 Datensätze CY: ‚1' bzw. ‚0'
119 Datensätze CZ: ‚1' bzw. ‚0'
16 Datensätze: ‚1' bzw. ‚0'
28 Datensätze DB: ‚1' bzw. ‚0'
1 Datensatz DC: ‚1'

Conclusio: In 253 Fällen wurde die Zusage nicht direkt, sondern erst nach geführter Folgekorrespondenz erteilt

Anlage zur Dissertation I

I.26. Händlerzusage, aber ‚nur eine Angelegenheit'

Zu filternde Spalte:	CC (‚Zustand der DA (Status) Händler außergerichtlich') Spalte CH (‚Eine Angelegenheit')
Ergebnis:	CC vorgefiltert nach Datensätze ‚Zusage', sodann: 1.524 Datensätze CH: ‚0' bzw. ‚1'
Conclusio:	1.524 mal wurde eine Deckungszusage (Händler außergerichtlich) mit dem Zusatz erteilt, man gehe von einer gebührenrechtlichen Angelegenheit aus

I.27. Ablehnungsgrund: Vorvertraglichkeit

Zu filternde Spalte:	CJ (‚Vorvertraglichkeit')
Ergebnis:	70 Datensätze: ‚0' bzw. ‚1'

I.28. Ablehnungsgrund: Kein Versicherungsschutz

Zu filternde Spalte:	CR (‚Kein Versicherungsschutz')
Ergebnis:	67 Datensätze: ‚0' bzw. ‚1'

I.29. Ablehnungsgrund: Nicht mehr versichert

Zu filternde Spalte:	CL (‚Nicht mehr versichert')
Ergebnis:	14 Datensätze: ‚1'

I.30. Nur Zusage für die direkte Klageerhebung

Zu filternde Spalte:	CT (‚Nur Klagezusage')
Ergebnis:	31 Datensätze: ‚0' bzw. ‚1'

Anlage zur Dissertation I

I.31. Ablehnungsgrund: Fahrzeug nicht betroffen

Zu filternde Spalte: CN ('Fahrzeug nicht betroffen')
Ergebnis: 6 Datensätze: ‚0' bzw. ‚1'

I.32. Ablehnungsgrund: Mangelnde Erfolgsaussichten wg. Verjährung

Zu filternde Spalte: CO ('Mangelnde Erfolgsaussichten wg. Verjährung')
Ergebnis: 226 Datensätze: ‚0' bzw. ‚1'

I.33. Ablehnungsgrund: Kauf nach Bekanntwerden des Abgasskandals

Zu filternde Spalte: CS ('Kauf nach Bekanntwerden des Skandals')
Ergebnis: 59 Datensätze: ‚0' bzw. ‚1'

Anlage zur Dissertation I

I.34. Anzahl Nachfragen der Versicherungen

Zu filternde Spalte:	BA ('Frage der RSV nach persönlicher Beziehung')
	BB ('Frage nach weiteren Unterlagen')
	BF ('Frage, ob Softwareupdate erfolgt')
	BU ('Klageantrag')
	CY ('Frage nach persönlicher Beziehung')
	CZ ('Frage nach weiteren Unterlagen')
	DA ('Frage welche Ansprüche geltend gemacht werden')
	DB ('Frage, ob Softwareupdate erfolgt')
Ergebnis:	<u>Bzgl. Anfragen Hersteller:</u>
	223 Datensätze BA: ,0' bzw. ,1'
	517 Datensätze BB: ,0' bzw. ,1'
	30 Datensätze BF: ,0' bzw. ,1'
	56 Datensätze BU: ,0' bzw. ,1'
	<u>Bzgl. Anfragen Händler:</u>
	159 Datensätze CY: ,0' bzw. ,1'
	256 Datensätze CZ: ,0' bzw. ,1'
	30 Datensätze DA ,0' bzw. ,1'
	57 Datensätze DB: ,0' bzw. ,1'
Conclusio:	Die Rechtsschutzversicherungen stellten insgesamt 1.328 Nachfragen (826 bzgl. Herstelleranfragen [hiervon 603 unberechtigt], 502 bzgl. Händleranfragen [hiervon 343 unberechtigt])

I.35. Frage nach persönlicher Beziehung

Zu filternde Spalte:	BA ('Frage der RSV nach persönlicher Beziehung')
	CY ('Frage nach persönlicher Beziehung')
Ergebnis:	223 Datensätze BA: ,0' bzw. ,1'
	159 Datensätze CY: ,0' bzw. ,1'
Conclusio:	Die Versicherungen erkundigten sich 382 mal nach der persönlichen Beziehung

I.36. Frage nach weiteren Unterlagen

Zu filternde Spalte:	BB (‚Frage nach weiteren Unterlagen')
	CZ (‚Frage nach weiteren Unterlagen')
Ergebnis:	517 Datensätze BB: ‚0' bzw. ‚1'
	256 Datensätze CZ: ‚0' bzw. ‚1'
Conclusio:	Die Versicherungen forderten 773 mal weitere Unterlage an

I.37. Frage, ob Software-Update bereits aufgespielt worden ist

Zu filternde Spalte:	BF (‚Frage, ob Softwareupdate erfolgt')
	DB (‚Frage, ob Softwareupdate erfolgt')
Ergebnis:	30 Datensätze BF: ‚0' bzw. ‚1'
	57 Datensätze DB: ‚0' bzw. ‚1'
Conclusio:	Die Versicherungen wollten in 87 Fällen wissen, ob das Software- Update bereits aufgespielt wurde

I.38. Anforderung von Klageanträgen

Zu filternde Spalte:	BU (‚Klageantrag'): 56
Ergebnis:	56 Datensätze: ‚0' bzw. ‚1'

I.39. Frage, welche Ansprüche geltend gemacht werden

Zu filternde Spalte:	DA (‚Frage welche Ansprüche geltend gemacht werden')
Ergebnis:	30 Datensätze: ‚0' bzw. ‚1'

Anlage zur Dissertation I

I.40. Erstberatungen

Zu filternde Spalte:	AF ('Umfang der Deckungszusage Hersteller außergerichtlich')
	CE ('Umfang der Deckungszusage Händler außergerichtlich')
Ergebnis:	16 Datensätze (AF): ‚Erstberatung'
	5 Datensätze (CE): ‚Erstberatung'
Conclusio:	Zum Stichtag hatten noch 21 Zusagen bestand, die lediglich die Erstberatung abdeckten

I.41. Gesamtzahl versandter Deckungsanfragen

Zu filternde Spalte:	AD ('Zustand der DA (Status) Hersteller außergerichtlich') BH ('Zustand der DA (Status) Hersteller gerichtlich')
	CC ('Zustand der DA (Status) Händler außergerichtlich')
Ergebnis:	Vgl. Ergebnisse I.4. (4.296 Anfragen), I.20. (3.144 Anfragen), I.6. (3.232 Anfragen)
Conclusio:	Insgesamt wurden 10.672 Anfragen gestellt

I.42. Unbeantwortet gebliebene Anfragen

Zu filternde Spalte:	AD ('Zustand der DA (Status) Hersteller außergerichtlich')
	BH ('Zustand der DA (Status) Hersteller gerichtlich')
	CC ('Zustand der DA (Status) Händler außergerichtlich')
Ergebnis:	Vgl. Ergebnisse I.8. (474), I.24. (991) 748 Datensätze in BH: ‚angefragt'
Conclusio:	2.213 Anfragen wurden bis zum Stichtag nicht beantwortet

I.43. Offene Nachfragen zum Stichtag

Zu filternde Spalte:	AD ('Zustand der DA (Status) Hersteller außergerichtlich')
	BH ('Zustand der DA (Status) Hersteller gerichtlich')
	CC ('Zustand der DA (Status) Händler außergerichtlich,)
Ergebnis:	Vgl. Ergebnisse I.8. (167), I.24. (93); 40 Datensätze in BH: ‚NN'
Conclusio:	Zum Stichtag waren noch 300 Nachfragen offen

I.44. Zusagen zum Stichtag

Zu filternde Spalte:	AD ('Zustand der DA (Status) Hersteller außergerichtlich,)
	BH ('Zustand der DA (Status) Hersteller gerichtlich')
	CC ('Zustand der DA (Status) Händler außergerichtlich')
Ergebnis:	Vgl. Ergebnisse I.8. (2.828), I.24. (1.742); 2.322 Datensätze in BH: ‚Zusage'
Conclusio:	6.892

I.45. Anzahl Absagen gesamt zum Stichtag

Zu filternde Spalte:	AD ('Zustand der DA (Status) Hersteller außergerichtlich')
	BH ('Zustand der DA (Status) Hersteller gerichtlich')
	CC ('Zustand der DA (Status) Händler außergerichtlich')
Ergebnis:	823 Datensätze AD: ‚Ablehnung' 406 Datensätze CC: ‚Ablehnung' 38 Datensätze BH: ‚Ablehnung'
Conclusio:	Insgesamt hatten zum Stichtag noch 1.267 Ablehnungen bestand.

Anlage zur Dissertation I

I.46. Anzahl Absagen insgesamt

Zu filternde Spalte:	AV ('Nur Klagezusage')
AU ('Kauf nach Bekanntwerden')
AT ('Kein Versicherungsschutz')
AS ('Ansprüche aus abgetretenem Recht')
AQ ('Mangelnde Erfolgsaussicht bzw. Mutwilligkeit') AP ('Fahrzeug nicht betroffen')
AO ('Nicht mehr versichert')
AM ('Vorvertraglichkeit')
BO ('Verweis auf Musterverfahren')
BP ('Mangelnde Erfolgsaussichten')
BQ ('Ansprüche nicht von Deckungsschutz umfasst')
CJ ('Vorvertraglichkeit')
CC ('Nicht mehr versichert')
CN ('Fahrzeug nicht betroffen')
CO ('Mangelnde Erfolgsaussichten wg. Verjährung')
CR ('Kein Versicherungsschutz')
CS ('Kauf nach Bekanntwerden')
CT ('Nur Klagezusage')
Ergebnis:	317 Datensätze AV: ,1'
169 Datensätze AU: ,1' bzw. ,0'
155 Datensätze AT: ,1'
70 Datensätze AS: ,1' bzw. ,0'
139 Datensätze AQ: ,1' bzw. ,0'
195 Datensätze AP: ,1' bzw. ,0'
21 Datensätze AO: ,1'
217 Datensätze AM: ,1'
20 Datensätze BO: ,1' bzw. ,0'
26 Datensätze BP: ,1' bzw. ,0'
6 Datensätze BQ: ,1'
70 Datensätze CJ: ,1' bzw. ,0'
14 Datensätze CC: ,1'
6 Datensätze CN: ,1' bzw. ,0'
226 Datensätze CO: ,1' bzw. ,0'
67 Datensätze CR: ,1' bzw. ,0'
59 Datensätze CS: ,1' bzw. ,0'
31 Datensätze CT: ,1' bzw. ,0'
Conclusio:	Insgesamt wurden 1.808 Mal Ablehnungsgründe vorgebracht

I.47. Anzahl Ablehnungen insgesamt Hersteller außergerichtlich

Zu filternde Spalte:	AV („Nur Klagezusage')
	AU („Kauf nach Bekanntwerden')
	AT („Kein Versicherungsschutz')
	AS („Ansprüche aus abgetretenem Recht')
	AQ („Mangelnde Erfolgsaussicht bzw. Mutwilligkeit')
	AP („Fahrzeug nicht betroffen')
	AO („Nicht mehr versichert')
	AM („Vorvertraglichkeit')
Ergebnis:	317 Datensätze AV: ‚1'
	169 Datensätze AU: ‚1' bzw. ‚0'
	155 Datensätze AT: ‚1'
	70 Datensätze AS: ‚1' bzw. ‚0'
	139 Datensätze AQ: ‚1' bzw. ‚0'
	195 Datensätze AP: ‚1' bzw. ‚0'
	21 Datensätze AO: ‚1'
	217 Datensätze AM: ‚1'
Conclusio:	Insgesamt wurden 1.283 Mal Ablehnungsgründe für das außergerichtliche Vorgehen gegen die Volkswagen AG vorgebracht

I.48. Anzahl gestellter Rechnungen mit erhöhter Gebühr[513]

Zu filternde Spalte:	I („Faktor der Geschäftsgebühr gem. Anlage 1 RVG (Hersteller)')
Ergebnis:	2.897 Datensätze: ‚1,5', ‚1,6', ‚1,8', ‚1,9', oder ‚2,0'
Conclusio:	Bei 2.897 gestellten Rechnungen wurde ein die Mittelgebühr übersteigender Faktor in Ansatz gebracht

---

[513] *Referenzliste: „Rechnungen" – die Liste ist bereits nach den 3.177 Fällen vorgefiltert, in denen eine Rechnung bereits gestellt wurde*

Anlage zur Dissertation I

I.49. Anzahl noch offener und nicht akzeptierter Rechnungen (der Höhe nach)[514]

Zu filternde Spalte:	O („Status')
Ergebnis:	429 Datensätze: ‚Offen'
Conclusio:	In 1.345 Fällen wurde ein geringerer Teil als angefordert gezahlt; in 429 Fällen erfolgte noch keine Zahlung

I.50. Anzahl Fristverlängerungsanträge[515]

Zu filternde Spalte:	D („Klage verschickt am') L („Antrag auf Fristverlängerung durch den Herstellervertreter') F („Antrag auf Fristverlängerung durch den Händlervertreter')
Ergebnis:	531 Datensätze in D, wenn Filter alle Datensätze bis einschließlich Mai 2018 berücksichtigt[516], sodann: 208 Datensätze in L: ‚0' bzw. ‚1', 63 Datensätze in F: ‚0' bzw. ‚1'
Conclusio:	Von 531 Klagen wurden in 271 Fällen Fristverlängerungsanträge gestellt

I.51. Anzahl von Kaufverträgen mit Hinweis auf Betroffenheit[517]

Zu filternde Spalte:	D („Hinweis im Kaufvertrag ‚Fahrzeug ist betroffen"')
Ergebnis:	349 Datensätze (entspricht 89,5 %): ‚Nein' (heißt: kein Hinweis im Kaufvertrag)

---

514 *Wie vor*
515 *Referenzliste: „Fristverlängerungen"*
516 *Um das Ergebnis nicht zu verzerren blieben später versandte Klagen unberücksichtigt, da diese in der*
517 *Referenzliste: „Mandantenumfrage Kauf nach Bekanntwerden"; es haben insgesamt 390 Mandanten, die Ihr Fahrzeug nach September 2015 erworben haben, ein Onlineformular ausgefüllt, in dem Fragen zum Erwerbsvorgang und zur Ausgestaltung des Kaufvertrages gestellt worden sind*

I.52. Vertrauen in Update[518]

Zu filternde Spalte:	K (‚Misstrauen in Update')
	J ('Kenntniserlangung im Übrigen')
Ergebnis:	K: 4 Datensätze in K: ‚Ja'
	Davon:
	2 Datensätze in J: ‚Überhaupt keine Kenntnis'
	1 Datensatz: ‚Kenntnis nur generell nicht konkret' 1 Datensatz: ‚Kenntnis generell und konkret'

---

518 *Referenzliste: „Mandantenumfrage Kauf nach Bekanntwerden"*

Anlage zur Dissertation II

Anlage zur Dissertation II.1

Forschungsvorhaben die durch Referat III 3 des Bundesamtes für Justiz betreut wurden und die in den Jahren 2012 bis 2018 (Rechtstatsachenforschung) beziehungsweise 2016 bis 2018 (Verbraucherschutz) neu begonnen oder abgeschlossen worden sind

	Laufzeit	Forschungsvorhaben der Rechtstatsachenforschung
1	2010 - 2012	Evaluation des Gesetzes zur Verfolgung der Vorbereitung von schweren staatsgefährdenden Gewalttaten (GVVG)
2	2010 - 2012	Untersuchung möglicher Schutzlücken durch den Wegfall der Vorratsdatenspeicherung
3	2011 - 2012	Auswirkungen des geänderten Überschuldungsbegriffs in der Insolvenzordnung
4	2011 - 2012	Ausgabenmonitoring und Expertisen zum Betreuungsrecht
5	2012 - 2014	AGB-Recht für Verträge zwischen Unternehmen
6	2012 - 2016	Evaluation des neu eingeführten Jugendarrestes neben zur Bewährung ausgesetzter Jugendstrafe ("Warnschussarrest")
7	2010 - 2017	Evaluation der Reform der Führungsaufsicht mit Ergänzungsvorhaben zur Untersuchung der Elektronischen Aufenthaltsüberwachung
8	2013 - 2016	Evaluation des Gesetzes zur Reform des Kontopfändungsschutzes vom 7. Juli 2009
9	2014 - 2017	Reformbedarf des Gesetzes über die Zwangsversteigerung und die Zwangsverwaltung
10	2014 - 2018	Auswertung der Sondererhebung zu § 1626a BGB in Verbindung mit § 155a FamFG zur Evaluation des Gesetzes zur Reform der elterlichen Sorge nicht miteinander verheirateter Eltern
11	2014 - 2018	Evaluierung der FGG-Reform
12	2015	Aufladbare Gutscheinkarten im Privatrecht unter besonderer Berücksichtigung des Verbraucherschutzes – Grenzüberschreitender Vergleich von Lösungsansätzen
13	2015 - 2016	Unbemannte Luftfahrtsysteme
14	2015 - 2016	Forschungsarbeit und Erstellung pädagogischer Materialien zur Geschichte des heutigen Dienstsitzes des Bundesministeriums der Justiz und für Verbraucherschutz vor und während des zweiten Weltkrieges
15	2015 - 2016	Möglichkeiten einer Onlineregistrierung von Gesellschaften, vor allem aus dem Ausland, in einem System der vorsorgenden Rechtspflege
16	2015 - 2016	Urheberrecht und Innovation in digitalen Märkten
17	2015 - 2016	Machbarkeitsstudie zum Einsatz von Webinaren bei der Fortbildung in der Jugendgerichtsbarkeit
18	2015 - 2017	Gesetzliche Sonderregelungen über den Franchisevertrag im internationalen Vergleich (mit Schwerpunkt: Vorvertragliche Aufklärungspflichten des Franchisegebers)
19	2015 - 2017	Evaluierung des Mediationsgesetzes
20	2015 - 2017	Umsetzung des Erforderlichkeitsgrundsatzes in der betreuungsrechtlichen Praxis im Hinblick auf vorgelagerte „andere Hilfen" unter besonderer Berücksichtigung des am 01.07.2014 in Kraft getretenen Gesetzes zur Stärkung der Funktionen der Betreuungsbehörde
21	2015 - 2018	Qualität der rechtlichen Betreuung mit ergänzender vertiefter Untersuchung der Berufsbetreuung
22	2017 - 2018	Evaluation des Gesetzes zur weiteren Erleichterung der Sanierung von Unternehmen
23	2017 - 2020	Funktionsweise der Allgemeinen Verbraucherschlichtungsstelle
24	2017 - 2019	Marktanalyse zum Justizvergütungs- und -entschädigungsgesetz – die Vergütung von Sachverständigen, Dolmetscherinnen/Dolmetschern und Übersetzerinnen/Übersetzern
25	2017 - 2020	Evaluierung der Vorschriften des Gesetzes zur Regelung der Verständigung im Strafverfahren vom 29. Juli 2009 (BGBl. I, 2353)

	Laufzeit	Forschungsvorhaben zum Verbraucherschutz
1	2016 - 2017	Evaluation der inkassorechtlichen Vorschriften des Gesetzes gegen unseriöse Geschäftspraktiken

Anlage zur Dissertation II

Anlage zur Dissertation II. 2

(Auszug aus der Anklageschrift gegen Martin Winterkorn u.a., S. 1, 7, 11)

BUNDESBEZIRKSGERICHT
(*UNITED STATES DISTRICT COURT*)

ÖSTLICHER GERICHTSBEZIRK VON MICHIGAN
(*EASTERN DISTRICT OF MICHIGAN*)

SÜDLICHE ABTEILUNG
(*SOUTHERN DIVISION*)

VEREINIGTE STAATEN VON AMERIKA	Nr. 2: 16-cr-20394
	EHRENW. SEAN F. COX
gegen	Verstoß gegen: 18 U.S.C.[1] § 371
	18 U.S.C. § 1343
Angeklagter zu 2) RICHARD DORENKAMP,	42 U.S.C. § 7413(c)(2)(A)
Angeklagter zu 3) HEINZ-JAKOB NEUßER,	18 U.S.C. § 2
Angeklagter zu 4) JENS HADLER,	
Angeklagter zu 5) BERND GOTTWEIS,	
Angeklagter zu 7) JÜRGEN PETER, und	
Angeklagter zu 9) MARTIN WINTERKORN	
Angeklagte,	

FÜNFTE ERWEITERTE ANKLAGESCHRIFT

DAS GROßE SCHWURGERICHT (*GRAND JURY*) BEZICHTIGT DIE ANGEKLAGTEN:

ALLGEMEINE BEHAUPTUNGEN

Jederzeit maßgeblich für diese Anklage:

1. Zweck des US-Bundesgesetzes zur Reinhaltung der Luft (*Clean Air Act*) und dessen Durchführungsverordnungen sei es, insbesondere durch Verringerung der Schadstoffemissionen neuer Kraftfahrzeuge, einschließlich Stickstoffoxide („NOx"), die Gesundheit der Menschen und der Umwelt zu schützen.

2. Das US-Bundesgesetz zur Reinhaltung der Luft (*Clean Air Act*) lege der US-Umweltschutzbehörde U.S. Environmental Protection Agency („EPA") auf, die Emissionsnormen für neue Kraftfahrzeuge bekannt zu machen. Die EPA lege Normen und Testverfahren für leichte Nutzfahrzeuge[2], einschließlich Emissionsnormen für NOx fest.

---

[1] Anm. d. Übers.: United States Code, offizielle Kodifizierung der Bundesgesetze
[2] Anm. d. Übers.: light duty vehicle, Fahrzeug mit einem Fahrzeuggesamtgewicht von 8.500 amerikanischen Pfund (3856 kg) oder weniger vor einer Nachrüstung auf alternative Antriebsart.

Anlage zur Dissertation II

Berichten, Plänen und anderen gemäß dem US-Bundesgesetz zur Reinhaltung der Luft (Clean Air Act) einzureichenden oder aufzubewahrenden erforderlichen Unterlagen und Unterdrückung und Bewirkung der Unterdrückung sachlicher Angaben in Mitteilungen, Anträgen, Aufzeichnungen, Berichten, Plänen und anderen gemäß dem US-Bundesgesetz zur Reinhaltung der Luft (*Clean Air Act*) einzureichenden oder aufzubewahrenden erforderlichen Unterlagen gegen das US-Bundesgesetz zur Reinhaltung der Luft (*Clean Air Act*) unter Verletzung von 42 U.S.C. § 7413(c)(2)(A) zu verstoßen.

Zweck der Verschwörung

31. Der Zweck der Verschwörung zwischen DORENKAMP, NEUßER, HAULER, GOTTWEIS, PETER, WINTERKORN und ihren Mitverschwörern bestand darin, VW und sich selbst unrechtmäßig zu bereichern, insbesondere durch (a) Täuschung der US-Regulierungsbehörden zum Erhalt der notwendigen Bescheinigungen, um in den Vereinigten Staaten Dieselfahrzeuge zu verkaufen, (b) Verkauf von VW-Dieselfahrzeugen an US-Kunden, obwohl die Angeklagten wussten, dass diese Fahrzeuge absichtlich dazu konstruiert waren, US-Emissionsnormen zu erkennen, zu umgehen und zu überwältigen, (c) Täuschung von US-Kunden durch Bewerbung von VW-Diesel-Fahrzeugen als „saubere Diesel" und auch anderweitig umweltfreundlich, und (d) Verschleierung von VWs absichtlichen Emissionsbetrügereien gegenüber US-Regulierungsbehörden, US-Kunden und der US-amerikanischen Öffentlichkeit.

Die Verschwörung

32. Spätestens ab oder ungefähr ab Mai 2006 bis oder bis ungefähr November 2015 verabredeten DORENKAMP, NEUßER, HADLER, GOTTWEIS, PETER, WINTERKORN, und ihre Mitverschwörer, durch Irreführung (*misleading*) der US-Regulierungsbehörden und US-Kunden darüber, ob die betroffenen Fahrzeuge und die Porsche-Fahrzeuge die US-amerikanischen Emissionsnormen einhielten, die US-Regulierungsbehörden und US-Kunden zu betrügen (*defraud*) und gegen das US-Bundesgesetz zur Reinhaltung der Luft (*Clean Air Act*) zu verstoßen. Während ihrer Mitwirkung an der Konstruktion, Vermarktung und Verkauf der betroffenen Fahrzeuge und der Porsche-Fahrzeuge in den Vereinigten Staaten haben DORENKAMP, NEUßER, HADLER, GOTTWEIS, PETER, WINTERKORN, und ihre Mitverschwörer: (a) gewusst, dass die betroffenen Fahrzeuge und die Porsche-Fahrzeuge die US-amerikanischen Emissionsnormen nicht einhielten, (b) bei der Konstruktion, Prüfung, Umsetzung und Verbesserung von Software, von der sie wussten, dass VW sie zur Täuschung im US-Prüfverfahren derart einsetzte, dass es so schien, als erfüllten die betroffenen Fahrzeuge und die Porsche-Fahrzeuge die US-Emissionsnormen, obwohl dies nicht der Fall war, zusammengearbeitet, und (c) diese Tatsachen gegenüber US-Regulierungsbehörden und US-Kunden zu verschleiern versucht und verschleiert.

Herkunft und Umsetzung der 2.0-Liter-Abschalteinrichtung

33. Zumindest im Jahr oder ungefähr im Jahr 2006 konstruierten VW-Mitarbeiter unter der Aufsicht von DORENKAMP und HADLER den neuen EA 189 2.0-Liter-Dieselmotor (später bekannt als Generation 1 oder „Gen 1"), der den Grundstein eines Projektes zum Verkauf von Diesel-Personenkraftfahrzeugen in den Vereinigten Staaten bilden sollte. Der Verkauf von Dieselfahrzeugen auf dem US-amerikanischen Markt war eine wichtiges strategisches Ziel der VW AG. Dieses Projekt wurde VW-intern als das „US'07"-Projekt bekannt.

34. DORENKAMP, HADLER und ihre Mitverschwörer begriffen jedoch, dass sie keinen Dieselmotor konstruieren könnten, der sowohl die strengeren, 2007 in Kraft tretenden

Lenkradwinkel des Fahrzeugs als Grundlage dafür nutzte, besser zu erkennen, ob das Fahrzeug Emissionstests unterzogen wurde, und somit die Genauigkeit der Abschalteinrichtung zur Reduzierung der Belastung auf die Abgasanlage verbesserte.

Verschleierung der Abschalteinrichtungen

48. Im oder ungefähr im März 2014 erfuhren bestimmte VW-Mitarbeiter, darunter NEUßER, GOTTWEIS, PETER und WINTERKORN die Ergebnisse einer Studie, die im Auftrag des International Council on Clean Transportation vom Center for Alternative Fuels, Engines and Emissions der West Virginia University durchgeführt wurde („ICCT-Studie"). Die ICCT-Studie stellte im realen Fahrbetrieb auf der Straße erhebliche Abweichungen der NOx-Emissionen bei bestimmten betroffenen 2,0-Liter-Fahrzeugen von den Ergebnissen dieser Fahrzeuge bei den Standardfahrzyklustests der EPA und CARB auf dem Rollenprüfstand fest. Die Ergebnisse der Studie zeigten auf, dass zwei der drei auf der Straße getesteten Fahrzeuge, beides betroffene 2,0-Liter-Fahrzeuge, NOx-Mengen, welche die bei der Abgasprüfung in den USA zulässigen Grenzwerte um bis zu das 35-fache überschritten, ausstießen.

49. Als sie von den negativen Ergebnissen der ICCT-Studie erfuhren, informierten VW-Ingenieure VW-Führungskräfte von dem Risiko, dass die Studie VWs Betrügereien aufdecken würde. Insbesondere trafen sich am oder ungefähr am 28. April 2014 VW-Ingenieure der Motorenentwicklungsabteilung der VW Brand mit GOTTWEIS und unterrichteten ihn über die ICCT-Studie, darüber, wie VW betrüge, und über die Folgen der Studie, einschließlich der, dass VW möglicherweise 500.000 in den USA verkaufte Fahrzeuge zurückkaufen müsste. GOTTWEIS antwortete, dass er die Lage sofort mit WINTERKORN besprechen müsse.

50. Am oder ungefähr am 23. Mai 2014 übermittelte eine VW-Führungskraft WINTERKORN eine von GOTTWEIS verfasste Notiz zur ICCT-Studie. In der maßgeblichen Passage heißt es in der Notiz: „Eine fundierte Erklärung für die dramatisch erhöhten NOx Emissionen kann den Behörden nicht gegeben werden. Es ist zu vermuten, dass die Behörden die VW Systeme daraufhin untersuchen werden, ob Volkswagen eine Testerkennung in die Motorsteuergeräte-Software implementiert hat (sogenanntes defeat device) und bei einem erkannten „Rollentest" eine andere Regenerations- bzw. Dosierungsstrategie fährt als im realen Fahrbetrieb." (Übersetzung aus dem Deutschen)[7]

51. Infolge der ICCT-Studie versuchte CARB in Abstimmung mit der EPA mit VW zusammenzuarbeiten, um die Ursache für die höheren NOx-Emissionen betroffener 2,0-Liter-Fahrzeuge beim Fahrbetrieb auf der Straße gegenüber denen bei den Standard-Abgasprüfungszyklen auf dem Rollenprüfstand festzustellen. Hierzu stellte CARB in Abstimmung mit der EPA VW wiederholt Fragen, die zunehmend immer präziser und detaillierter wurden, und führten[8] auch selbst zusätzliche Tests durch.

52. Als Reaktion auf die Ergebnisse der ICCT-Studie bildeten Ingenieure der Motorenentwicklungsabteilung der VW Brand spontan eine Task Force zur Beantwortung der Fragen, die von den US-Regulierungsbehörden gestellt wurden. Mitarbeiter der VW AG, darunter NEUßER, GOTTWEIS, PETER, WINTERKORN und ihre Mitverschwörer beschlossen, den US-Regulierungsbehörden nicht zu offenbaren, dass die getesteten Fahrzeugmodelle mit einer Abschalteinrichtung betrieben wurden. Stattdessen verfolgten NEUßER, GOTTWEIS, PETER, WINTERKORN und ihre Mitverschwörer eine Strategie, bei der Beantwortung der Fragen der

---
[7] Anm. d. Übers.: deutscher Text Originalwortlaut
[8] [sic]

Anlage zur Dissertation II

Anlage zur Dissertation II. 3

(Auszug d. Plea Agreement, S. 35f., 41f.)

Vorstrafenberichts über die Angeklagte vor der Verurteilung anweisen, werden die *Ämter* den Ersteller des Berichts und das Gericht von den Sachverhalten und Rechtslage bezüglich der Sache der Angeklagten vollständig in Kenntnis setzen. Zum Zeitpunkt der Voranhörung zur Klageerwiderung (*plea hearing*) werden die Parteien gemeinsam geeignete Termine für die Strafbemessung vorschlagen.

14. Öffentliche Darstellungen der Angeklagten

A. Die Angeklagte erklärt sich ausdrücklich einverstanden, dass sie weder durch derzeitige noch ehemalige Rechtsanwälte, Vorstandsmitglieder, Führungskräfte, Mitarbeiter, Vertreter (*agents*) noch durch sonstige zum Sprechen für die Angeklagte befugte Person eine öffentliche Stellungnahme in einem Prozess oder an anderer Stelle abgibt, welche der oben dargelegten Übernahme der Verantwortung durch die Angeklagte widerspricht und der Tatsache, dass sich die Angeklagte der in der Dritten Erweiterten Anklageschrift niedergelegten Anklagepunkte schuldig bekannt hat, widerspricht oder den in Anlage 2 beschriebenen Sachverhalten widerspricht. Jede derartige widersprüchliche Darstellung stellt vorbehaltlich von nachstehend beschriebenen Wiedergutmachungsrechten der Angeklagten eine Verletzung dieser *Vereinbarung* dar und die Angeklagte kann gemäß Absatz 9 dieser Vereinbarung anschließend strafrechtlich verfolgt werden. Die Entscheidung, ob eine derartige widersprüchliche Darstellung bei der Feststellung, ob die Angeklagte diese *Vereinbarung* verletzt hat, der Angeklagten zugerechnet wird, liegt im alleinigen Ermessen der *Ämter*. Stellen die *Ämter* fest, dass eine öffentliche Darstellung einer beliebigen oben erwähnten Person ganz oder teilweise der Tatsache widerspricht, dass sich die Angeklagte der in der Dritten Erweiterten Anklageschrift niedergelegten Anklagepunkte oder einer in Anlage 2 enthaltenen Darstellung schuldig bekannt hat, dann

Anlage zur Dissertation II

setzen die *Ämter* die Angeklagte hiervon in Kenntnis und die Angeklagte kann durch eine öffentliche Zurückweisung derartiger Stellungnahme(n) binnen fünf Werktagen ab Inkenntnissetzung eine Verletzung dieser *Vereinbarung* verhindern. Die Angeklagte ist befugt, in anderen Verfahren zu den in der Dritten Erweiterten Anklageschrift und in Anlage 2 dargelegten Angelegenheiten Einwände (*defenses*) geltend zu machen, Rechtspositionen einzunehmen und bejahende Ansprüche geltend zu machen, sofern diese Einwände und Ansprüche nicht den Tatsachen, dass sich die Angeklagte der Anklagepunkte aus der Dritten Erweiterten Anklageschrift oder einer Darstellung in Anlage 2 schuldig bekannt hat, ganz oder teilweise widersprechen. Dieser Absatz gilt nicht für eine beliebige Darstellung, welche von einem derzeitigen oder ehemaligen Vorstandsmitglied, Führungskraft, Mitarbeiter oder einem Vertreter (*agent*) der Angeklagten im Rahmen gegen eine diese Einzelperson angestrebten Strafprozess, Aufsichtsprozess oder einer Zivilprozess abgegeben wird, es sei denn, dass diese Einzelperson im Namen der Angeklagten spricht.

B. Die Angeklagte erklärt sich einversanden, dass sie sich vor der Herausgabe einer Pressemitteilung oder der Veranstaltung einer Pressekonferenz im Zusammenhang mit dieser *Vereinbarung* durch sich selbst oder durch eine ihrer unmittelbaren oder mittelbaren Tochtergesellschaften oder Konzerngesellschaften mit den *Ämtern* abstimmt, um festzustellen, (a) ob der Text der Pressemitteilung oder der vorgeschlagenen Erklärungen in der Pressekonferenz der Wahrheit entsprechen, was die Angelegenheiten zwischen den *Ämtern* und der Angeklagten betrifft, und (b) ob die Ämter Einwände gegen

Anlage zur Dissertation II

Dieses Schriftstück gibt den gesamten Umfang der *Vereinbarung* zwischen den Parteien wieder. Es bestehen keine weiteren ausdrücklichen oder konkludenten Versprechen oder Vereinbarungen. Jede Änderung zu dieser Vereinbarung bedarf zu ihrer Gültigkeit der Schriftform in einer von allen Parteien unterzeichneten ergänzenden oder überarbeiteten Vergleichsvereinbarung (*plea agreement*).

ZUGESTIMMT:

FÜR DIE VOLKSWAGEN AG:

Datum: 11. Januar 2017   Durch:_____
                                 [unleserliche handschriftliche Unterschrift]

                                 Manfred Doess
                                 Chefjustiziar der Volkswagen AG

Datum: 11. Januar 2017   Durch:_____
                                 [unleserliche handschriftliche Unterschrift]
                                 Reid Weingarten
                                 Jason Weinstein
                                 Christopher Niewoehner
                                 Steptoe & Johnson LLP
                                 Externe Rechtsberater der Volkswagen AG

Datum: 11. Januar 2017   Durch:_____
                                 [unleserliche handschriftliche Unterschrift]
                                 Aaron R. Marcu
                                 Olivia A. Radin
                                 Linda Martin
                                 Freshfields Bruckhaus Deringer US LLP
                                 Externe Rechtsberater der Volkswagen AG

Datum: 11. Januar 2017   Durch:_____
                                 [unleserliche handschriftliche Unterschrift]
                                 Robert J. Giuffra, Jr.
                                 Sharon L. Nelles
                                 Brent J. Mcintosh
                                 Sullivan & Cromwell LLP
                                 Externe Rechtsberater der Volkswagen AG

Anlage zur Dissertation II

FÜR DAS JUSTIZMINISTERIUM:

ANDRE WEISSMANN
Leiter, Fachgruppe Betrug,
Strafrechtsabteilung
(*Chief, Fraud Section
Criminal Division*)

Datum: (11.01.17)   Durch: [unleserliche handschriftliche Unterschrift]

Benjamin D. Singer
Leiter, Wertpapier & Finanzbetrugseinheit
(*Chief, Securities & Financial Fraud Unit*)
Gary A. Winters
Alison Anderson
David Fuhr
Prozessanwälte

JOHN CRUDEN
Assistenz-Generalstaatsanwalt
Umwelt- und Naturressourcenabteilung
(*Assistant Attorney General
Environment and Natural Resources
Division*)

Datum: (11.01.17)   Durch: [unleserliche handschriftliche Unterschrift]

Jennifer L. Blackwell
Prozessanwältin

BARBARA L. McQUADE
US-Bundesstaatsanwältin (*United States Attorney*) Östlicher Gerichtsbezirk
(E*astern District*) von Michigan

Datum: (11.01.17)   Durch: [unleserliche handschriftliche Unterschrift]

John K. Neal
Leiter, der Einheit für
Wirtschaftskriminalität
(*Chief, White Collar Crime Unit*)

Anlage zur Dissertation II

Anlage zur Dissertation II. 4

Rechtsanwälte
Timo Gansel Koll.
Wallstr. 59
10179 Berlin

Bei Antwort bitte die Schadennummer angeben:
****
Schaden-Nr.:
****

München, 11.06.2018

Mitglied:
Ihre Nachricht vom 11.06.18
Ihre Zeichen:

Sehr geehrte Damen und Herren Rechtsanwälte,

wir danken für Ihr Schreiben. Allerdings können wir in der vorliegenden Angelegenheit ein Vorgehen gegenüber der Volkswagen AG aus Delikt mangels Erfolgsaussichten nicht unterstützen. Wir verweisen auf § 17 Abs. 2 VRB. Weitere Einwendungen - auch zu den Erfolgsaussichten - behalten wir uns höchstvorsorglich vor.

Weitere Hinweise:

1. Eine vorsätzliche Täuschungshandlung des Herstellers kommt grundsätzlich allenfalls gegenüber dem Erstkäufer in Betracht, an dem das Autohaus das Neu-Fahrzeug ausliefert. Eine weitergehende Kausalkette bei einer Weiterveräußerung des Ersterwerbers an einen Dritten ist nicht umfasst. Der Zweit- oder Dritterwerber ist damit zudem regelmäßig nur mittelbar geschädigt.

Wir verweisen auf OLG München, Beschluss vom 20. 3.1980 - 27 W 22/80; OLG Hamm Urteil vom 17.12.1996 - 27 U 152/96; OLG München, Urteil vom 20.08.1999 – 14 U 860-98; BGH, Urteil vom 15.09.1999 - I ZR 98/97; OLG Nürnberg, Beschlüsse vom 22.03. u. 18.04.2005 - 8 U 3720/04; OLG Braunschweig, Urteil 13. 4.2006 - 8 U 29/05; LG Dortmund, Urteil vom 08.11.2006 - 22 O 65/06.

In der vorliegenden Angelegenheit geht es um einen Gebrauchtwagenkauf. Zwar ist Verkäufer ein Fahrzeughändler. Dieser hat das Fahrzeug jedoch bereits von einem anderen Voreigentümer aufgekauft. Es ist daher davon auszugehen, dass hier mehrere Erwerbsvorgänge vorliegen.

Unter diesen Umständen sind deliktische Ansprüche gegenüber dem Hersteller grundsätzlich ausgeschlossen.

ADAC RSR GmbH
Hansastraße 19, 80686 München
Geschäftsführer: Ulrich May
Rechtsform: Gesellschaft mit beschränkter Haftung mit Sitz in München · Eingetragen beim Amtsgericht München, HRB 160301 USt-IdNr. DE 245885962
Bayerische Landesbank, München (BLZ 700 500 00) . Konto-Nr. 3991270 . IBAN: DE49 7005 0000 0003 9912 70 . BIC: BYLADEMM

Anlage zur Dissertation II

Anlage zur Dissertation II.5

RSS Rechtsschutz-Service | Abraham-Lincoln-Str. 3 | 65189 Wiesbaden

DEURAG-Schadenservice
RSS Rechtsschutz-Service GmbH

Ansprechpartner
DEURAG-Schadenservice

Telefon 0611 17209 355
Telefax 0611 17209 280
E-Mail:
service@rss-rechtsschutzservice.de

Frau

11.08.2017

Unsere Leistungsnummer:
Versicherungsnehmer:

Ihr Zeichen:

Sehr geehrte Frau

wir, die RSS Rechtsschutz-Service GmbH, sind mit der DEURAG Leistungsbearbeitung beauftragt, stehen Ihnen gerne als Ansprechpartner zur Verfügung und teilen Ihnen Folgendes mit:

In der eingangs bezeichneten Angelegenheit nehmen wir Bezug auf Ihre Nachricht.

Wir haben die Voraussetzungen des Versicherungsschutzes geprüft und müssen Ihnen leider mitteilen, dass wir für die vorliegende Auseinandersetzung

keine Kosten übernehmen können.

Unsere Entscheidung möchten wir wie folgt erläutern:

Bedingungsgemäß sind wir berechtigt, den Rechtsschutz abzulehnen, wenn der durch die Wahrnehmung der rechtlichen Interessen voraussichtlich entstehende Kostenaufwand unter Berücksichtigung der berechtigten Belange der Versichertengemeinschaft in einem groben Missverhältnis zum angestrebten Erfolg steht. Von diesem Ablehnungsrecht machen wir in Ihrer obigen Angelegenheit Gebrauch.

Dem Versicherungsnehmer ist ein Abwarten der Mängelbeseitigung zumutbar, vor allem im Hinblick darauf, dass VW diese zugesagt und auf die Einrede der Verjährung verzichtet hat.

DEURAG-Schadenservice
RSS Rechtsschutz-Service GmbH
Abraham-Lincoln-Straße 3
65189 Wiesbaden
Tel: 0611 17209 355
Fax: 0611 17209 280
Web: www.deurag.de

Geschäftsführer
Heiko Oppenheim

Bankverbindung
Commerzbank Mainz-Kastel
IBAN DE94550400220380869800
BIC COBADEFF554

Steuernummer
USt-Id: DE 294538784
VersSt-Nr. 9116/807/01204

Registereintragung
Handelsregister Wiesbaden
HRB 27579

Ein Unternehmen der
SIGNAL IDUNA Gruppe

Anlage zur Dissertation II

Anlage zur Dissertation II.6

Volkswagen AG · Kundenbetreuung · Brieffach 1998 · 38436 Wolfsburg

Gansel Rechtsanwälte
Herrn Rechtsanwalt
▓▓▓▓▓
Wallstr. 59
10179 Berlin

08.09.2017	Ihre Nachricht
+49 800 1234▓	Telefon
+49 800 3298▓	Telefax
kundenbetreuung@volkswagen.de	E-Mail
11.10.2017	Datum
	Unsere Zeichen

Ihr Aktenzeichen: ▓▓▓▓

Sehr geehrter Herr ▓▓▓▓

wir nehmen Bezug auf Ihr Schreiben vom 08.09.2017, mit welchem Sie im Namen Ihrer Mandantschaft einen Austausch des Fahrzeugs gegen einen Neuwagen begehren. Bitte entschuldigen Sie unsere verzögerte Antwort.

Wir möchten als Volkswagen AG zunächst noch einmal unser Bedauern darüber ausdrücken, dass Ihrer Mandantschaft durch die Diskussionen über eine Software, welche bei Dieselmotoren des Typs EA 189 den Ausstoß von Stickoxid (NOx) auf dem Prüfstand optimiert, Unannehmlichkeiten entstanden sind. Die durch die öffentliche Diskussion hervorgerufene Unsicherheit können wir sehr gut nachvollziehen.

Die Sorge Ihrer Mandantschaft nehmen wir sehr ernst, wir möchten jedoch auch rein vorsorglich zur Vermeidung möglicher Missverständnisse auf Folgendes hinweisen:

- Alle betroffenen Fahrzeuge waren stets und sind weiterhin technisch sicher und fahrbereit.

- Die zugelassenen Fahrzeuge mit dem Dieselmotor EA 189 können weiterhin im Straßenverkehr belassen und uneingeschränkt genutzt werden. Dies hat das Kraftfahrt-Bundesamt am 15. Oktober 2015 bestätigt.

Die Volkswagen AG hat dem Kraftfahrt-Bundesamt bereits die konkreten technischen Maßnahmen für die betroffenen EA 189-Motoren mit 1,2-, 1,6- und 2,0-Liter Hubraum vorgestellt. Das Kraftfahrt-Bundesamt hat nach intensiver Begutachtung die von der Volkswagen AG vorgeschlagenen Maßnahmen grundsätzlich bestätigt. Zusätzlich erfolgt für jeden Fahrzeugtypen eine Freigabe durch das Kraftfahrt-Bundesamt.

Die von Volkswagen entwickelten technischen Lösungen sehen wie folgt aus:

- Bei dem 1,6-Liter EA 189-Motor wird direkt vor dem Luftmassenmesser ein sogenannter Strömungsgleichrichter befestigt. Dabei handelt es sich um ein Gitternetz, das den verwirbelten Luftstrom vor dem Luftmassenmesser beruhigt und dadurch den Verbrennungsvorgang optimiert. Zudem wird an Fahrzeugen mit diesem Motor ein Software-Update durchgeführt.

Volkswagen AG
38436 Wolfsburg
Deutschland
Telefon +49 5361 9-0
Telefax +49 5361 9-28282
E-Mail vw@volkswagen.de

Ehrenvorsitzender des Aufsichtsrats:
Klaus Liesen

Vorsitzender des Aufsichtsrats:
Hans Dieter Pötsch

Vorstand:
Matthias Müller - Vorsitzender

Karlheinz Blessing
Herbert Diess
Francisco J. Garcia Sanz
Jochem Heizmann
Andreas Renschler
Rupert Stadler
Hiltrud D. Werner
Frank Witter

Markenvorstand Volkswagen:
Herbert Diess - Vorsitzender

Arno Antlitz
Karlheinz Blessing
Ralf Brandstätter
Thomas Schmall
Jürgen Stackmann
Thomas Ulbrich
Frank Welsch

Volkswagen Aktiengesellschaft
Sitz: Wolfsburg
Amtsgericht Braunschweig
HRB Nr.: 100484

Anlage zur Dissertation II

Volkswagen

Seite 2

Die Umsetzung der technischen Maßnahme wird in einer Vertragswerkstatt weniger als eine Stunde in Anspruch nehmen.

- Die 1,2- und 2,0-Liter Aggregate benötigen lediglich ein Software-Update, für das nur etwa eine halbe Stunde Arbeitszeit in einer Vertragswerkstatt vorgesehen ist.

Das Kraftfahrt-Bundesamt hat bereits für alle Fahrzeugmodelle die Freigabebestätigung erteilt und dabei ausdrücklich festgestellt, dass die Durchführung der oben genannten technischen Maßnahmen sich nicht negativ auf die Motorleistung, den Kraftstoffverbrauch, die CO_2-Emissionen, das Drehmoment sowie die Geräuschemissionen auswirken wird.

An einem Großteil der betroffenen Fahrzeuge wurde die technische Maßnahme bereits durchgeführt. Volkswagen arbeitet mit Hochdruck daran, dass sämtliche Maßnahmen für alle Motorvarianten so schnell wie möglich abgeschlossen werden.

Auch für das Fahrzeugmodell Ihrer Mandantschaft liegt bereits eine derartige Freigabebestätigung des Kraftfahrt-Bundesamts vor. Da zwischenzeitlich auch die Softwarelösung für das Fahrzeug Ihrer Mandantschaft zur Verfügung steht, bitten wir Ihre Mandantschaft, sich mit einer VW-Vertragswerkstatt zur Vereinbarung eines Werkstatttermins für die Durchführung der technischen Maßnahme in Verbindung zu setzen.

Selbstverständlich erfolgt die technische Maßnahme auf Kosten von Volkswagen. Wir können zudem versichern, dass wir zur Vermeidung von Unannehmlichkeiten gerne für den Zeitraum der Durchführung der Maßnahmen eine individuell auf die Bedürfnisse Ihrer Mandantschaft zugeschnittene angemessene Ersatzmobilität kostenfrei zur Verfügung stellen werden.

Außerdem kann Ihre Mandantschaft jederzeit mit Volkswagen über die kostenfreie Hotline (0800 86 55 79 24 36) Kontakt aufnehmen.

Die Durchführung der Maßnahme ist für Ihre Mandantschaft nicht nachteilig, da wir allen Volkswagen Vertragspartnern nahe gelegt haben, bis zum 31. Dezember 2017 auf die Erhebung der Verjährungseinrede in Hinblick auf etwaige Ansprüche, die im Zusammenhang mit der in Fahrzeugen mit Motortyp EA 189 eingebauten Software bestehen, zu verzichten. Die Empfehlung des Verjährungsverzichts für derartige Ansprüche gilt auch, soweit diese bereits verjährt sind.

Rein vorsorglich erlauben wir uns abschließend den Hinweis, dass etwaige Gewährleistungsansprüche gegenüber dem jeweiligen Verkäufer geltend zu machen wären.

Vor diesem Hintergrund bitten wir um das Verständnis Ihrer Mandantschaft, dass der Austausch des Fahrzeuges nicht möglich ist und aufgrund der kostengünstigeren technischen Maßnahme im Übrigen auch unverhältnismäßig wäre.

Wir bitten Sie und Ihre Mandantschaft, jegliche Unannehmlichkeiten zu entschuldigen und versichern, dass wir alles tun werden, um das Vertrauen wieder zu gewinnen.

Freundliche Grüße aus Wolfsburg

Anlage zur Dissertation II

Anlage zur Dissertation II.7

ADAC RSR GmbH, 81364 München

Rechtsanwälte

c/o Gansel Rechtsanwälte
Wallstrasse 59
10179 Berlin

Bei Antwort bitte die Schadennummer angeben:
Schaden-Nr.:

Mitglied:
Ihre Nachricht
Ihre Zeichen:

München, 20.06.2018

Sehr geehrte Damen und Herren Rechtsanwälte,

für Ihr Schreiben und die Unterlagen bedanken wir uns.

Nach den uns vorliegenden Informationen und Unterlagen handelt es sich bei dem Fahrzeug Ihres Mandanten um einen

Porsche Panamera Diesel 3,0 L Euro 5 EZ 10/13

Zu diesem Fahrzeug(typ) liegen bisher keine positiven Kenntnisse über den Verbau einer unzulässigen Abschalteinrichtung vor. Insbesondere gibt es keinen Zwangsrückruf seitens des KBA. Gewährleistungsansprüche gegenüber dem Verkäufer sind zudem offensichtlich verjährt.

Aus diesem Grund ist uns eine Kostenzusage mangels Erfolgsaussichten *derzeit* nicht möglich. Wir verweisen auf § 17 II VRB. Weitere Einwendungen – auch zu den Erfolgsaussichten behalten wir uns höchstvorsorglich vor.

Mit freundlichen Grüßen
Ihre Schadenabteilung

ADAC RSR GmbH
Hansastraße 19, 80686 München
Geschäftsführer: Ulrich May
Rechtsform: Gesellschaft mit beschränkter Haftung mit Sitz in München · Eingetragen beim Amtsgericht München, HRB 160301 USt-IdNr. DE 245885952
Bayerische Landesbank, München (BLZ 700 500 00) . Konto-Nr. 3991270 . IBAN: DE49 7005 0000 0003 9912 70 . BIC: BYLADEMM

Anlage zur Dissertation II

Allianz Rechtsschutz-Service GmbH
- im Auftrag der Allianz Versicherungs-AG -

Anlage zur Dissertation II. 8

Allianz RS-Service GmbH, 10900 Berlin
per Fax an

Herrn
Dr. Timo Gansel
und Kollegen RAe
Wallstr. 59
10179 Berlin

Postanschrift:

Ihr Zeichen, Ihre Nachricht

Ihr Ansprechpartner, Datum

Schaden-Nr.
zum Rechtsschutz-Fall vom 21.09.2017
zum

Sehr geehrter Herr

vielen Dank für Ihre Nachricht.

Wir haben die FIN des betroffenen Fahrzeugs auf der entsprechenden Website des Herstellers eingegeben und erhielten die Meldung, dass das Fahrzeugs nicht mit der bekannten manipulierten Software ausgestattet sei.

Ist nicht auch die Annahme abwegig, dass VW noch im August 2017 Fahrzeuge mit der sog. Schummelsoftware ausgeliefert haben soll?

Wir bitten höflich um Stellungnahme.

Vielen Dank im Voraus.

Mit freundlichen Grüßen
Ihre Allianz Rechtsschutz-Service GmbH

Geschäftsführer: Philipp Eder.
Für Umsatzsteuerzwecke: USt-IdNr.: DE 811 151 062
Finanz- und Versicherungsleistungen i.S.d. UStG / MwStSystRL sind von der Umsatzsteuer befreit.
Sitz der Gesellschaft: München
Registergericht: München HRB 108104

Bankverbindung
Commerzbank München
IBAN DE29 7008 0000 0302 0198 00
BIC DRESDEFF700

Anlage zur Dissertation II

Anlage zur Dissertation II. 9

ADAC RSR GmbH, 81364 München

Rechtsanwälte
Timo Gansel Koll.
Wallstr. 59
10179 Berlin

Bei Antwort bitte die Schadennummer angeben:

Mitglied:
Ihre Nachricht vom
Ihre Zeichen:

München, 16.07.2018

Sehr geehrte Damen und Herren Rechtsanwälte,

im Hinblick auf das Erwerbsdatum **(20.04.2016)** müssen wir nach Aktenlage von Kenntnis des Mangels ausgehen. Das gilt für vertragliche wie deliktische Ansprüche.

Die Volkswagen AG hat ihre Aufklärungspflichten durch öffentliche Erklärungen im September 2015 nachgeholt. Deshalb fehlt es bereits an einer Täuschungshandlung seitens der Volkswagen AG zum Zeitpunkt des Erwerbes. Auf eine Kenntnis Ihres Mandanten kommt es nicht an. Die Beweislast eines Pflichtenverstoßes liegt beim Kläger.

Wir verweisen auf die entsprechenden Ausführungen des OLG Braunschweig in seinem Beschluss v. 02.11.2017 - 7 U 69/17.

Wir müssen - nach aktuellem Sachstand - unsere Deckung mangels Erfolgsaussichten ablehnen. Wir verweisen auf § 17 Abs. 2 VRB. Weitere Einwendungen - auch zu den Erfolgsaussichten - behalten wir uns höchstvorsorglich vor.

Mit freundlichen Grüßen
Ihre Schadenabteilung

ADAC RSR GmbH
Hansastraße 19, 80686 München
Geschäftsführer: Ulrich May
Rechtsform: Gesellschaft mit beschränkter Haftung mit Sitz in München · Eingetragen beim Amtsgericht München, HRB 160301 USt-IdNr. DE 245885962
Bayerische Landesbank, München (BLZ 700 500 00) . Konto-Nr. 3991270 . IBAN: DE49 7005 0000 0003 9912 70 . BIC: BYLADEMM

Anlage zur Dissertation II

Anlage zur Dissertation II.10

ADAC-Rechtsschutz Vers.-AG, 81364 München

Rechtsanwälte
███████████
c/o Gansel Rechtsanwälte
Wallstrasse 59
10179 Berlin

Bei Antwort bitte die Schadennummer angeben:
****
Schaden-Nr.: ███████████
****

Mitglied: ███████████
Ihre Nachricht vom ███████████
Ihre Zeichen: ███████████

München, 23.10.2017

Sehr geehrte Damen und Herren Rechtsanwälte,

wir danken für Ihr Schreiben. Die Abgasproblematik in Bezug auf die Motoren EA 189 wurde von Seiten des VW Konzerns bereits im September 2015 für die Kfz-Marken Volkswagen, Audi, Skoda und Seat bekannt gegeben - einschließlich der Motorgrößen (1,2-Liter, 1,6-Liter und 2,0-Liter) und der Produktionszeiten (2009 bis 2014). Entsprechend folge die Berichterstattung auf praktisch allen Kanälen der Medienlandschaft seit September 2015.

Der Kauf datiert auf 18.02.2016. In der Zwischenzeit war das Thema geradezu omnipräsent. Wir bitten um Verständnis, dass wir bei dieser Sachlage von einer Kenntnis der Mandantin ausgehen müssen.

Bereits aus diesem Grund ist uns eine Kostenzusage für die Geltendmachung deliktischer Ansprüche gegenüber der Volkswagen AG mangels Erfolgsaussichten nicht möglich. Wir verweisen rein vorsorglich auf § 17 II VRB. Weitere Einwendungen – auch zu den Erfolgsaussichten- behalten wir uns höchstvorsorglich vor.

Mit freundlichen Grüßen
Ihre Schadenabteilung

Anlage zur Dissertation II

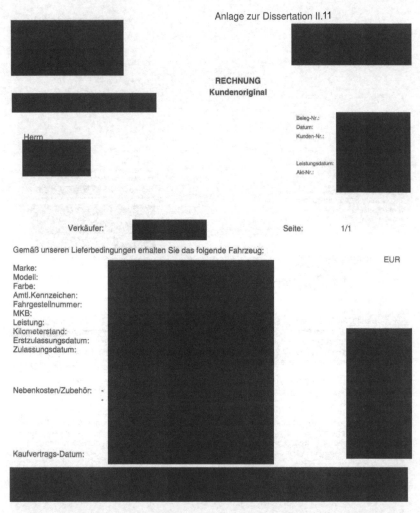

Anlage zur Dissertation II.11

RECHNUNG
Kundenoriginal

Beleg-Nr.:
Datum:
Kunden-Nr.:

Leistungsdatum:
Akt-Nr.:

Herrn

Verkäufer: Seite: 1/1

Gemäß unseren Lieferbedingungen erhalten Sie das folgende Fahrzeug:

EUR

Marke:
Modell:
Farbe:
Amtl.Kennzeichen:
Fahrgestellnummer:
MKB:
Leistung:
Kilometerstand:
Erstzulassungsdatum:
Zulassungsdatum:

Nebenkosten/Zubehör: -

Kaufvertrags-Datum:

Wir möchten Sie darüber informieren, dass der in diesem Fahrzeug eingebaute Dieselmotor vom Typ EA189 von einer Software betroffen ist, die Stickoxidwerte (NOx) im Prüfstandlauf (NEFZ) optimiert. Die technischen Folgen betreffen ausschließlich den Schadstoffausstoß. Das Fahrzeug ist technisch sicher und fahrbereit. Audi arbeitet mit Hochdruck an einer Reparaturmaßnahme, damit dieses Fahrzeug die aktuellen gesetzlichen Vorgaben wieder vollumfänglich erfüllt. Audi übernimmt selbstverständlich die Kosten für alle Maßnahmen.

Anlage zur Dissertation II

Anlage zur Dissertation II.12

Anlage zur
Verbindliche Bestellung eines gebrauchten Fahrzeugs
mit Garantie (Eigengeschäft)

Besteller

Name

Strasse

Plz Ort

Autohaus (Verkäufer)

An dem gebrauchten Fahrzeug

Hersteller   Typ:

Ident-Nr.:

bestehen zum Zeitpunkt der Fahrzeugübergabe durch den Verkäufer

[X]   nachstehend aufgeführte Sachmängel:

Das Fahrzeug weisst dem Alter und der Laufleistung entsprechende Gebrauchsspuren (z.B. leichte Steinschläge, Waschkratzer) auf, die in der Bewertung entsprechend berücksichtigt wurden. Fahrzeug wurde im Zuge der Aufbereitung eventuell in Teilen instandgesetzt und nachlackiert.

Wir informieren Sie hiermit darüber, dass der in dem Fahrzeug eingebaute Dieselmotor vom Typ EA 189 von einer Software betroffen ist, die Stickoxidwerte (NOx) im Prüfstandlauf (NEFZ) optimiert. Das Fahrzeug fällt unter eine kostenfreie Rückrufaktion die der Hersteller im Jahr 2016 durchführt.

213

Anlage zur Dissertation II

Anlage zur Dissertation II.13

Bestellung vom 2 04.2 1 n r u

Die Sonderausstattungen:

Sondermodell Caddy Roncalli
Dachreling
Schiebefenster im Fahrgastraum vorne rechts
Hub-/ schiebedach elektrisch über der 2. Sitzreihe
Metallic Lackierung
Einparkhilfe
Schiebetür links
im Fahrgast-/Laderaum
Schiebetür rechts
im Fahrgast-/Laderaum
Außenspiegel elektrisch einstell-/beheizbar
Tagfahrlicht
Zentralverriegelung mit Funkfernbedienung
Nebelscheinwerfer
Airbag für Fahrer und Beifahrer
Seitenairbag vorne
Servotronic
Wegfahrsperre
Bordcomputer
Fensterheber vorne elektrisch
Gepäckraumabdeckung
CD-Spieler
Rücksitzbank geteilt umklappbar
Sitz vorne links höhenverstellbar
Abgaskonzept EU5
Heckfenster beheizbar
Abgedunkelte Scheiben hinten
Wärmeschutzverglasung
Ablagenpaket
Staufach unter dem Beifahrersitz
Abschluss einer Garantieversicherung möglich
Das Fahrzeug ist von einer VW Rückrufaktion betroffen.

Anlage zur Dissertation II.14

RSS Rechtsschutz-Service | Abraham-Lincoln-Str. 3 | 65189 Wiesbaden

Herrn
Dr. Timo Gansel
Wallstr. 59
10179 Berlin

DEURAG-Schadenservice
RSS Rechtsschutz-Service GmbH

Ansprechpartner
DEURAG-Schadenservice

Telefon: 0611 17209 355
Telefax: 0611 17209 280
E-Mail:
service@rss-rechtsschutzservice.de

20.06.2018

Unsere Leistungsnummer:
Versicherungsnehmer:

Ihr Zeichen:

Sehr geehrter Herr Dr. Gansel,

wir, die RSS Rechtsschutz-Service GmbH, sind mit der DEURAG Leistungsbearbeitung beauftragt, stehen Ihnen gerne als Ansprechpartner zur Verfügung und teilen Ihnen Folgendes mit:

In obiger Angelegenheit bestätigen wir gerne den Versicherungsschutz für die

I. Instanz.

Bitte beachten Sie, dass sich die Zusage nicht auf die außergerichtliche Tätigkeit bezieht.

Bei einem Vorgehen gegen den Hersteller sind in der Dieselgate-Abgasaffäre mittlerweile eine Reihe von erstinstanzlichen Entscheidungen für den Käufer getroffen worden. Die Entscheidungen beruhen auf der Feststellung, es läge eine vorsätzliche, sittenwidrige Schädigung der Käufer bzw. eine Betrugshandlung seitens des Herstellers zu Lasten der Käufer vor. Die Verfahren sind noch nicht rechtskräftig.

Bei dieser Sachlage mussten Sie als Rechtsanwalt davon ausgehen, dass mit dem Hersteller außergerichtlich keine Einigung erzielt werden kann und zur Durchsetzung der Forderung gleich der Klageweg bestritten werden muss.

Als Anwalt sind Sie verpflichtet, dem Mandanten den kostengünstigsten Weg aufzuzeigen; dies ist der unbedingte Klageauftrag. Die Vorgehensweise steht einer sachgerechten Vertretung der rechtlichen Interessen des Mandanten nicht entgegen. Wird dies unterlassen, ist von einem Beratungsfehler auszugehen.

Anlage zur Dissertation II

Seite 2 zum Schreiben vom 20.06.2018

Außergerichtliche Kosten übernehmen wir daher nicht.

Anlage zur Dissertation II

Anlage zur Dissertation II.15

NRV Neue Rechtsschutz

NRV Rechtsschutz · 68148 Mannheim

Rechtsanwaltsbüro
Dr. Timo Gansel & Partner
Wallstr. 49
10179 Berlin

Neue Rechtsschutz-
Versicherungsgesellschaft AG

Telefonservice
von 8:00 bis 18:00 Uhr

Datum 11.05.2018
Ihr Schreiben 26.04.2018
Ihr Zeichen
Telefon
VN

Augustaanlage 25
68165 Mannheim
Telefon 0621/4204-222
Telefax 0621/4204-650

info@nrv-rechtsschutz.de
www.nrv-rechtsschutz.de

Sitz: Mannheim
Handelsregister
Amtsgericht Mannheim
HRB 179

Mandant:
Gegner:
Unser Zeichen:

Vorsitzender des Aufsichtsrates:
Peter Meier
Vorstand:
Ralf Beißer (Sprecher)
Michael Diener

Sehr geehrte Damen und Herren,

wir haben die von Ihnen angesprochene Angelegenheit überprüft und übernehmen die Kosten für das Klageverfahren erster Instanz.

In Anbetracht des Regulierungsverhaltens der Gegenseite in anderen Fällen, bitten wir auf eine außergerichtliche Tätigkeit zu verzichten und gleich Klage einzureichen.

Anlage zur Dissertation II

Von Mehrfachzusendungen (Fax, Brief, Mail) bitten wir Abstand zu nehmen.

Mit freundlichen Grüßen

NRV Leistungsabteilung

Anlage zur Dissertation II.16

AUXILIA Rechtsschutz-Versicherungs-AG

AUXILIA Rechtsschutz-Versicherungs-Aktiengesellschaft
Postfach 15 02 20, 80042 München

Herrn

Rechts-Service

Uhlandstraße 7
80336 München

Postfach 15 02 20
80042 München

Telefon 089/5 39 81-0
Telefax 089/5 39 81-271

Postbank München
IBAN DE45 7001 0080 0086 9008 09
BIC PBNKDEFF

Tel.:Ansprechpartner

Versicherter (bitte stets angeben)

Unser(e) Zeichen (bitte stets angeben)

Betreff / Ihre Nachricht von

Gegner
VW AG

München, den 05.09.2017

In Sachen
VW: §§ 823, 826 BGB
(Abgaswerte)

Sehr geehrter Herr

Sie begehren Rechtsschutz für die außergerichtliche Tätigkeit im sog. VW-Abgasskandal gegenüber der Volkswagen AG.

Uns liegen bereits zahlreiche Anfragen hierzu vor. Daher ist uns bekannt, dass die Volkswagen AG auch trotz klagestattgebender Urteile in keinster Weise Vergleichsbereitschaft zeigt und nicht bereit ist, irgendwelche Ansprüche anzuerkennen bzw. zu erfüllen.

Daher sehen wir ein außergerichtliches Tätigwerden gegenüber der Volkswagen AG hinsichtlich der deliktischen Ansprüche derzeit nicht als erfolgsversprechend an. Ansprüche werden von dieser formularmäßig ohne inhaltliche Auseinandersetzung mit dem konkreten Fall kategorisch abgelehnt.

Der Rechtsschutzversicherer hat gemäß § 1 ARB sowie der ARB BASIS/2016 die für die Wahrnehmung der rechtlichen Interessen des Versicherungsnehmers erforderlichen Leistungen zu erbringen. Erforderlich sind die Leistungen (Kosten) nur, wenn sie sich auf eine objektiv notwendige Interessenwahrnehmung beziehen. Eine Beauftragung (zunächst) lediglich für die außergerichtliche Tätigkeit ist in der vorliegenden Angelegenheit aus den zuvor genanntenGründen nicht erforderlich.

Der Versicherungsnehmer hat nach § 82 Versicherungsvertragsgesetz (VVG) für die Minderung des Schadens zu sorgen. Dies bedeutet, dass Sie zur Vermeidung unnötiger anfallender Kosten und Gebühren verpflichtet sind.
Die Rechtsverfolgungskosten sollen so gering wie möglich gehalten werden.

Aus diesem Grund ist bzgl. der Geltendmachung deliktischer Ansprüche gegenüber der Volkswagen AG sofort unbedingter Klageauftrag zu erteilen.
Ein unbedingter Klagauftrag bedeutet, dass Ihr Rechtsanwalt selbstverständlich versuchen kann, eine außergerichtliche Lösung herbeizuführen. Sollte dies aber nicht gelingen, so fallen für diese außergerichtliche Tätigkeit keine gesonderten Gebühren an. Die Tätigkeit ist mit den dann folgenden gerichtlichen Gebühren abgegolten.

Anlage zur Dissertation II

Anlage zur Dissertation II.17

Beglaubigte Abschrift

Verfügung

In dem Rechtsstreit

gegen

Auf den Fristverlängerungsantrag des Vertreters des Beklagten zu 1) wird die Frist zur Klageerwiderung bis zum 08.05.2018 verlängert. Diese Frist gilt auch für die Beklagte zu 2), falls sie eine Verteidigungsanzeige abgeben sollte.

Bochum, 19.02.2018
4. Zivilkammer

Richter am Landgericht
als Einzelrichter

Beglaubigt
Urkundsbeamter/in der Geschäftsstelle
Landgericht Bochum

Anlage zur Dissertation II

Anlage zur Dissertation II.18

ADAC-Rechtsschutz Vers.-AG. 81364 München

Rechtsanwälte
Timo Gansel Koll.
Wallstr. 59
10179 Berlin

Bei Antwort bitte die Schadennummer angeben:
****
Schaden-Nr.:
****

Mitglied:
Ihre Nachricht vom
Ihre Zeichen:

München, 19.04.2018

Sehr geehrte Damen und Herren Rechtsanwälte,

für Ihr Schreiben und die Unterlagen bedanken wir uns. Hierzu nehmen wir wie folgt Stellung:

Deliktische Ansprüche gegen die Volkswagen AG als Herstellerin des inkriminierte Motors EA 189 auf Rückabwicklung unter Anrechnung der Gebrauchsvorteile werden von uns entsprechend der aktuellen Entwicklung in der Rechtsprechung grundsätzlich unterstützt. Dazu wurde daher Kostenschutz außergerichtlich erteilt.

Inzwischen laufen mehrere Tausend solcher Deliktsklagen gegen die Volkswagen AG. Da es an obergerichtlichen Leitentscheidungen fehlt und zudem einige Fragen obergerichtlich nicht hinreichend geklärt sind, entscheiden die Landgerichte völlig uneinheitlich. Die Entscheidung eines Oberlandesgerichts zu diesem Thema steht noch aus. Die Ansprüche verjähren zum 31.12.2018.

Unter diesen Umständen besteht derzeit keine Erforderlichkeit für zusätzliche Klageverfahren. Es ist zunächst die weitere Entwicklung der Rechtsprechung abzuwarten. Nachteile entstehen dem Versicherten dadurch nicht. Es ist in den nächsten Wochen und Monaten mit Entscheidungen der Oberlandesgerichte zu rechnen. Derzeit liegen den Oberlandesgerichten ca. 800 Verfahren zu r Entscheidung vor.

Wir verweisen dazu auf die sogen. Pilotverfahren des LG Dresden und der entsprechende Erklärung des Landgerichts (Landgericht Dresden, Urteil vom 08.11.2017 - 7 O 1047/16, Urteile vom 21.11.2017 - 7 O 1727/16 und 7 O 2359/16). Das Landgericht gab dazu folgende Erklärung ab:

"Angesichts des erheblichen Aufwandes und der beträchtlichen Kosten, die entstünden, wenn in allen Verfahren parallel durch die Instanzen hindurch prozessiert wurde, halten wir den von uns beabsichtigten Weg der Entscheidung von Musterverfahren für den einzig vertretbaren. Durch eine Zurückstellung der Entscheidung in den anderen Verfahren entstehen auch niemandem Nachteile. Was die Kosten betrifft weiß heute noch niemand, wen am Ende die erheblichen Verfahrenskosten treffen werden, denn dies hängt davon ab, wer am Ende gewinnt. Und das ist offen. Vor dem Hintergrund der diesbezüglichen Unsicherheit macht es Sinn, die Kosten zu begrenzen. Das gilt

Anlage zur Dissertation II

auch für Fälle, in denen eine Rechtsschutzversicherung besteht, denn hohe Ausgaben der Rechtsschutzversicherung schlagen sich über kurz oder lang in einer Erhöhung der Beiträge nieder, die die Versicherten treffen."
LG Dresden, Medieninformation 12/17 vom 20.11.2017

Wir schlagen daher – auch unter dem Gesichtspunkt der allgemeinen Schadenminderungspflicht – vor mit einer Klageerhebung noch bis Ende Mai diesen Jahres abzuwarten, in welcher Richtung sich die Beweislage bzw. die Rechtsprechung entwickelt.

Ein Abwarten in Bezug auf das Klageverfahren versteht sich aus dem wesentlich höheren Kostenrisiko und der aktuellen Sachlage der bereits laufenden Klageverfahren.

Mit freundlichen Grüßen
Ihre Schadenabteilung

Anlage zur Dissertation II

Anlage zur Dissertation II.19

ADAC-Rechtsschutz Vers.-AG, 81364 München

Rechtsanwälte
████████████
c/o Gansei Rechtsanwälte
Wallstrasse 59
10179 Berlin

Bei Antwort bitte die Schadennummer angeben:
Schaden-Nr.:

Mitglied: ████████████
Ihre Nachricht vom 03.05.2018 und 17.05.2018
Ihre Zeichen: ████

München, 29.05.2018

Sehr geehrte Damen und Herren Rechtsanwälte,

2. Gewährleistungsansprüche sind hier nach den vorliegenden Informationen verjährt. Eine etwaige Arglist des Herstellers muss sich der Verkäufer nicht zurechnen lassen. Der Hersteller ist kein Erfüllungsgehilfe des Verkäufers. Dies ist herrschende Meinung wird entsprechend von allen bisher

Anlage zur Dissertation II

Schaden-Nr.:

zur VW-Abgas-Problematik ergangenen Entscheidungen nicht in Frage gestellt. Insbesondere auch nicht in Bezug auf Vertragshändler.

Im Übrigen liegen inzwischen zahlreiche Entscheidungen von Oberlandesgerichten vor nach denen eine Zurechnung einer Herstellerarglist an den Vertragshändler unter keinem rechtlichen Aspekt in Betracht kommt. Wir verweisen auf OLG Koblenz Urteil v. 07.09.2017 - 1 U 302/17; OLG Hamm Beschluss v. 05.01.2017 – 28 U 201/16; OLG Hamm Beschlüsse v. 18.05.2017 u. 19.06.2017 - 2 U 39-17; OLG Karlsruhe Beschluß v. 18.05.2017 - 19 U 5/17; OLG München Urteil v. 03.07.2017 – 21 U 4818/16, OLG Brandenburg Beschluß v. 31.01.2016 - 2 U 39/16.

Bereits aus diesem Grunde müssen wir unsere Eintrittspflicht mangels Erfolgsaussichten ablehnen. Wir verweisen auf § 17 Abs. 2 VRB. Weitere Einwände – auch zu den Erfolgsaussichten – behalten wir uns höchstvorsorglich vor.

Mit freundlichen Grüßen
Ihre Schadenabteilung

Anlage zur Dissertation II

Anlage zur Dissertation II.20

ADAC RSR GmbH, 81364 München

Rechtsanwälte

c/o Gansel Rechtsanwälte
Wallstrasse 59
10179 Berlin

Bei Antwort bitte die Schadennummer angeben:
Schaden-Nr.:

Mitglied:
Ihre Nachricht vom
Ihre Zeichen:

München, 23.08.2018

Sehr geehrte Damen und Herren Rechtsanwälte,

in der vorliegenden Angelegenheit geht es nunmehr um Gewährleistungsrechte gegenüber dem Verkäufer. Denn diese seien Ihrer Ansicht nach im Hinblick auf die Entscheidung des LG Augsburg (Urteil vom 07.05.2018 - 82 O 4497/16) doch nicht als verjährt zu betrachten.

Es ist hier jedoch von einer Verjährung der Gewährleistungsansprüche auszugehen.

a) Was die Auffassung des LG Augsburg betrifft, so handelt es sich offensichtlich um eine Einzelmeinung. Es ist uns keine andere Entscheidung bekannt, die der Auffassung des Landgerichts Augsburg vertritt. Ja nicht einmal von anwaltlicher Seite war entsprechend vorgetragen worden.

Alle uns bekannten Entscheidungen im Rahmen des VW-Abgas-Skandals gehen unisono von einer 1- bzw. 2-jährigen Verjährung aus und wenden § 134 BGB nicht an. Das gilt vor allem auch für die zahlreichen Verjährungsfrage-Entscheidungen der Oberlandesgerichte und dem Fall, der dazu dem BGH vorlag.

b) Die Entscheidung weist denn auch gravierende Fehler auf.

aa) Eine Nichtigkeit nach § 134 BGB liegt nach herrschender Meinung grundsätzlich nur bei beiderseitigen Verbotsgesetzen vor (Palandt, BGB, 77. Aufl., § 134, Rnr. 8 ff.). § 27 Abs. 1 S. 1 EG-FVG richtet sich aber ausschließlich an die Seite des Anbieters bzw. Verkäufers. Dies wird vom Landgericht Augsburg übersehen. Die Auffassung des Landgerichts ist schon deshalb abwegig.

Bezeichnender Weise verweist das Landgericht bei seiner Prüfung auf eine Entscheidung des BGH (NJW 1968, 2286), in der eben dies eine maßgebliche Entscheidungsgrundlage darstellt und die Klage entsprechend abgewiesen wurde. Das Landgericht nimmt das nicht einmal zur Kenntnis.

bb) Zutreffend geht das Landgericht davon aus, dass Gesetzeszweck der Konstruktion von Tpygenehmigung und Überstimmungsbescheinigung Vereinheitlichung und Erleichterung der

Anlage zur Dissertation II

Schaden-Nr.:

Fahrzeugzulassung in allen Mitgliedstaaten ist. Dazu ist der Zulassungsstelle im Rahmen der Erstzulassung die Überstimmungsbescheinigung des Herstellers vorzulegen.

(1) Es ist schon nicht ersichtlich, aus welchen Gründen dieser Gesetzeszweck einen Schutzbereich für Vermögensschäden des Käufers, insbesondere eines späteren Gebrauchtwagenkäufers erfordern sollte.

(2) Im Übrigen stellen Konformitätsbescheinigungen seitens der Hersteller eine nunmehr seit Jahrzehnten praktizierte Konstruktion des allgemeinen EU-Produktsicherheitsrechts dar. Praktisch gleichlautend sind Inverkehrbringen und Veräußerung ohne gültige Konformitätsbescheinigung sowie entsprechende CE-Zeichen verboten. In allen Fällen bestätigt der Hersteller die Übereinstimmung mit den einschlägigen Vorschriften. Nach der dazu bisher ergangenen höchstrichterlichen Rechtsprechung entfalten Prüfzeichen und Konformitätsbescheinigungen des Herstellers keine Haftungsansprüche des Endkunden. Wir verweisen auf OLG Zweibrücken, Urteil vom 30.01.2014 - 4 U 66/13; BGH, Urteil vom 14.05.1974 - VI-ZR 48/73.

Es ist nicht ersichtlich, warum dies im Rahmen der Fahrzeugherstellung und - vertriebes anders sein sollte.

(3) Die Übereinstimmungsbescheinigung ist zudem ausschließlich bei der ersten Zulassung von Neufahrzeugen innerhalb der EU vorzulegen. Es gibt weder eine Pflicht diese später vorzulegen noch ein Recht der Behörde die Vorlage zu verlangen. Vor allem schreibt das EG-Recht nicht vor, daß die Übereinstimmungsbescheinigung beim Fahrzeug verbleiben muss, nachdem es zugelassen ist. In den meisten Mitgliedstaaten wird die Übereinstimmungsbescheinigung von der Zulassungsbehörde einbehalten (siehe EG 2007/C 68/04, S. 18).

Wie das Landgericht Augsburg angesichts dieser Sachlage zu einem Schutzbereich in Bezug auf Gebrauchtfahrzeuge gelangt, ist nicht nachvollziehbar.

Der Wortlaut des § 27 Abs. 1 S. 1 EG-FVG bezieht sich zudem ausdrücklich auf Neu-Fahrzeuge. Allein diese betrifft der Zweck der Vereinfachungsregelung.

cc) Unzutreffend sind die Überlegungen des Landgerichts Augsburg zur Frage, wann eine gültige Übereinstimmungsbescheinigung vorliegt. Entgegen der Auffassung des Landgerichts ist das Abstellen auf die formelle Seite kein "dialektisches Absurdum". Im Gegenteil ist es für den Rechtsverkehr geradezu bezeichnend, die Gültigkeit von Willenserklärungen, Verträgen, Urkunden, Akten und etwa auch Urteilen allein von formalen und nicht von inhaltlichen Umständen abhängig zu machen. Vor allem würde die Voraussetzung der materiell-rechtlichen Richtigkeit für die Gültigkeit einer Übereinstimmungsbescheinigung den Gesetzeszweck der Vereinfachung des Erstzulassungsverfahrens gerade vereiteln.

Sofern das Landgericht Augsburg hilfsweise auf den Umstand eines Umgehungsgeschäftes abstellen möchte, übersieht es, dass es grundsätzlich auf die Umgehungsabsicht ankommt. Auch insoweit wird bezeichnender Weise der Inhalt der BGH-Entscheidung, auf das es selbst verweist (BGH, NJW 1968, 2286), nicht zur Kenntnis genommen. Eine Umgehungsabsicht einer der Kaufvertragsparteien - insbesondere im Rahmen eines Gebrauchtfahrzeugkaufes - ist offensichtlich nicht gegeben.

Aus allen diesen Gründen müssen wir eine Deckung mangels Erfolgsaussichten ablehnen und verweisen auf § 17 Abs. 2 VRB. Weitere Einwendungen - auch zu den Erfolgsaussichten - behalten wir uns höchstvorsorglich vor.

Anlage zur Dissertation II

Schaden-Nr.:

Mit freundlichen Grüßen
Ihre Schadenabteilung

Anlage zur Dissertation II

Anlage zur Dissertation II.21

WGV Rechtsschutz-
Schadenservice GmbH
www.wgv.de

Rechtsanwälte
Gansel & Kollegen
Wallstr. 59
10179 Berlin

(Bitte geben Sie den Betreff in allen Zuschriften und E-mail an)
Rechtsschutz
Schadens-Nr:
Hier:

Ihr Zeichen:

Sehr geehrte Damen und Herren,

vielen Dank für Ihr Schreiben vom 6.6.2018.

Wir gehen davon aus, dass es sich bei Ihrer Mandantschaft um die Ehefrau handelt, bitte aber um Korrektur, sofern diese Annahme falsch ist.

Das Fahrzeug wurde mit Kaufvertrag vom 5.9.2016 erworben und am 7.9.2016 auf Ihre Mandantschaft zugelassen.

Der sog. "VW-Abgasskandal" wurde im September 2015 bekannt. Seitdem wird in allen Medien hierüber berichtet, so dass diese Thematik in der Öffentlichkeit vollständig bekannt ist.

Ihre Mandantschaft erwarb von einem VW-Händler das betroffene Dieselfahrzeug also zu einem Zeitpunkt, in dem diese Thematik hinreichend bekannt war. Ihre Mandantschaft hätte also wissen müssen, dass dieses Fahrzeug vom sog. "VW-Abgasskandal" betroffen ist bzw. war.

Ihre rechtliche Interessenwahrnehmung hat daher keine Aussicht auf Erfolg uns ist mutwillig, so dass wir - unter Verweis auf die Anlage - Ihre Deckungszusage ablehnen.

Das Fahrzeug wurde bereits im Rahmen der Softwareaktualisierung umgerüstet, so dass hier schon Zweifel bestehen, dass ein Mangel im rechtlichen Sinne zum Zeitpunkt des Erwerbs vorgelegen hat.

Nach § 442 BGB sind die Rechte des Käufers wegen eines Mangels aber ausgeschlossen, wenn er bei Vertragsschluss den Mangel kennt. Ist dem Käufer ein Mangel infolge grober Fahrlässigkeit unbekannt geblieben, kann der Käufer Rechte wegen dieses Mangels nur geltend machen, wenn der Verkäufer den Mangel arglistig verschwiegen hat.

Sofern hier überhaupt noch ein Mangel vorliegen sollte, ist dieser "Mangel" Ihrer Mandantschaft zumindest infolge grober Fahrlässigkeit unbekannt geblieben, da er mit einer einfachen Recherche der FIN hätte herausfinden können, ob das Fahrzeug mit dem Motor EA189 ausgestattet ist.

Anlage zur Dissertation II

Tatsächliche Gründe für ein arglistiges Verschweigen sind nicht ersichtlich und werden nicht vorgetragen.

Ihre Mandantschaft hat auch keinen deliktischen Schadensersatzanspruch, da insbesondere kein adäquat kausaler Schaden vorliegt. Ihre Mandantschaft hat in - zumindest aufgrund von grober Fahrlässigkeit - Kenntnis das Fahrzeug erworben, das er erwerben wollte, so dass er keinen Schaden hat.

Es fehlt mithin zumindest an den tatbestandlichen Voraussetzungen der deliktischen Ansprüche.

Die Rechtsverfolgung wäre daher auch mutwillig.

Bei besonnener Einschätzung der Prozesschancen und -risiken würde eine nicht rechtsschutzversicherte Partei diesen Prozess nicht führen. Das hypothetische Verhalten einer selbstzahlenden Partei, die sich in der Situation des Antragstellers befindet, ist aber der Maßstab, der bei der Beurteilung der Mutwilligkeit anzulegen ist.

Versicherungsschutz stellen wir aus diesen Gründen nicht zur Verfügung.

Sollten Sie unsere Rechtsauffassung nicht teilen können, sind wir bereit, gemäß
§ 18 ARB - Kopie in der Anlage - die Kosten einer begründeten anwaltlichen Stellungnahme zu übernehmen.

Mit freundlichen Grüßen
WGV Rechtsschutz-Schadenservice GmbH

i.A.

Anlage zur Dissertation II

Anlage zur Dissertation II.22

Herrn

Achtung: Neue Bankverbindung

Leistungs-Nr.:
Aktenzeichen: ./.VW

Guten Tag Herr

wir helfen Ihnen gern und übernehmen folgende Kosten für eine anwaltliche Beratung.

Kostenschutz besteht vorerst nur für die Beratung, da noch nicht klar ist, welche Ansprüche konkret in Betracht kommen.

Wie geht es weiter? Hier die wichtigsten Punkte für Sie:

- Je nach Beratungsbedarf sind unsere Leistungen für Sie gestaffelt. Sie gehen zu Ihrem Anwalt und lassen sich beraten. Der Anwalt kann Ihnen mit einem mündlichen oder schriftlichen Rat sofort helfen. Für einen ersten Beratungstermin übernehmen wir bis zu 190 €. Für mehrmalige Beratungstermine insgesamt bis zu 250 €.

- Unsere Kostenübernahme ist vom Streitwert und von Gebührensätzen abhängig. Bei Ihrem Fall könnten auch nicht versicherte Kosten entstehen. Bitte klären Sie vorab mit Ihrem Anwalt, ob und wie hoch für Sie ein Eigenanteil wäre.

- Mit diesem Brief wird Ihnen ein Anwalt schnell weiterhelfen. Bitte nehmen dieses Schreiben einfach mit. Suchen Sie für Ihren Fall einen kompetenten und erfahrenen Anwalt in Ihrer Nähe? Dann rufen Sie uns gern unter 040 23731-779 an.

- Ihr Anwalt informiert uns über die weiteren Schritte und schickt seine Rechnung direkt an uns.

Ein Unternehmen der
GENERALI

Anlage zur Dissertation II

Seite 2

Wir wünschen Ihnen viel Erfolg und dass Sie zu Ihrem Recht kommen.

Freundliche Grüße

Ihre ADVOCARD

Anlage zur Dissertation II

Ein Stück Sicherheit.

Anlage zur Dissertation II.23

ÖRAG Rechtsschutzversicherungs-AG • Postfach 11 08 48 • 40508 Düsseldorf

Anwaltskanzlei
Gansel
Wallstr. 59
10179 Berlin

Ihre Ansprechpartnerin
Sabine Döling
Tel.: 0211 529-5180
Fax: 0211 529-5200
Email:
STU.KundenService@oerag.de

Ihr Zeichen
2zefdp-8422 -8427
Ihre Nachricht vom 26.02.2018

Unser Kunde
Heinz Abelein
Nürnberger Str. 3
91626 Schopfloch
Versicherungs-Nr.
840-351686

Düsseldorf, 26.03.2018/STU

Schaden-Nr. 2017404202 / Gegner: VW u.a.

Sehr geehrte Damen und Herren,

auf Grund des mitgeteilten Sachverhaltes besteht Versicherungsschutz

für die Interessenwahrnehmung aus dem dargelegten Schuldverhältnis.

Unsere Zusage bezieht sich **auf die außergerichtliche und soweit erforderlich erstinstanzliche Interessenvertretung auch gegenüber dem Händler.**

Zu Grunde liegen die Allgemeinen Bedingungen für die Rechtsschutzversicherung der ÖRAG - gültig ab 01.01.2002.

Wir weisen jedoch auf folgendes hin:

Die Angelegenheit **gegen den Hersteller und den Verkäufer ist eine Angelegenheit im Sinne des § 15 II RVG.** Ob eine oder mehrere Angelegenheiten vorliegen, ist eine Frage des Einzelfalls und richtet sich maßgeblich nach dem Inhalt der vereinbarten Geschäftsbesorgung (§§ 611, 675 BGB), die der Tätigkeit des Rechtsanwaltes den auftragstypischen Rahmen verleiht. Solange sich der Rechtsanwalt innerhalb dieses Rahmens bewegt, betreffen alle seine Tätigkeiten, mögen sie auch vielzählig, vielgestaltig und zeitaufwendig sein und sich auf verschiedene rechtliche Gegenstände (Rechte oder Rechtsverhältnisse) beziehen, dieselbe Angelegenheit (OLG Düsseldorf 29.06.2006 I-24 U 196/04). Der Auftrag hier definiert sich aus dem *einen Gegenstand* der rechtlichen Auseinandersetzung, dem Kraftfahrzeug.

Wir verweisen auch auf die umfassende Judikatur des BGH zu § 15 II RVG:

Auftragsgemäß erbrachte anwaltliche Leistungen betreffen in der Regel ein und dieselbe Angelegenheit, wenn zwischen ihnen ein innerer Zusammenhang besteht und sie sowohl inhaltlich als auch in der Zielsetzung so weitgehend übereinstimmen, dass von einem einheitlichen Rahmen der anwaltlichen Tätigkeit gesprochen werden kann. Die Frage, ob von einer oder von mehreren Angelegenheiten auszugehen ist, lässt sich nicht allgemein, sondern nur im Einzelfall unter Berücksichtigung der jeweiligen Lebensverhältnisse beantworten, wobei insbesondere der Inhalt des erteilten Auftrags maßgebend ist. Die Annahme derselben

Anlage zur Dissertation II

Angelegenheit im gebührenrechtlichen Sinne setzt nicht voraus, dass der Anwalt nur eine Prüfungsaufgabe zu erfüllen hat. Von einem einheitlichen Rahmen der anwaltlichen Tätigkeit kann vielmehr grundsätzlich auch dann noch gesprochen werden, wenn der Anwalt zur Wahrnehmung der Rechte des Geschädigten verschiedene, in ihren Voraussetzungen voneinander abweichende Anspruchsgrundlagen zu prüfen bzw. mehrere getrennte Prüfungsaufgaben zu erfüllen hat. Denn unter derselben Angelegenheit im gebührenrechtlichen Sinne ist das gesamte Geschäft zu verstehen, das der Rechtsanwalt für den Auftraggeber besorgen soll. Ihr Inhalt bestimmt den Rahmen, innerhalb dessen der Rechtsanwalt tätig wird. Die Angelegenheit ist von dem **Gegenstand der anwaltlichen Tätigkeit abzugrenzen**, der das konkrete Recht oder Rechtsverhältnis bezeichnet, auf das sich die anwaltliche Tätigkeit bezieht. **Eine Angelegenheit kann mehrere Gegenstände umfassen**. Für die Annahme eines einheitlichen Rahmens der anwaltlichen Tätigkeit ist es grundsätzlich ausreichend, wenn die verschiedenen Gegenstände in dem Sinne einheitlich vom Anwalt bearbeitet werden können, dass sie verfahrensrechtlich zusammengefasst bzw. in einem einheitlichen Vorgehen geltend gemacht werden können. Ein innerer Zusammenhang ist zu bejahen, wenn die verschiedenen Gegenstände bei objektiver Betrachtung und unter Berücksichtigung des mit der anwaltlichen Tätigkeit nach dem Inhalt des Auftrags erstrebten Erfolgs zusammengehören (BGH VI ZR 261/09 sowie Senatsurteile vom 4. Dezember 2007 - VI ZR 277/06; vom 4. März 2008 - VI ZR 176/07,vom 26. Mai 2009 - VI ZR 174/08)

Sogar die Inanspruchnahme mehrerer Schädiger kann eine Angelegenheit sein. Dies kommt insbesondere dann in Betracht, wenn den Schädigern eine gleichgerichtete Verletzungshandlung vorzuwerfen ist (BGH VI ZR 261/09)

Das hiesige **LG Düsseldorf** hat jüngst erst mit Urteil vom **05.01.2017** (Aktenzeichen 9 O 289/14) ausgeführt, dass die Streitsache nicht bereits dann zu einer unterschiedlichen Angelegenheit werde, wenn verschiedene Anspruchsgrundlagen in Betracht kommen. Maßgeblich sei allein die Zielrichtung der klagenden Partei. In dem entschiedenen Fall ging es um die Frage, ob eine Angelegenheit iSd § 15 RVG vorliegt, wenn im Rahmen einer Kapitalanlage verschiedene Anspruchsgegner in Anspruch genommen werden („Göttinger Gruppe"). Die Ausführungen aus dem Verfahren sind auf den VW-Skandal übertragbar.

Im Ergebnis zielt die Inanspruchnahme sowohl des KfZ-Händlers als auch des Herstellers wirtschaftlich auf dasselbe: Der VN wünscht, den PKW zurück zu geben. Angesichts der obigen Ausführungen ändern unterschiedliche Anspruchsgrundlagen nichts daran, dass eine gebührenrechtliche Angelegenheit vorliegt.

Im Übrigen verweisen wir auf die nachfolgend aufgeführte Literatur und Rechtsprechung: LG Hamburg, AfP 2010, 185, 187; AG Hamburg, AfP 2008, 233, 234; RVG-Anwaltkommentar/N. Schneider, 5. Aufl., § 15 Rn. 27 f.; Gerold/Schmidt/Mayer, RVG, 22. Aufl., § 15 Rn. 8; Mayer/Kroiß/Winkler, RVG, 4. Aufl., § 15 Rn. 46; Hartmann, Kostengesetze, 40. Aufl., § 15 RVG Rn. 15) sowie die nachstehende Entscheidung des hiesigen OLG Düsseldorf:

Mit freundlichem Gruß

Anlage zur Dissertation II

Anlage zur Dissertation II.24

ÖRAG Rechtsschutzversicherungs-AG · Postfach 11 08 48 · 40508 Düsseldorf

Anwaltskanzlei
Gansel
Wallstr.59
10179 Berlin

Ihre Ansprechpartnerin

Ihr Zeichen

Unser Kunde

Düsseldorf, 09.02.2018/STU

Schaden-Nr. ▮▮▮ **/ Gegner: VW u.a.**

Sehr geehrte Damen und Herren,

wir überweisen heute einen Betrag in Höhe von ▮▮▮

Wir haben der Gebührenberechnung eine 1,3 Geschäftsgebühr zugrunde gelegt.

Besondere Umstände, die eine höhere Geschäftsgebühr rechtfertigen können, werden nicht vorgetragen. Wir verweisen auf die Entscheidung des BGH vom 28.05.2013 BGH XI ZR 420/10.

„Vertritt ein Rechtsanwalt vorgerichtlich eine Vielzahl von Anlegern in Parallelverfahren und schickt er an die Beklagte dasselbe standardisierte Schreiben, so ist die durch die Parallelität der Sachverhalte bedingte ganz erhebliche Verringerung des zeitlichen Aufwands für das konkrete Mandat im Rahmen der Gesamtwürdigung maßgeblich zu berücksichtigen. Der Erstattungsberechtigte hat hierbei besondere Umstände, die dennoch eine höhere Geschäftsgebühr rechtfertigen können, vorzutragen."

Mit freundlichem Gruß

Anlage zur Dissertation II

Anlage zur Dissertation II.25.1

Kanzlei
Gansel Rechtsanwälte
Wallstraße 59

10179 Berlin

Per Telefax

Datum **Bei Rückfragen** **Ihr Zeichen** **Unser Zeichen**
11.05.2018

wegen Abgaswerte

Sehr geehrte Damen und Herren Kollegen,

in oben bezeichnetem Fall fragen wir an, ob Ihre Mandantschaft vergleichsbereit wäre.

Käme für Ihre Mandantschaft eine Inzahlungnahme mit Neukauf in Betracht?

Für eine zeitnahe Rückmeldung wäre ich dankbar

Mit freundlichen, kollegialen Grüßen

Anlage zur Dissertation II

Anlage zur Dissertation II.25.2

vorab per Email

Anwaltskanzlei
Gansel Rechtsanwälte

Wallstraße 59
10179 Berlin

Düsseldorf, den 16.07.2018

Ihr Zeichen:

Sehr geehrter Herr

in oben bezeichneter Angelegenheit teile ich Ihnen mit, dass mich die Firma CC Automobile GmbH, vertreten durch ihre Geschäftsführer Herrn Karl-Heinz Völkering und Herrn Ben Völkering, mit der Wahrnehmung ihrer rechtlichen Interessen beauftragt. Das Vorliegen einer auf mich lautenden Vollmacht wird anwaltlich versichert.

Meine Mandantschaft legte mir Ihr Schreiben vom 13.06.2018 vor.

Ihre Auffassung, der Kaufvertrag sei gemäß § 134 BGB wegen eines Verstoßes gegen § 27 Abs. 1 EG-FGV nichtig, teilen wir nicht und findet derzeit auch kaum Stütze in der Rechtsprechung.

Dessen ungeachtet ist meine Mandantschaft bereit, ohne Anerkennung einer Rechtspflicht und allein zur Vermeidung eines langwierigen Rechtsstreits die Möglichkeit einer vergleichsweisen Erledigung zu prüfen. Allerdings möchte meine Mandantschaft hierzu vorab das streitgegenständliche Fahrzeug besichtigen, um sich einen Eindruck über den Zustand des Fahrzeugs und der genauen Laufleistung machen zu können. Danach wird meine Mandantschaft gegebenenfalls ein angemessenes Vergleichsangebot unterbreiten.

Wenn Sie hiermit einverstanden sind, bitte ich um kurze Nachricht und um Mitteilung, ob sich mein Mandant der Einfachheit halber unmittelbar mit Ihrer Partei in Verbindung setzen kann.

Literaturverzeichnis

Armbrüster, Christian	Freie Anwaltswahl und Rechtsschutzversicherung, VUR 2012, 167 ff.
Babl, Monika	Kolloquium über sozialrechtliche Rechtstatsachenforschung an der Universität Konstanz, NZA 1986, 389
Bamberger, Heinz / Roth, Herbert / Hau, Wolfgang / Poseck, Roman	Beckscher Onlinekommentar zum BGB, 47. Auflage, 2018, München (zitiert: BeckOK BGB/*Autor*),
Baums, Theodor / Keinath, Astrid / Gajek, Daniel	Fortschritte bei Klagen gegen Hauptversammlungsbeschlüsse? Eine empirische Studie, ZIP 2007, 1629 ff.
Beckmann, Roland / Matusche-Beckmann, Annemarie	Versicherungsrechts-Handbuch, 3. Auflage, 2015, München (zitiert: Beckmann/Beckmann-Matusche/*Autor*)
Bender, Rolf / Schumacher, Rolf	Erfolgsbarrieren vor Gericht. Eine empirische Untersuchung zur Chancengleichheit im Zivilprozess, 1980, Heidelberg
Blankenburg, Erhard / Fiedler, Jann	Die Rechtsschutzversicherungen und der steigende Geschäftsanfall der Gerichte, 1981, Heidelberg
Blankenburg, Erhard / Kaupen, Wolfgang	Rechtsbedürfnis und Rechtshilfe – Empirische Ansätze im internationalen Vergleich, 1978, Wiesbaden
Blankenburg, Erhard / Lenk, Klaus	Organisation und Recht – Organisatorische Bedingungen des Gesetzesvollzug, 1980, Opladen
Borgeest, Kai	Manipulation von Abgaswerten, 2017, Wiesbaden
Buschbell, Hans / Hering, Manfred	Handbuch Rechtsschutzversicherung, 6. Auflage, 2015, München (zitiert: Hering/Buschbell/*Autor*)

Literaturverzeichnis

Van Bühren, Hubert / Plote, Helmut	Allgemeine Bedingungen für die Rechtsschutzversicherung: ARB, 3. Auflage, 2013, München (zitiert: van Bühren/Plote/*Autor*)
Van Bühren, Hubert	Rechtliche Probleme in Zusammenarbeit mit Rechtsschutzversicherern, NJW 2007, 3606 ff.
Van Bühren, Hubert	Rechtsanwälte – Partner der Rechtsschutzversicherer?, R+S 2016, 53 ff.
Bürkle, Jürgen	Richterliche Alltagstheorien im Bereich des Zivilrechts, 1984, Tübingen
Cheatham, Elliot / Friedmann, Wolfgang / Gellhorn, Walter / Jessup, Philip / Reese, Willis / Wallace, Schuyler	Arthur Nussbaum: A Tribute, Columbia Law Review, Vol. 57, Nr. 1 (1957), 1 ff. (englisch)
Chitoellis, Aristide / Fikentscher, Wolfgang	Rechtstatsachenforschung Methodische Probleme und Beispiele aus dem Schuld- und Wirtschaftsrecht, 1985, Köln
Cornelius - Winkler, Joachim	Ist die in § 17 Abs. 5c) cc) ARB 2000 geregelte Obliegenheit intransparent und damit unwirksam? - – Zum Hinweis des BGH in der Sache BGH IV ZR 352/07 („Sofortige Klageeinreichung" in arbeitsrechtlichen Kündigungsschutzsachen), R+S 2010, 89 ff.
Cornelius - Winkler, Joachim	Joachim Cornelius-Winkler: Nochmals: Die Schadensminderungspflicht des Versicherungsnehmers in der Rechtsschutzversicherung, VersR 2012, 1224 ff.
Dudenhöffer, Ferdinand / Neuberger, Karsten / Wiegand, Peter	Gemeinschaftsstudie von KPMG und CAR: Entwicklungen und Erfolgsfaktoren im Automobilvertrieb, 2005
Eemeren, Frans / Garssen, Bart / Meuffels, Bert	Fallacies and judgements of reasonableness, Empirical Research Concerning the Pragma-Dialectical Discussion Rules, 2009, Rotterdam

Emmert, Jochen	Neue Deutsche Biographie - Bände, herausgegeben von der Historischen Kommission bei der Bayerischen Akademie der Wissenschaften und der Bayerischen Staatsbibliothek, München, Band 19, 1999, S. 376 f.
Ennemann, Bernd	Anwaltschaft und Rechtsschutzversicherung - Ein Spannungsverhältnis?, NZA 1999, 628 ff.
Feuerich, Wilhelm / Weyland, Dag	Bundesrechtsanwaltsordnung: BRAO, 9. Auflage, 2016, München (zitiert: Feuerich/Weyland/*Autor*)
Freudenberg, Tobias	Buchbesprechung: „Die Aktiengesellschaft im Spiegel der Rechtstatsachenforschung", Die Aktiengesellschaft vom 1. November 2007, 800 ff. (zitiert: AG MM/YY)
Fleischer, Holger	Aktienrechtliche Legalitätspflicht und „nützliche" Pflichtverletzungen von Vorstandsmitgliedern, ZIP 2005, 141 ff.
Frechen, Fabien / Kochheim, Martin	Fremdfinanzierung von Prozessen gegen Erfolgsbeteiligung, NJW 2004, 1213 ff.
Gabbay, Dov / Johnson, Ralph / Ohlbach, Hans / Woods, John	Handbook of the Logic of Argument and Inference: The Turn Towards the Practical, 2002, Amsterdam
Germelmann, Claas-Hinrich / Matthes, Hans-Christoph / Prütting, Hanns	Kommentar zum Arbeitsgerichtsgesetz: ArbGG, 9. Auflage, 2017, München (zitiert: GMP/*Autor*)
Gerold, Wilhelm / Schmidt, Herbert	Kommentar zum Rechtsanwaltsvergütungsgesetz: RVG, 23. Auflage, 2017, München (zitiert: Gerold/Schmidt/*Autor*)
Goette, Wulf / Habersack, Matthias	Münchener Kommentar zum Aktiengesetz, 4. Auflage, 2018, München (zitiert: Goette/Habersack/*Autor*)
Hamann, Hanjo	Evidenzbasierte Jurisprudenz, 2014, Tübringen

Literaturverzeichnis

Hannemann, Thomas / Wiegner, Michael	Münchener Anwaltshandbuch Mietrecht, 4. Auflage, 2014, München (zitiert: Hannemann/Wiegner/*Autor*)
Harbauer, Walter	Rechtsschutzversicherung, Kommentar zu den Allgemeinen Bedingungen für die Rechtsschutzversicherung, 9. Auflage, 2018, München (zitiert: Harbauer/*Autor*)
Harke, Jan	Herstellerhaftung im Abgasskandal, VuR 2017, 83 ff.
Hartung, Wolfgang / Scharmer, Hartmut	Berufs- und Fachanwaltsordnung: BORA/FAO, 6. Auflage, 2016, München (zitiert: Hartung/Scharmer/*Autor*)
Heinz, Wolfgang	Rechtstatsachenforschung heute, 1986, Konstanz
Heither, Manuela / Heither, Martin	Als Mandant obsiegen, als Versicherungsnehmer unterliegen?, NJW 2008, 2743 ff.
v. Hippel,. Thomas	Der Ombudsmann im Bank- und Versicherungswesen, 2000, Tübingen
Jagodzinski, Wolfgang	Rechtsschutzversicherung und Streitverhalten – Bericht über eine empirische Untersuchung im Auftrag des Bundesministerium der Justiz, NJW 1993, 2769 ff.
Jauernig, Othmar	Bürgerliches Gesetzbuch: BGB, 17. Auflage, 2018, München (zitiert: *Jauernig*/Autor)
Kaufmann, Arthur	Das Verfahren der Rechtsgewinnung: eine rationale Analyse: Deduktion, Induktion, Abduktion, Analogie, Erkenntnis, Dezision, Macht, 1999, München
Klinger, Remo	Dieselgate öffentlich, ZUR 2017, 131 ff.
Leodolter, Ruth	Das Sprachverhalten von Angeklagten vor Gericht, 1975, Kronberg
Maier, Karl	Neue Bedingungen in der Rechtsschutzversicherung, ARB 1994, R+S 1995, 361 ff.
Mayer, Hans-Jochem	FormularBibliothek Zivilprozess, Arbeitsrecht, 3. Auflage, 2016, Baden-Baden (zitiert: Mayer/*Autor*)
Mayer, Hans-Jochem / Kroiß, Ludwig	Handkommentar zum Rechtsanwaltsvergütungsgesetz, 7. Auflage, 2018, Baden-Baden (zitiert: Mayer/Kroiß/*Autor*)

Moll, Wilhelm	Münchener Anwaltshandbuch Arbeitsrecht, 3. Auflage, 2012, München (zitiert: Moll/*Autor*)
Nobbe, Gerd	Kommentar zum Kreditrecht, 3. Auflage, 2018, Heidelberg (zitiert: Nobbe/*Autor*)
Nussbaum, Arthur	Die Rechtstatsachenforschung, ihre Bedeutung für Wissenschaft und Unterricht, 1914, Tübingen
Palandt, Otto	Bürgerliches Gesetzbuch: BGB, 77. Auflage, 2018, München (zitiert: Palandt/*Autor*)
Philippi, Klaus	Tatsachenfeststellungen des Bundesverfassungsgerichts, 1971
Prölss, Erich / Martin, Anton	Versicherungsvertragsgesetz: VVG, 30. Auflage, 2018, München (zitiert: Prölss/Martin/*Autor*)
Rehbinder, Manfred	Abhandlung zur Rechtssoziologie, 1995, München
Reichert, Jochem	Reaktionspflichten und Reaktionsmöglichkeiten der Organe auf (möglicherweise) strafrechtsrelevantes Verhalten innerhalb des Unternehmens, ZIS 3/2011, 113 ff.
Reinking, Kurz / Eggert, Christoph	Der Autokauf, 13. Auflage, 2017, Köln
Röhl, Klaus	Das Dilemma der Rechtstatsachenforschung, 1974, Tübingen
Röhl, Klaus	Rechtssoziologie, 1987, München
Rutz, Konstantin	Delisting und Downgrading: Voraussetzungen und Rechtstatsachen, 2015, Jena
Säcker, Franz Jürgen	Münchener Kommentar zum Bürgerlichen Gesetzbuch, 8. Auflage, 2018, München (zitiert: MünchKomm/*Autor*)
Schaltke, Markus	Ausstrahlungen des Versicherungsfalls auf das Leistungsversprechen und Risikoausschlüsse in der Rechtsschutzversicherung, NJW 2018, 581 ff.
Schaltke, Markus	Die VW-Abgasaffäre im Licht der Rechtsschutzversicherung, NJW 2016, 3126 ff.
v. Seltmann, Julia	Beckscher Onlinekommentar zum RVG, 41. Auflage, 2018, München (zitiert: BeckOK RVG/*Autor*)

Literaturverzeichnis

Schmidbauer, Wilhelm	Das Prostitutionsgesetz zwischen Anspruch und Wirklichkeit aus polizeilicher Sicht, NJW 2005, 871 ff.
Schneider, Klaus	Entwicklung bei den Allgemeinen Bedingungen für die Rechtsschutzversicherung bis Frühjahr 2017, NJW 2017, 2160 ff.
Schulze, Reiner	Bürgerliches Gesetzbuch – Handkommentar, 9. Auflage, 2017, Baden-Baden (zitiert: Schulze/*Autor*)
Spindler, Gerald / Gerdemann, Simon	Rechtstatsachenforschung Grundlagen, Entwicklung und Potentiale, Die Aktiengesellschaft vom 5. Oktober 2016, 698 ff. (zitiert: AG MM/YY)
v. Staudinger, Julius	Kommentar zum Bürgerlichen Gesetzbuch: Staudinger BGB – Buch 2: Recht der Schuldverhältnisse §§ 433-480 (Kaufrecht), 2014, Berlin (zitiert: Staudinger/*Autor*)
Steinbach, Elmar / Kniffka, Rolf	Strukturen des amtsgerichtlichen Zivilprozesses. Methoden und Ergebnisse einer rechtstatsächlichen Aktenuntersuchung, 1982, München
Veith, Jürgen	Der Rechtsschutzversicherer und die „Sammelklage" in Kapitalanlageprozessen – Traumpaar oder verbotene Liebe?, R+S 2015, 432 ff.
Wassermann, Rudolf	Der politische Richter, 1972, München
Wendt, Roland	Die Rechtsprechung des Bundesgerichtshofes zur Rechtsschutzversicherung, Der Rechtsschutzversicherer und sein durchschnittlicher Versicherungsnehmer, R+S 2012, 209 ff.
Witt, Carl-Heinz	Der Dieselskandal und seine kauf- und deliktsrechtlichen Folgen, NJW 2017, 3681 ff.

Weitere Printmedien

ADAC Motorwelt, Ausgabe 02/2017	Die Luft bleibt dick. Der neue ADAC EcoTest beweist: Sehr viele Diesel schneiden wegen hoher StickoxidEmissionen schlecht ab
ADAC Motorwelt Ausgabe 09/2017	Die Ergebnisse des Dieselgipfels

Literaturverzeichnis

Auto-Motor-Sport vom 16. März 2017	Diesel-Zukunft – Wie geht es weiter mit dem Selbstzünder, wenn ab 2018 Fahrverbote in Ballungszentren drohen?
Deutscher Bundestag	Rechtsgutachten der Unterabteilung Europa (Fachbereich Europa) zu Sanktionsmöglichkeiten aufgrund von Abschalteinrichtung (Vorgaben des Unionsrechts)
Europäische Kommission	Pressemitteilung vom 8. Dezember 2016
Finanztest Ausgabe 08/2018	Rechtsschutzversicherung im Test: 14 von 56 Tarifen sind gut
Handelsblatt vom 29. September 2015	VW will fünf Millionen Fahrzeuge zu haben
Handelsblatt vom 30. August 2018	Anwalt wirft VW im Dieselskandal Behinderungsstrategie durch Vergleiche vor
ICCT	Pressemitteilungen vom 3. September 2017 sowie vom 5. November 2017
International Council on Clean Transportation	Pressemitteilung vom 18. September 2015
Kraftfahrt-Bundesamt	Pressemitteilung vom 16. Oktober 2015
Manager Magazin vom 2. Juni 2017	Dieselgate erreicht Audi
Manager Magazin vom 3. August 2017	Fahrverbote selbst für neue Diesel nicht ausgeschlossen
Ministerium für Justiz, Bundes- und Europaangelegenheiten des Landes Baden-Württemberg	Rechtsschutzversicherung und Prozessverhalten (Symposium am 24./25. November 1988 in Triberg; Tagungsbericht
Statistisches Bundesamt	Zivilgerichte – Fachserie 10 Reihe 2.1, 2017

Literaturverzeichnis

Süddeutsche Zeitung vom 6. Februar 2018	Staatsanwälte durchsuchen Audi-Zentrale
Süddeutsche Zeitung vom 6. Januar 2019	Streit mit dem Streithelfer
Tagesspiegel vom 21. April 2018	Worauf man sich bei einem Vergleich mit VW einlässt
Umweltbundesamt	Ergebnisbericht vom 18. August 2017 „Wirkung der Beschlüsse des Diesel-Gipfels auf die NO2-Gesamtkonzentration"
Verwaltungsgericht Stuttgart	Pressemitteilungen vom 28. Juli 2017
Volkswagen AG	Pressemitteilungen vom 20. September 2015, 15. Oktober 2015, 25. November 2015, 16. Dezember 2015, 2. Februar 2016, 8. Juni 2016 sowie vom 14. August 2016
ZAP 22/2015	VW erklärt Verjährungsverzicht gegenüber Verbraucheranwälten

Onlinemedien

ADAC, Urteilsübersicht	Online abrufbar unter https://www.adac.de/-/media/adac/pdf/jze/rechtssprechungsuebersicht-vw-abgasskandal-zu-ea189-motoren.pdf?la=de-de zuletzt aufgerufen am 3. Oktober 2018, 17:58 Uhr
BMFSJ	Studie des BMFSJ, online abrufbar unter https://www.gdv.de/resource/blob/12208/b2a04a76a1597e051d5a3a6d210b8a11/download-statistisches-taschenbuch-2017-data.pdf zuletzt aufgerufen am 3. Oktober 2018, 15:36 Uhr
Focus Online vom 25. Januar 2017	Ratgeber zum VW Abgas-Skandal – Verbrauch, Motorhaltbarkeit, Leistung: Die Wahrheit über die VW-Schummelsoftware, online abrufbar unter https://www.focus.de/auto/news/abgas-skandal/vw-abgas-skandal-software-update-audi-kunden-berichten-ueber-zwangs-umruestung_id_5703624.html zuletzt aufgerufen am 25. Oktober 2018, 18:39 Uhr

Focus Online vom 14. September 2017	Mögliche Langzeitschäden durch Update: ADAC will 5000 Euro für VW-Dieselfahrer, online abrufbar unter https://www.focus.de/auto/news/abgas-skandal/iaa-adac-will-von-vw-entschaedigung-fuer-dieselfahrer_id_7590132.html zuletzt aufgerufen am 25. Oktober 2018, 17:42 Uhr
Focus Online vom 31. Januar 2018	Umstrittene Diesel-Abgastests – Das passierte mit den Affen im Labor, online abrufbar unter https://www.focus.de/auto/news/abgas-skandal/umstrittene-diesel-abgastests-das-passierte-mit-den-affen-im-labor_id_8389653.html zuletzt aufgerufen am 3. Oktober 2018, 18:35 Uhr
Focus Online vom 6. Juli 2018	Erste Diesel-Klage beim BGH – vor dieser Entscheidung muss VW zittern, online abrufbar unter https://www.focus.de/auto/news/abgas-skandal/urteil-wohl-erst-2019-erste-diesel-klage-beim-bgh-entscheidung-voraussichtlich-2019_id_9220156.html zuletzt aufgerufen am 2. Oktober 2018, 19:47 Uhr
Frankfurter Allgemeine Online vom 1. November 2018	Volkswagen hat betrogen und schuldet Schadenersatz, online abrufbar unter https://www.faz.net/aktuell/wirtschaft/unternehmen/neues-gesetz-verbraucherschuetzer-reichen-klage-gegen-vw-ein-15868204.html zuletzt aufgerufen am 15. Dezember 2018, 21:45 Uhr
Gesamtverband der Deutschen Versicherungswirtschaft e.V.	Internetpräsenz abrufbar unter https://www.gdv.de/de/zahlen-und-fakten/versicherungsbereiche/rechtsschutz-24070 zuletzt aufgerufen am 3. Oktober 2018, 15:36 Uhr
NRV Rechtsschutz	Newsletter, online abrufbar unter https://nrv-rechtsschutz.de/newsletter/bak-2017/ zuletzt aufgerufen am 31. Juli 2018, 14:58 Uhr
Soldaninstitut	Onlinestatistik, abrufbar unter http://www.soldaninstitut.de/index.php?id=129#c251 zuletzt aufgerufen am 3. Oktober 2018, 18:46 Uhr

Literaturverzeichnis

Spiegel Online vom 20. September 2015	Schwerer Manipulationsverdacht: Das VW-Desaster in den USA – die Fakten, online abrufbar unter http://www.spiegel.de/auto/aktuell/manipulationsverdacht-gegen-volkswagen-die-fakten-a-1053825.html zuletzt aufgerufen am 27. Oktober 2018, 14:52 Uhr
Spiegel Online vom 28. Oktober 2016	Experten warnen vor Motorschäden, online abrufbar unter http://www.spiegel.de/auto/aktuell/volkswagen-abgasskandal-eu-warnt-vor-motorschaeden-bei-umgeruesteten-dieselautos-a-1118662.html zuletzt aufgerufen am 10. Oktober 2018, 12:22 Uhr
Statista	Onlinestatistik, abrufbar unter https://de.statista.com/statistik/daten/studie/468977/umfrage/vom-abgasskandal-betroffene-fahrzeuge-vom-volkswagen-konzern-laender/t zuletzt aufgerufen am 3. Oktober 2018, 16:23 Uhr
Statistisches Taschenbuch der Versicherungswirtschaft 2017	Online abrufbar unter https://www.gdv.de/resource/blob/12208/b2a04a76a1597e051d5a3a6d210b8a11/download-statistisches-taschenbuch-2017-data.pdf zuletzt abgerufen am 3. Oktober 2018, 15:36 Uhr
Universität Innsbruck	Internetauftritt ‚Rechtstatsachenforschung', online abrufbar unter http://www.uibk.ac.at/rtf zuletzt aufgerufen am 3. Oktober 2018, 15:23 Uhr
Universität Jena	Internetpräsenz des Instituts für Rechtstatsachenforschung, online abrufbar unter http://www.rewi.uni-jena.de/Institut_Rechtstatsachenforschung-path-31804,33398.htm zuletzt aufgerufen am 3. Oktober 2018, 15:23 Uhr
Volkswagen AG	Online bereitgestellte Informationen, abrufbar unter https://www.volkswagen.de/de/gebrauchtwagen.html zuletzt aufgerufen am 3. Oktober 2018, 17:57 Uhr